für meine Frau

Friedrich Wolf, 1918 in Berlin geboren, hat einen großen Teil seines Lebensweges in Berlin verbracht: Kindheit, Jugend, Schulzeit, Militärzeit und später sein Studium. Als Soldat in Frankreich und Rußland hat er, nach schwerer Verwundung, das Kriegsende mit seiner Frau in Bayern erlebt und blieb dort bis 1949. Dann nahm er sein Studium an der TU Berlin wieder auf. Nach Jahren der Tätigkeit in Berlin übersiedelte er 1965 nach Saarbrücken und war an der Universität des Saarlandes tätig. Seit seiner Pensionierung 1983 lebt er mit seiner Frau in St.Ingbert.

Friedrich Wolf

Ein Berliner erzählt

Eine Lebensgeschichte

Edition Europa

HANDSCHRIFTEN

Edition Europa Taschenbücher
EE TB 2

Die Deutsche Bibliothek - CIP-Einheitsaufnahme
Ein Titeldatensatz für diese Publikation ist bei
Der Deutschen Bibliothek erhältlich

Originalausgabe
Oktober 2000

Herausgeber der Reihe: Ulrich Kuhn-Hein
Redaktion: Annette S. Schmidt, Erich Hein
Umschlagfoto: Thomas E. Hamm, Stuttgart
Satz: Kuhn Werbung & Design
Herstellung: Books on Demand GmbH
ISBN: 3-931773-33-7

Friedrich Wolf

Ein Berliner erzählt

Edition Europa

HANDSCHRIFTEN

Letzte Monate des ersten Weltkriegs, Revolution, Wilhelm II. geht nach Holland, Unruhen im ganzen Land, Versailler-Vertrag, Walter Rathenau ermordet, Frankreich besetzt Ruhrgebiet, Hitler in Festungshaft nach Putschversuch in München, Höhepunkt der Inflation.

1918 - 1924

Ich bin Berliner. Am 14. August 1918 wurde ich in Berlin-Charlottenburg geboren. Meine Eltern wohnten damals in Halensee, in einer Seitenstraße des Kurfürstendamm (Georg-Wilhelm-Straße 23) in Sichtweite des Bahnhofs Halensee. Der spielt auch in meiner ersten Kindheitserinnerung eine Rolle. Damals muß ich ein bis zwei Jahre alt gewesen sein. Es war die Zeit der Unruhen nach dem ersten Weltkrieg, als in Berlin Arbeiter und ehemalige Soldaten sich Straßenschlachten lieferten. Meine Mutter hatte mich in einer Art Laufstall auf den Balkon gebracht, der im vierten Stock lag. Durch ein Holzgitter des Balkons, ähnlich den Gittern an Schweizer Häusern, konnte ich auf die Straße, den Kurfürstendamm und den Bahnhof Halensee blicken. An diesem Gitter zog ich mich hoch und hielt mich fest, ich weiß noch, daß ich nicht von allein stehen konnte. Auf der Straße war lauter Tumult zu hören, eine Menschenmenge kam vom Bahnhof und drängte gegen eine Menge, die durch die Georg-Wilhelm-Straße kam. Es knallte ein paar Mal, die Menschenmenge wogte hin und her, zerstreute sich, und einige Personen blieben liegen. Dann kam meine Mutter sehr erregt und riß mich zurück in die Wohnung und ich wollte noch irgendwie wissen, warum die Onkels da liegen blieben.

Wegen der Erregung meiner Mutter muß mir diese Szene noch bis ins hohe Alter im Bewußtsein geblieben sein. An viel mehr kann ich mich aus dieser Zeit nicht erinnern.

Eine andere Erinnerung aus etwas späterer Zeit: Mein Vater schickte mich eines Tages mit einem Auftrag etwas auszurichten zu einem Tischlermeister in der Nachbarschaft. Als ich an der verschlossenen Werkstattür klopfte und er fragte, wer denn da sei, antwortete ich: „Ich". „Wer ist denn ich?" „Ich bin der kleine Dogge Wolf" war meine Antwort - in der Wiedergabe des Namens meines Vaters, der ja Dr. Wolf war, so wie ich ihn verstand. Das war ein Schlüsselerlebnis, weil ich von da an begriff, daß es noch andere Ich's gab.

Die Wohnung war eine Dreizimmerwohnung im vierten Stock, was für meinen Vater etwas mühselig war; er hatte als Dreijähriger eine Kinderlähmung durchmachen müssen und war seit dieser Zeit, 1887, stark behindert und ging mit zwei Stöcken. Die Wohnung hatte eine Innentoilette im Badezimmer, was zu dieser Zeit keineswegs selbstverständlich war, einen Kohlebadeofen und natürlich Ofenheizung. Die Beleuchtung war in den ersten Jahren Gaslicht und wurde in der Zeit, in der wir dort wohnten, durch Elektrizität ersetzt.

Bei einem Streit der Mieter bildeten sich zwei Parteien, die einen, die Elektrizität wollten, deren Installation dann auch bezahlt werden mußte, die anderen, die den Preis nicht aufbringen wollten. Zum Schluß war fast nur noch die Hauswirtin, die im Hause wohnte, gegen die

Anlage und deshalb wurde diskutiert die anderen Wohnungen anzuschließen und die Hauswirtin draußen zu lassen. Leider weiß ich nicht mehr, wie dieser Streit ausging.

Von dieser Wohnung aus wurde ich im Jahre 1924 eingeschult in die Grundschule in der Joachim-Friedrich-Straße.

Hitler aus Haft entlassen, Reichspräsident Ebert stirbt, Hindenburg wird sein Nachfolger, NSDAP gegründet.

1924 - 1928

Um in die Schule zu gelangen, mußte man die Georg-Wilhelm-Straße überqueren, dann den Kurfürstendamm entlang über zwei weitere kleine Querstraßen und ein Stück lang die Joachim-Friedrich-Straße; ein relativ gefahrloser Schulweg.

Klassenlehrer war Herr Grohn, ein ruhiger, zu den Kindern netter und ein beliebter Lehrer. Auch nach der Schulzeit habe ich ihn noch öfter gesehen und im Jahre 1943 habe ich ihm noch meine Frau vorgestellt. In der gleichen Klasse war mein Freund Werner Lilienthal und in der Parallelklasse Hans-Ulrich Rogall.

Deren Klassenlehrer war das Gegenteil von Herrn Grohn. Er saß auf dem Pult, holte immer einen Schüler, der neben ihm stehen mußte und dem er das, was zum Unterricht gehörte, leise vorsagte, was der Schüler dann laut zur Klasse wiederholen mußte. Bei Strafen, die er für nötig hielt - das war häufig der Fall -, kam der Delinquent auf das Pult und wurde mit einem Lineal kräftig in die offene Hand geschlagen, aber nicht etwa vom Lehrer, sondern von dem Schüler, der als Sprecher vorn stand. Schlug dieser nicht kräftig genug, erhielt er selbst Schläge. Welche perverse Form einer Schulausbildung; selbst als Sechsjährige haben wir den Eindruck gehabt, daß hier etwas nicht in Ordnung ist.

Als im Jahre 1925 als Reparationsleistung ein Zeppelin nach Amerika überführt wurde, flog er noch eine Runde über Berlin und die ganze Schule marschierte auf ein Feld mit freiem Blick und betrachtete das Schauspiel. Eine große silbergraue Zigarre, von der gesagt wurde, daß wir sie jetzt an die Feinde übergeben müßten, flog brummend über uns weg. Deutschland wurde eines seiner liebsten Spielzeuge gestohlen, so war die Meinung.

Im Jahre 1925 starb auch plötzlich der teils beliebte, teils verhaßte Reichspräsident Friedrich Ebert, ein Ereignis, das man auch uns 'Klippschülern' deutlich zu machen suchte. Von der Trauerfeier gab es viele Bilder in Zeitungen und Zeitschriften; ins Kino gingen wir damals wohl noch nicht. Sein Nachfolger Hindenburg wurde auch unter uns Kindern bekannt, wohl weniger wegen seiner Leistungen, als wegen seiner ordensbehängten Uniform. Über seine Leistungen habe ich, nachdem ich sehr lange Soldat war, differenzierter zu urteilen gelernt. Daß er in den Weimarer Jahren einen einigenden Pol an der Spitze des Reiches darstellte, war die einhellige Meinung der bürgerlichen Gesellschaft und darin lag eine gewisse Zustimmung auch von Personen, die an und für sich weder sehr national noch treudeutsch eingestellt waren.

Stresemann gestorben, Himmler wird Reichsführer der SS (1929), Brüningsche Notverordnungen, Schwarzer Freitag an der New Yorker Börse, 6 Millionen Arbeitslose, Hitler wird Reichskanzler, Roosevelt wird US-Präsident, Deutschland verläßt den Völkerbund, Röhm-Putsch, Hindenburg stirbt, Saargebiet stimmt für Anschluß an Deutschland, Abessinien-Krieg, Olympiade in Berlin, Franco beginnt Bürgerkrieg in Spanien.

1928 - 1937

Aber nach vier Jahren war die Volksschule vorüber und ich wechselte zum Gymnasium, zusammen mit Werner und Hans-Ulrich.

Das Gymnasium war die Goethe-Schule in Wilmersdorf, nicht viel weiter entfernt von unserer Wohnung. Vor der Umschulung wurde lange beraten, welches die richtige Schulform sein würde. Zur Auswahl stand ein humanistisches Gymnasium in Berlin-Grunewald oder eben die Goethe-Schule, ein Reform-Real-Gymnasium. Auf diese fiel dann die Wahl, mit den Sprachen Französisch, Latein und Englisch in dieser Reihenfolge. Aber Griechisch fehlte.[1] Es gab auch einen Real-Zweig ohne Latein aber mit mehr Mathematik und Physik. Mein Vater wählte für mich den Reform-Zweig, um auf Latein nicht zu verzichten. So ging ich also ab 1928 durch die Westfälische Strasse bis zur Schule, ein Weg von etwa 15 Minuten, das zumindest auf dem Hinweg. Es war eine relativ große Schule mit bis zu 800 Schülern (nach meiner Erinnerung).

Der Wohngegend von Berlin entsprechend waren jüdische Mitschüler sehr zahlreich vertreten. Wilmersdorf war eine gut situierte Gegend mit vielen Geschäften, Restaurants, Theatern, Kinos und Sport- und Erholungsstätten. Als Kinder nahmen wir diese Situation kaum deutlich wahr, es gab eben viele Akademiker, Kaufleute und Begüterte, sowie in großen Wohnungen behaglich wohnende Familien mit Dienstpersonal und vielen Bequemlichkeiten. Darüber dachten wir als Zehn- oder Zwölfjährige noch nicht nach, das war eben unsere Heimat. Sie erstreckte sich vom Grunewald über Bahnhof Halensee, den Kurfürstendamm entlang, allenfalls bis zur Gedächtniskirche und Tauentzienstraße und bis in einige Querstraßen hinein in Richtung Charlottenburg. Dies war unser Lebensraum, sozusagen unser Dorf. Mit den weiteren Jahren wuchs die Beobachtungs- und Beurteilungskraft und mit der immer stärker werdenden Not und auch Unruhe auf den Straßen kamen Überlegungen, warum Menschen so zerlumpt herumliefen, warum sie bettelten

Schüler der Goethe-Schule; hintere Reihe ganz rechts: Friedrich Wolf, daneben: Werner Lilienthal, ca. 1930

und warum sie sich die Nasen platt drückten an Lebensmittelgeschäften, wie z. B. Rollenhagen (exklusives Feinkostgeschäft am Kurfürstendamm). Im Jahre 1931 und 1932, als ich schon mit dem Fahrrad kleine Touren machen konnte, sah ich auf Bänken am Lietzensee in der Sonne arbeitslose Männer sitzen, die viele Stunden Schach oder Karten spielten zum Zeitvertreib. Daß die Arbeitslosigkeit eine Last ist, hörte ich von Erwachsenen, richtig vorstellen konnte ich mir nichts darunter. Aber die abgehärmten, teilnahmslosen Gesichter dieser Menschen sind mir in tiefer Erinnerung.

Im Jahre 1932 gingen dann auch im so ruhigen Wilmersdorf Unruhen an. Als ich eines Tages mit meinem Fahrrad durch die Joachim-Friedrich-Straße (Querstraße des Kurfürstendamm in Halensee) fuhr, war vor mir eine erregte Menschenmenge. Ich näherte mich mit dem Fahrrad in der Hand, und erlebte wie Polizeibeamte plötzlich mit Gummiknüppeln ankamen, und wohl, um die Menge zu zerstreuen, wahllos mit dem Knüppel auf sie einschlugen. Neben mir rannte eine junge Frau mit einem Kinderwagen, so schnell sie konnte, und bekam mehrfach den Knüppel über den Rücken. Ich selbst war mit dem Fahrrad in der Hand auch nicht allzu schnell, doch hatte ich Glück und ging leer aus.

Daß diese Ereignisse auch an uns Schülern nicht unbemerkt vorbeigingen, verstand sich. Die Diskussionen in Schulfluren und auf dem Schulhof waren laut und erregt und wegen der allgemeinen Situation und den Vorgängen bei Wahlen mit Prügeleien und Messerstechereien bis hin zu Schießereien, war uns klar, daß wohl etwas Grundsätzliches geschehen müsse, um die Verhältnisse zu bessern. 36 Parteien auf einem Stimmzettel, da sah jeder ein, daß daraus keine funktionsfähige Regierung mehr entstehen konnte. Das war der Grund, daß nicht nur Jugendliche auf die Parolen ‘den Saustall ausmisten’ reinfallen mußten.

Im Jahre 1932 war ich in einer Klasse, in der von 24 Schülern acht ‘Arier’ waren. Diesen Begriff gab es damals noch gar nicht im allgemeinen Sprachgebrauch. Wir waren Schüler, einer wie der andere und sahen nur, daß für den Religionsunterricht die Klasse in mehrere Teile zerfiel. Wir, die Protestanten, blieben sitzen, der Rabbi holte seine große Schar ab in eine andere Klasse, die zwei Katholiken wurden vom katholischen Pfarrer übernommen und dann gab es noch in der Schule eine Gruppe von Dissidenten, Atheisten und Gottgläubigen, die hatten Freistunde. Aber unabhängig vom Bekenntnis waren viele Schüler deutsche Bürger, zumindest fühlten sie sich so, ob Christ, ob Jude, ob Atheist.

Es gab allerdings unter den Juden auch eine Anzahl Staatenloser. Das waren die Emigranten aus Osteuropa, die während oder nach der russischen Revolution geflohen waren und sich in Deutschland niedergelassen hatten. Bei den Mitschülern empfanden wir keine Fremdheit, sie sprachen wie wir, aber beim Kontakt mit Eltern merkte man dann Unterschiede. Aber mit dem Begriff ‘staatenlos’ konnten wir überhaupt nichts anfangen. Nun, daß einer kein Deutscher war, na schön; aber gar keine Staatsangehörigkeit, wie ging das? Bleibt noch nachzutragen, daß viele Väter jüdischer Mitschüler über Kriegserlebnisse aus dem ersten Weltkrieg berichteten und ihre Söhne das stolz wiedergaben. Wenn es einen Abstand innerhalb der Gruppe der Juden gab, dann war es zwischen alteingesessenen deutschen Juden und den im 20. Jahrhundert zugewanderten Ost-Juden. Der Begriff Ost-Jude wurde vor allem geographisch benutzt und verstanden. Eine Diskriminierung war damit nur zum Teil gemeint, denn die ‘Ost-Juden’ gehörten oft zu den weniger gebildeten und weniger ausgebildeten Schichten der Bevölkerung. Wie weit dieser Begriff aber in der Nazizeit als Schimpfwort verstanden wurde, zeigte eine Leserbrief-Aktion in den frühen Sechziger Jahren. Damals wurde in einem Artikel in ‘Die Welt’ der Begriff Ost-Jude benutzt. Wenige Tage später meldete sich ein Leser zu Wort und beschwerte sich, daß man den - wie er meinte - von den Nazis geschaffenen Begriff noch weiter benutzte. Darauf antwortete ein Leser, es sei schlimm, daß man lange nach Ende von Krieg und Nazizeit nicht ein Wort verwenden könne, das nichts weiter als die Herkunft bezeichne. Sinngemäß weiter: Er habe immer die Anpassungsfähigkeit, Sprachgewandtheit und Intelligenz der Ostjuden bewundert. Unterschrift: Ich der Westjude Willy Haas.

Willy Haas war ein in Prag geborener deutschsprachiger Jude, der vor, aber vor allem nach dem ersten Weltkrieg wesentlich am deutschen Geistesleben beteiligt war. Er schrieb Kritiken, Drehbücher zu Filmen und literarische Glossen. Nach dem letzten Krieg veröffentlichte er seine sehr lesenswerten Memoiren unter dem Titel „Die literarische Welt“. Haas starb 1973 82-jährig in Hamburg.

Für das Leben meiner Familie ist zu berichten, daß wir inzwischen in eine Wohnung in der Hektorstraße 3 umgezogen waren, die sehr viel größer und bequemer war. Sie lag im vierten Stock, war aber mit Fahrstuhl zu erreichen, was für meinen Vater wegen seines Beinleidens wichtig wurde.

Den Leser mag eine Beschreibung unserer Wohnung interessieren. Es war eine Fünfeinhalb-Zimmerwohnung mit Zentralheizung, Warmwasser und einem schönen Südwestbalkon, fast 180m^2 groß. Es gab ein Badezimmer, eine Gästetoilette und eine Mädchentoilette. Diese lag an einem eigenen Flur, der vom Hauptflur abzweigte und auch zu Küche und Mädchenkammer führte. Wobei Mädchenkammer keinesfalls ein Jungmädchenzimmer meint, sondern die Dienstmädchenkammer. Einige Zimmer hatten Parkett, zwischen den beiden größten Räumen, mit je fast 50m^2, befand sich eine große Glastür. An der Hauseingangstür war ein Klingelknopf für Gäste und Besucher. Der Hauswart öffnete auf Klingelzeichen und fragte Fremde nach ihrem Begehr. Um den Klingelknopf war eine Aufschrift: Eingang nur für Herrschaften. Für Bedienstete und Lieferanten war der Zugang durch einen Kellerflur und über eine steile Wendeltreppe, die zu den Hintereingängen führte, die in der Küche mündeten. An dieser Tür stand morgens frische Milch und hing der Beutel mit Brötchen. Einige dieser Dinge änderten sich aber bald mit Beginn der Nazizeit.

Im Haus unten war sogar eine Garage, die unser Auto aufnahm. Der zweite Stellplatz war von einem riesigen amerikanischen Wagen besetzt, der dem Hauswirt gehörte. Seine Familie war groß, sie besaßen einen Geschäftsbetrieb im Osten von Berlin. Sie waren Juden und nur eine Tochter ist nach dem Krieg zurückgekommen und hat das Haus wieder übernommen. Meine Eltern haben dort bis zu ihrem Tod im Jahre 1957 gewohnt. Ich bin seit 1937 Soldat gewesen und erst im Herbst 1949 wieder nach Berlin zurückgekehrt.

1932 war auch für uns Jugendliche ein Jahr der Unruhe. Diskussionen mit Mitschülern über Politik und Gott und die Welt nahmen zu, verbale Angriffe auf Juden, auf

Kommunisten, auf Vaterlandsverräter, auf Nazis und andere Rechte waren an der Tagesordnung und wurden heftiger. Wir wuchsen jetzt mit 13 bis 14 Jahren auch in eine Lebensphase hinein, in der man mit wacheren Augen und Verstand Zeitungen las, Geschehnisse registrierte und überhaupt am öffentlichen Geschehen teilnahm. Die leeren Geschäfte in den Geschäftsstraßen waren offensichtlich, während im Kontrast dazu die Glitzerwelt des Kurfürstendamms immer greller auf sich aufmerksam machte. Ins Kino gingen wir oft, teils mit und teils auch ohne Erlaubnis der Eltern, gelegentlich bei besonderen Filmen auch die Familie gemeinsam. Zu dieser Zeit fuhren wir dann mit dem Auto vor das Kino, parkten dort und lösten die Karten. So einfach ging das selbst vor den großen Uraufführungstheatern am oberen Kurfürstendamm. Von einer Parkplatzsuche konnte noch keine Rede sein. Trotzdem habe ich das Auto nie als Luxus empfunden, weil mein Vater wegen seines Leidens einfach darauf angewiesen war.

Deshalb bin ich auch mit dem Kraftfahrzeug aufgewachsen und war von früher Jugend an damit vertraut. Als mein Vater mich das erste Mal ans Steuer ließ, war ich elf Jahre alt und reichte kaum bis zu den Pedalen. Ich fuhr auf einem weit abseits jeden Verkehrs liegenden Feldweg in Hinterpommern, an der Ostsee, wo es niemand sehen konnte und auch niemand gefährdet wurde. Hinterher war ich entsetzlich stolz, daß ich ca. 200 m mit Motorkraft das Auto gesteuert hatte; mein Vater saß auf dem Beifahrersitz und überwachte alles.

Da ich nun mit meinem Lebensbericht schon dicht an die große Wende von 1933 herangekommen bin, möchte ich doch noch zu charakterisieren versuchen, in welcher

Zeit, in welcher Atmosphäre und in welcher Stimmung wir Jugendlichen heranwuchsen in der Zeit der Weimarer Republik, die damals verächtlich als 'Systemzeit' oder 'Judenrepublik' bezeichnet wurde. Freunde und befreundete Familien waren bürgerlich, ihre Einstellung war deutsch, d. h. national ohne auch nur im mindesten nationalistisch oder gar nationalsozialistisch zu sein. Da am Kurfürstendamm, da wo wir wohnten, Kultur, Theater, Kino, Varieté und musikalische Unterhaltung eine große Rolle spielten, waren uns auch die Sterne des Filmhimmels dem Namen nach vertraut und manche haben wir als Spaziergänger auf dem Kurfürstendamm getroffen. Die Scheinwelt des Films schlug uns in ihren Bann.

Als ich eines Tages im KaDeWe Lilian Harvey und Willi Fritsch beim Einkaufen beobachtete, glaubte ich, dies sein nun ein großer Tag in meinem Leben. In der Wohnung unter uns im Haus Hektorstraße wohnte einige Zeit „Alexander der Große“, wie er von seiner Haushälterin genannt wurde, der Schauspieler Alexander Granach. Aber auch Alfred Abel, Curt Bois, Felix Bressart, Siegfried Arno und viele andere konnte man treffen. Alle die Genannten mußten als Juden bald nach 1933 emigrieren. Sie ließen ein Vakuum zurück, das die deutsche Kunst nicht mehr füllen konnte. Die entsetzlich fade Unterhaltung der frühen Nazijahre hat das deutlich gemacht, obgleich wir als Jugendliche eben das fressen mußten, was uns vorgesetzt wurde. Die wahre künstlerische Armut dieser Filmstreifen kam wieder ans Licht als - lange nach dem Krieg - einige dieser Filme wieder zu sehen waren. Aber künstlerische Potenzen wie Fritz Kortner, Albert Bassermann, Max Reinhardt, Conrad Veidt, Ernst Deutsch und Peter Lorre oder auch Marlene Dietrich und viele andere sind unersetzbar. Als einzige der Genannten war Marlene Dietrich keine Jüdin. Das gleiche gilt für Musiker oder bildende Künstler. Der Maler Max Liebermann hat zwar bis zu seinem Tod (1935) in Berlin gelebt, aber war schon seiner Ämter enthoben worden. Ich habe ihn noch selbst gesehen, als ich im Jahre 1934 mit dem Autobus 'Unter den Linden' am Brandenburger Tor entlang fuhr und als an einer Haltestelle Max Liebermann einstieg; er hatte seine Atelierwohnung am Pariser Platz. Max Liebermann erfuhr eine späte Ehrung, als im Jahre 1997, zum Gedenken an seinen Geburtstag vor 150 Jahren, in der 'Alten Nationalgalerie' in Berlin eine Ausstellung vieler seiner Werke erfolgte. Es waren vor allem Porträts von Zeitgenossen und Landschaften bei Berlin, sowie Strand- und Gartenszenen. Insbesondere die Porträts berühmter Leute und auch seine Selbstbildnisse haben meine Frau und mich beim Besuch sehr beeindruckt.

Damit ist jetzt praktisch die Nazizeit in der Erzählung angebrochen. Am Nachmittag des 30. Januar 1933 kam mein Vater etwas früher nach Hause als sonst. Im Radio überschlugen sich die Meldungen und Berichte, jedenfalls soviel war gewiß: Hitler war Reichskanzler geworden. Ohne Vorschußlorbeeren zu verteilen holte mein Vater eine Flasche Sekt und sagte: „Ob wir auf Hitler anstoßen sollten, können wir noch nicht wissen, aber wir wollen auf Deutschland trinken!“ Und so geschah es.

Dieser Wechsel der Regierung war ein sehr grundlegender Wechsel, das war allen klar. Von den meisten wurde er begrüßt. Die Auffassung, daß nun endlich einmal bei einem Regierungswechsel etwas Grundsätzliches vorgenommen werden müsse, um die unendliche Not im

Lande zu beenden, war allgemein. So wurde eigentlich auch bewußt nach dem 'starken' Mann gerufen, nur einem solchen traute man zu, dieses heillose Parteien-Durcheinander zu überwinden. Es gab selbst Juden, die durchaus bereit waren, Hitler bis zu einem gewissen Grade zu akzeptieren, da man nur ihm die Energie zum „gründlich aufräumen" zutraute. Man nahm an, daß er sich dann in der 'Judenfrage' noch mäßigen würde. Die schon lange in Deutschland ansässigen Juden, die häufig Kriegsteilnehmer des ersten Weltkrieges waren, sich völlig als Deutsche fühlten und selber in gewisser Spannung zu den vor kurzem erst Zugewanderten standen, glaubten keinen Grund zu haben, sich Sorgen machen zu müssen; sehr bald stellte sich heraus, daß das ein kardinaler Fehler war.

Nach 1933 änderte sich rein äußerlich zuerst nicht allzuviel. Aber schon bald begann in der Schule eine Politik der Nadelstiche gegen jüdische Mitschüler. In einer Salamitaktik, in kleinen aufeinanderfolgenden Schritten wurde eine Reihe von Maßnahmen getroffen, die jede für sich zwar unbedeutend oder nicht gravierend erschienen, doch in summa dazu führten, daß 1934 unsere Klasse sehr wesentlich kleiner geworden war. Zu unserem Abitur waren nur noch zwei Juden übriggeblieben, von denen der eine aus einer anderen Schule zu uns gekommen war. Das kam dadurch, daß in dem Werner-von-Siemens-Realgymnasium in Schöneberg die Zahl jüdischer Schüler so hoch war, daß die Schulverwaltung zum Jahre 1935 die Schule schloß und die Schüler auf die umliegenden Schulen verteilte.[2] Im Jahre 1933 wurde Angehörigen anderer Staatsangehörigkeit als der deutschen, die Schulgeldfreiheit entzogen. Entgegen der allgemeinen Meinung waren die Eltern meiner jüdischen Mitschüler durchaus nicht alle auf Rosen gebettet, so daß allein diese Maßnahme zum Abbruch des Schulbesuchs führte. Als nächster Schritt wurden die Söhne der Väter, die keine Weltkriegssoldaten gewesen waren, nicht mehr befreit und später traf es dann alle Juden. Damit leider auch meinen Freund Werner, der zwei Geschwister hatte, für die das gleiche eintrat. Werners Vater war ein kleiner Angestellter beim Berliner Magistrat (der Senat von Berlin hieß vor dem Krieg Magistrat).

Durch die Schließung des Werner-von-Siemens-Gymnasiums wurden uns zwei Schüler zugeteilt. Eines Morgens am Beginn des Schuljahres saßen zwei Neue in der Klasse. Einer von ihnen saß vorn, er war ein schmaler, etwas verschüchtert wirkender Junge, der ängstlich in die Klasse blickte. Deshalb ging ich auf ihn zu, stellte mich mit meinem Klassennamen vor, „Lupus", und meinte: Du bist wohl der Neue! Wir haben uns dann ein ganzes Leben, mit Unterbrechungen, vor allem durch den Krieg, gesehen und verstanden. Er ist Kunsthistoriker geworden, Professor, war Direktor des Berliner Kupferstichkabinetts und ist ein in der Welt renommierter Dürer-Forscher. Im Jahre 2000 sind wir noch im Kontakt.

Über einen weiteren Mitschüler von Fedja Anzelewski ist noch zu berichten. Er heißt Clemens Feniger und er war mit Fedja während der gemeinsamen Schulzeit im Werner-Siemens-Gymnasium eng befreundet. Die beiden wurden getrennt, als Fedja in der Goethe-Schule landete und Clemens in eine andere Schule kam. Clemens war ein gebürtiger Pole und Sohn des polnischen Konsuls in Berlin. Da sein Vater früh starb, etwa im Jahre 1935 oder

Anfang 1936, blieb er allerdings nicht lange mehr in Berlin. Ich habe ihn erst kennen gelernt, als er zur Feier des fünfundsiebzigsten Geburtstages von Fedja in Berlin war. Er hat den Krieg überlebt, lebt jetzt in Frankreich und ist Franzose geworden. Als promovierter Physiker war er in der Kältetechnik tätig und lebt in guten Verhältnissen. Im Gespräch über die berliner Zeit erzählte er vom Tod seines Vaters. Dieser war als Diplomat mit allen Ehren in einem Sonderzug nach Polen überführt worden und er berichtete - heute mit einem gewissen Spott - wie diese Rückführung des Diplomaten vor sich ging; auf jedem Bahnhof, den der Zug berührte stand eine Ehrenformation von Hitler-Jugend und Partei oder SA und begleitete die Fahrt eines polnischen Diplomaten in allen Ehren. Ob den Teilnehmern dabei klar war, daß es sich um einen polnischen Juden (oder jüdischen Polen) handelte, war nicht klar. In dieser Zeit war die deutsche Regierung bemüht, das Verhältnis zu Polen, als beispielhaft für die Befolgung internationaler Abkommen zu propagieren. Die damalige Goebbels-Propaganda war so breit aufgezogen, daß ich mich - nach 65 Jahren - noch daran erinnern kann, wie die Propaganda Deutschland als exemplarischen Befolger internationaler Verabredungen darstellte. Es gab ja schon genug Vorwürfe vom Ausland, daß Abkommen mit Hitler nicht das Papier wert seien, auf dem sie geschrieben würden. Daß ich nach so langer Zeit, den Sohn des damals Überführten kennen lernen würde, war nicht vorauszusehen. Clemens selbst hatte lange nach dem Krieg den Kontakt wieder herstellen können, als er, bei einem Besuch in Berlin im Telefonbuch auf den Namen seines ehemaligen Schulfreundes stieß; bei einem Namen wie Fedja Anzelewski war das auch nicht schwer.

Schulzeit besteht nicht nur aus Schule, die Ferien nehmen auch einen großen Raum ein. In den großen Ferien im Sommer, aber auch im Herbst oder zu Ostern, sorgten meine Eltern dafür, daß ich die Großstadt verlassen und mich in frischer Luft erholen konnte. In den ersten Jahren fuhr ich oft nach Herzberg/Elster, dem Geburtsort meines Vaters, wo meine Großeltern (väterlicherseits) ein Grundstück mit einer großen Laube besaßen, in der sie häufig fast den ganzen Sommer über lebten. Es gab Blumen, Kirschen, Erd- und Stachelbeeren usw. Es war ein kleines Paradies. Sie hielten auch einige Hühner und wir hatten einen eigenen Misthaufen. Zwei dieser Hühner nahmen sie im Herbst gelegentlich mit nach Berlin in ihre Stadtwohnung, wo sie in einem Verschlag in der Küche hausten und jeden Mittag eine Stunde Freigang in der Küche hatten. Im nächsten Jahr kamen sie dann wieder in einem tragbaren Drahtkäfig mit der Eisenbahn nach Herzberg. Diese Fahrt erfolgte in einem Abteil vierter Klasse, ein Abteil mit Holzbänken um eine größere leere Fläche herum, die Platz bot, daß Bauern und Handwerker ihre Waren dort abstellen konnten. Das hieß offiziell 'Abteil für Reisende mit Traglasten und Hunden'. In der dritten Klasse waren auch Holzbänke, aber doch gegenüberstehend; Türen waren jeweils immer auf beiden Seiten des Abteils. Die zweite Klasse hatte bereits gepolsterte Sitze und wohl auch Vorhänge, während die erste Klasse nur allerhöchsten Personen vorbehalten war. Mit List konnten wir einen Blick hineinwerfen in eine Plüsch- und Pompatmosphäre, die nicht sehr gemütlich wirkte.

Das Reisen war damals eine recht schmutzige Angelegenheit, denn die Dampflokomotiven warfen Ruß und Asche aus, die sich überall niederschlugen. Aber die Zugfolge war hoch und der Fahrplan wurde exakt eingehalten. Andere Ferienorte für mich waren in der Uckermark ‘Polssen’, ein kleines Dorf nördlich von Angermünde. Zur DDR-Zeit befand sich dort ein Mustergut. Der Pfarrer des Ortes nahm für die Ferien Berliner Großstadtkinder auf und wir schnupperten die Landluft in vollen Zügen. Im Pfarrhaus gab es keinen Wasseranschluß, alles Wasser mußte aus einer Pumpe auf dem Hof, fast 50m entfernt, geholt werden. Es gab auch keine Toilette mit Wasserspülung sondern hinten auf dem Hof, noch weiter als die Pumpe, war ein kleines ehemaliges Stallgebäude mit einem Anbau und einer Tür mit Herz, dahinter ein Brett mit Loch. Bei Regen oder Kälte war das für uns verwöhnte Großstädter schon beschwerlich. Aber die Ferien haben uns allen immer großartig gefallen und wir sind gesund mit roten Backen wieder nach Berlin zurückgekommen.

In den großen Ferien fuhren meine Eltern mit mir auch an die Ostsee nach Hinterpommern oder nach Oberbayern in die Berge. Einmal hat uns in Oberbayern mein Vater ein besonderes Ereignis gegönnt. Wir fuhren in Garmisch-Partenkirchen zur Station der Zugspitzbahn. Von dort am Eib-See vorbei und mit der Zahnradbahn direkt bis auf die Zugspitze in das Untergeschoß des Schneefernerhauses. Dort war damals ein Hotel, das zwar nicht ganz billig war, aber dafür war es ein einmaliges Erlebnis. Ein feudal eingerichtetes Hotel in fast 3.000m Höhe. Ich hatte ein kleines aber schickes Einzelzimmer. Der Blick über die Alpen und die oberbayrische Landschaft fesselte von Anfang bis Ende, jede Tageszeit brachte eine andere Stimmung. Als Flachländern war uns zwar Bayern schon etwas vertraut - von unten -, aber dieser Aufenthalt direkt in der Bergwelt ließ auch großmäulige

Berliner still werden. Im Speisesaal hing an einer Säule eine Kochplatte mit einem Becherglas voll kochenden Wassers und einem Thermometer darin, das anzeigte, daß der Siedepunkt in dieser Höhe deutlich erniedrigt war.

Am nächsten Morgen fuhren wir noch mit der Seilbahn die letzten Meter bis zur Spitze und genossen in der Vormittagssonne den herrlichen Rundblick. Nicht zu lange, denn es war natürlich bitterkalt. Man sah auch einige Touristen, die in Bergbekleidung den Weg von unten zu Fuß zurückgelegt hatten. Das erschien mir damals ungeheuerlich. Wir hatten als Bekleidung nur leichte Sommeranzüge, denn auf diese Bergtour waren wir ja nicht vorbereitet. Meine Vater hatte zwar vorbestellt, aber das vor meiner Mutter und mir verheimlicht. Sonst hätte ich vielleicht einen dicken Pullover bei mir gehabt.

Die Rückfahrt verlief dann fast als Routine; ich habe manches fotografiert, auch oben auf dem Gipfel das schöne Gipfelkreuz und die vielen Dohlen, die um Bröckchen baten. Es war ein wirklich einmaliges Erlebnis und eigentlich ist mir unklar, warum es heute das Schneefernerhaus als Hotel nicht mehr gibt. Mein Vater als sehr Behinderter hätte in anderer Weise nie ein so großartiges Naturschauspiel erleben können.

Einmal, in den zwanziger Jahren, waren wir auch mit dem Auto in der Schweiz. Der Anlaß war aber ein trauriger. Der engste Freund meines Vaters lag in Davos in der Tuberkulose-Klinik, er war schwer lungenkrank. Bald nach diesem Besuch ist er gestorben. Die Fahrt mit dem Auto in die Schweiz war ein Wagnis und ein ungeheures Erlebnis, allerdings mehr für meine Eltern als für mich. Ich war in dieser Zeit mit Karl May beschäftigt und saß meist hinten im offenen Wagen und las. Die Berge nahm ich mehr am Rande wahr. Aber es ist doch für das spätere Alter noch einiges hängen geblieben. Vom Davoser See und vom Morteratsch-Gletscher, den wir besuchten, sind mir noch Einzelheiten in Erinnerung, von Karl May nichts mehr.

Bei einem Besuch des gleichen Gletschers in den 80er Jahren stellte sich heraus, daß sich der Gletscher in der Zwischenzeit mehrere hundert Meter zurückgezogen hat. Damals war er nicht sehr weit von der Bahnstation entfernt, so daß mein Vater diesen Weg gut zurücklegen konnte. In dem Gletscher waren Gänge durch das Eis geschlagen, so daß man bei elektrischer Beleuchtung hindurch laufen konnte. Ein Gletscher mit elektrischer Beleuchtung das gefiel mir als Junge, das hatten wir in Berlin nicht zu bieten.

In unserer Betrachtung ist die Vor-Nazizeit jetzt vorbei, aber an unseren häuslichen Lebensumständen änderte sich nicht viel. Mein Vater war als Chemiker in der 'Auer-Gesellschaft' tätig; er leitete die Abteilung Radiologie. Es wurden Leuchtfarben und radioaktive Artikel produziert. Die Leuchtfarben waren im Dunkeln schwach grün-gelb leuchtende Farben wie sie in Uhren und elektrischen Geräten üblich waren. Die enthielten kleine Mengen radioaktiv strahlender Elemente. Im Krieg erlangten sie eine große Bedeutung. Die Beschäftigung mit Radium brachte meinen Vater frühzeitig zur Bekanntschaft mit Otto Hahn, der auch zu uns nach Hause als Besucher kam. Nach dem Krieg erzählte mein Vater stolz, daß er das Material geliefert hatte, mit dem Hahn im Jahre 1938 seine entscheidenden Experimente zur Atomspaltung durchführte.

Meine Mutter war mehr musisch begabt, sie hatte schon als Kind Geige gespielt und war als Teenager - wie man heute sagt - auf dem Konservatorium zur Ausbildung als professionelle Geigerin. Dort erhielt sie mehrere Jahre Unterricht von Joseph Joachim, der ein bedeutender Geiger und Pädagoge am Ausgang des Jahrhunderts war. Er starb 1907, meine Mutter war damals bereits 28 Jahre alt, so daß sie den größten Teil ihrer Ausbildung durch Joachim erfuhr. Nach ihrer Ausbildung war sie als Konzertgeigerin tätig und unternahm Konzertreisen durch Europa. Bis vor meiner Geburt war sie Konzertmeisterin im 'Theater am Nollendorfplatz'. Joseph Joachim ist unter Geigern auch heute noch bekannt, das erfuhr ich, als ich in den 80er Jahren die Geige meiner Mutter, die wir nach ihrem Tod noch lange aufbewahrt hatten, ohne selbst zu spielen, verkaufen wollten, um sie wieder einer Benutzung zuzuführen. Es war eine alte deutsche HOPF-Geige, ein ziemlich wertvolles Instrument.

Der junge Mann, dessen Eltern sie erwarben - als Geschenk für Familienzuwachs und ein bestandenes Examen - spielte sie zur Probe in meinem Arbeitszimmer und fand sofort Zugang zum Instrument und den richtigen Ton. Meiner Mutter hätte der Käufer sehr zugesagt.

Die Geige war ihr wichtigstes Stück. Bei Fliegeralarm kam als erstes die Geige in den Keller. Später, nach meiner Heirat, nahm meine Frau meiner Mutter den Transport des schweren Geigenkastens ab.

Das war der Hintergrund unserer kleinen Welt in der Hektorstraße, Naturwissenschaft und Musik. Da bei uns zu Hause immer gute Musik üblich war, bin ich nie in Gefahr gekommen, durch 'billige' Musik beeinflußt zu werden. Von selbst habe ich immer ernste, meist klassische Musik gewählt. Das führte allerdings auch dazu, daß ich noch nie in meinem Leben eine Operette gesehen habe (von einer Aufführung von „Wiener Blut“ und einmal „Die lustige Witwe“ in der Berliner Städtischen Oper - der Vorgängerin der „Deutschen Oper“ - abgesehen).

Das Musikgedudel, das heute durch die populären Sender verbreitet wird, finde ich entsetzlich, vor allem völlig phantasielos und langweilig. Aber in den 30er Jahren haben wir als Schüler amerikanische Jazz-Platten gesammelt. Die Namen wie Nat Gonella, Jimmy Lunceford, Duke Ellington, Louis Armstrong, Harry Roy und viele andere waren uns geläufig. Die Jazz-Musik ist im Gegensatz zur Dudelmusik erfindungsreich, phantasievoll und streng musikalischen Regeln folgend. Bis vor Kriegsbeginn konnte man in Schallplattengeschäften in der Tauentzienstraße noch original amerikanische Platten erhalten; teilweise sogar noch in den ersten Kriegsjahren.

Für mich hatte sich jetzt manches geändert; ich war für ein Jahr sitzengeblieben und hatte plötzlich ganz andere Mitschüler. Der oben geschilderte Zugang der zwei Neuen bezog sich schon auf die neue Klasse. Wir haben trotz Sitzenbleibens im gleichen Jahr das Abitur abgelegt, in dem wir es auch ohne Sitzenbleiben geschafft hätten, denn im Jahre 1936 wurde beschlossen, daß im nächsten Jahr auch bereits die Unterprima das Abitur machen sollte; es gab also zwei Abiturientenjahrgänge gleichzeitig. Die Wehrmacht brauchte dringend Offiziere und deshalb kam es auf das letzte Schuljahr scheinbar nicht mehr an, die Bildung für die jungen Offiziersanwärter wurde nicht so wichtig genommen.

Im Laufe des Jahres 1933 hatte ich Lust bekommen in eine Pfadfinder-Gruppe einzutreten und da in Berlin im

Sommer 1933 kaum andere Jugend-Organisationen existierten wie die Hitler-Jugend, trat ich dieser bei. Bald waren auch fast alle Klassenkameraden in der HJ von der es auf dem Wannsee die Marine-HJ und in der märkischen Landschaft auch eine Flieger-HJ mit Segelflugzeugen gab. Man lernte auf diese Weise nette Kameraden kennen, zu denen man sonst keinen Zugang hatte. Zu jungen Arbeitern und Arbeiterfamilien hatte man als Schüler keinen Kontakt, so waren diese Erfahrungen wertvoll fürs Leben.

Die Schule ging unverändert weiter, nur änderten sich manche Lehrinhalte. Das vor allem in Geschichte. Aber viele Lehrer drückten sich auch davor, die neuen Richtlinien anzuwenden und so gab es im Geschichtsunterricht keine Betrachtung der neueren Geschichte, spätestens mit dem Weltkrieg war Schluß. Einzig ein Geschichtslehrer war ein ausgesprochener Nazi, allerdings ein Mann auf einem sehr hohen Niveau, was bei Rechten wohl eher selten ist. Auch im Kunstunterricht wurde moderne Kunst nicht behandelt. Doch die meisten Lehr- und Lernfächer wurden ideologiefrei gehalten.

Rein äußerlich hatte sich ja in Deutschland auch vieles zum Besseren gewendet, es gab kaum noch Arbeitslose, man hatte zu essen und zu heizen, die Wirtschaft nahm einen Aufschwung, die Produktion lief wieder an, z. B. die Autoproduktion. Mit dem Jahre 1935 (?) wurden alle neu zugelassenen Kraftfahrzeuge von der Kfz-Steuer befreit, und da inzwischen auch die Produktion von deutschen kleinen und Mittelklasse-Fahrzeugen in Gang gekommen war, dauerte es nicht lange, bis die Übermacht großer amerikanischer Limousinen zurückgedrängt wurde.

Noch früher, bereits 1933 oder 1934 wurde schon durch Prof. Porsche der Volkswagen vorgestellt, ein revolutionäres Konzept. Dieser Wagen wurde dann ab 1949 allgemein produziert und erreichte auf der ganzen Welt die höchste Stückzahl eines jemals produzierten Automobils.

Auch mein Vater fuhr zu der Zeit (1933) einen relativ großen und bequemen Chevrolet. Der Wagen brauchte über 20 l Benzin pro 100 km, was keine so sehr große Rolle spielte, denn in der Notzeit kurz vor 1933 kostete ein Liter Benzin unter 20 Pfennig. Aber eines Tages im Jahre 1935 war er zum Einkaufen in das KaDeWe gefahren und ließ sich von einem Portier das Paket bis zum Auto bringen. Dieser Portier war ein baumlanger, kräftiger Mann in betreßter Uniform mit Schnüren und Epauletten, der das Paket bis zum Auto trug, kräftig die Tür öffnete, meinen Vater mit Paket im Wagen verstaute, sein Trinkgeld in Empfang nahm und wieder verschwand. Lange nach dem Abfahren fiel meinem Vater ein, daß die Tür ja abgeschlossen gewesen war. Der Riese hatte - ohne böse Absicht - das Schloß geknackt. Ein kleiner Schaden, ärgerlich, aber doch reparierbar. Nicht so im Jahre 1935 der Nazizeit. Der Wagen war amerikanisch, das Schloß also auch. Ausländische Waren kosteten Devisen, die gab es nicht für privaten Bedarf und in Ersatzteillagern war nichts mehr vorrätig. So sind wir also mehrere Monate lang mit nicht verschließbarer Tür gefahren. Dann mußte mein Vater geschäftlich in die Schweiz und hat sich dort ein Ersatzschloß geholt, welches als Konterbande eingeschmuggelt wurde. Darauf verging meinem Vater die Lust an diesem Wagen in der Befürchtung weiterer Pannen, die ihn am Fahren hindern würden. So beschaffte er einen großen Opel und wenig später noch einen kleinen Opel, damit er keinesfalls ohne Auto sein würde. Dieser kleine Opel war dann vor allem das Fahr-

zeug meiner Mutter, und als ich im Jahre 1936 den Führerschein erworben hatte, bin ich im letzten Schuljahr gelegentlich auch zur Schule gefahren - bei Regen.
Aber ich habe nie direkt vor der Schule geparkt, denn mir lag das Angeben nicht. Für mich war das Auto schon damals ein zweckmäßiger Gebrauchsgegenstand und kein Prestige-Objekt.

Lange Zeit hatte ich mich zum Klassenclown entwickelt, aber unmerklich setzte eine Wandlung ein. Als im Jahre 1936, gerade als bekannt wurde, daß wir ein Jahr früher das Abitur machen würden, ein Lehrer mich fragte, ob ich nicht froh wäre, daß die Penne nun früher vorbei sein würde, antwortete ich, daß ich ja studieren wolle und für mich das Resümieren des Lehrstoffs über die ganze Schulzeit sehr wichtig gewesen wäre; das war meine ehrliche Überzeugung. Der Lehrer verließ mich recht nachdenklich, diese Meinung hatte er vom Klassenclown nicht erwartet.

Zur gleichen Zeit konnte man sich für den Militärdienst freiwillig melden. Das hatte den Vorteil, daß man Truppenteil und Standort frei wählen konnte. So meldete ich mich bei der Flak-Artillerie in Berlin-Lankwitz. Da wir nach der Schulzeit ohnehin erst ein halbes Jahr zum Arbeitsdienst mußten, vor Beginn eines Studiums, wollte ich Arbeitsdienst und Militär hintereinander erledigen um dann einigermaßen ohne Unterbrechung studieren zu können.[3] Im Jahre 1936 war für uns die Kriegsvorbereitung noch nicht erkennbar, es war das Jahr der Olympiade in Berlin.

Zur Olympiade wurde Berlin erheblich aufgeputzt und es ging auf einmal wieder sehr liberal zu. Polizei, und vor allem die politische Truppe in brauner Uniform, die weitgehend das Alltagsleben zu beeinflussen versuchten, wurden zurückgepfiffen und Berlin war auf einmal eine große fröhliche Stadt mit wieder internationalem Flair geworden. Als ca. Achtzehnjährige hatten wir dafür durchaus ein Gespür.

Karten für die Sportveranstaltungen gab es in einem Kartenzentrum in Stadtmitte im Gebäude der Dresdner (?) Bank. Dort standen die Menschen zu vielen Tausenden Stunden um Stunden an. Durch einen Bekannten wurde ich eines Tages in die Bank an ganz anderer Stelle geführt, am Pförtner mußte man vorbei, indem man nach „Registermark" fragte. Dann ging man durch lange interne Gänge, Schalterräume, Treppen und Flure bis zu einer Brücke im zweiten Stock, die in ein Gebäude auf der anderen Straßenseite führte und wieder über Treppen, Flure und interne Räume, bis man plötzlich durch einen kleinen Seiteneingang kommend in der großen Schalterhalle stand, in der es die Karten gab. Dann konnte man bequem und in Ruhe aussuchen, was man als Sportereignis besuchen wollte.

Als ich das in der Schule erzählte, sprach mich sofort mein Freund Gerd Hesse an, der seit kurzer Zeit ein kleines Motorrad hatte, und er schlug vor, zur Bank zu fahren und Karten zu besorgen. Zwar sollte ich nicht mit ihm fahren, aber die Lust auf Karten war zu groß und so fuhren wir eines Nachmittags los. Wir kamen kaum bis Charlottenburg, als Gerd unachtsam einen von rechts über eine Kreuzung kommenden Wagen übersah und wir einen kräftigen Stoß von der Seite erhielten und auf der Kreuzung bzw. am Rinnstein landeten. Das Motorrad war hin, Gerd hinkte und blutete leicht, während ich Hautabschürfungen an Rücken und Gesäß sowie ein wundes

Knie davontrug. Wie wir dann zu Gerds Vater gekommen sind, weiß ich nicht mehr, aber er war praktischer Arzt und so wurden wir gleich richtig versorgt und er stellte fest, daß uns kein ernsthafter Schaden entstanden war. Vor meinen Eltern wollte ich den Unfall verheimlichen, ich sollte ja nicht mit Gerd fahren, und da es keine großen Verbände gab, fiel das auch nicht schwer, ich durfte zu Hause eben nur nicht hinken. Dr. Hesse war das sehr recht, ich bin dann zur Erneuerung des Pflasters noch zweimal bei ihm gewesen. Olympia-Karten haben wir ein paar Tage später noch besorgt und sind brav mit dem Autobus bis „Unter den Linden" gefahren. Die meisten Karten waren dann allerdings schon ausverkauft. Aber in den Fernsehstuben wurde ja Olympia auch übertragen. In kleinen kinoartigen Sälen stand ein einsamer kleiner Bildschirm, aber immerhin.

Karten hatten wir für Baseball erhalten, wir konnten das noch nicht einmal richtig aussprechen. Base klang wie Base = Cousine.

Das Spiel war für uns sterbenslangweilig. Vorher erfolgte ein Warmmachen der Mannschaften, was uns endlos vorkam. Vielleicht wäre es besser gewesen, wenn wir die Regeln gekannt hätten. Doch habe ich für Ballspiele nie viel Interesse gezeigt. Das war auch in der Schule nicht anders. Es hing möglicherweise mit meiner Brille zusammen, die ich seit dem elften oder zwölften Lebensjahr trug; man war ja immer leicht gehindert und mußte Sorge haben, daß man einen scharfen Ball direkt auf Brille und Augen bekam. Andere Sportarten waren für mich interessanter. Aber später im Leben habe ich als Sport nur das verstanden, was ich selber machte. Das war vor allem Schwimmen, Rudern und auch Radfahren.

Aber um meine spätere Meinung schon vorwegzunehmen, muß ich sagen, daß 'Sport', der bezahlt wird, für mich kein Sport ist. Sport ist das, was aus Freude an der Bewegung, am Ausarbeiten des Körpers in frischer Luft betrieben wird, wobei es eigentlich gleichgültig ist, ob jemand gewinnt oder verliert.

Der Dienst in der HJ, der eine Zeitlang recht nett war, mit kleinen oder größeren Fahrten, Zeltlagern usw., fing an sich zu verändern und es sollte eine plumpe, vor allem langweilige ideologische Indoktrination stattfinden. Mit einem Unterführer war ich in erhebliche Meinungsverschiedenheiten geraten, aber als das für uns vorgezogene Abitur bekannt wurde, war man automatisch vom Dienst befreit.[4] Denn inzwischen waren Mitgliedschaft und Dienst zur Pflicht erklärt worden, die zwar noch nicht streng erzwungen wurde, aber ich war froh, auf diese Weise der weiteren Auseinandersetzung enthoben zu sein. So ging unser Schülerleben langsam dem Ende zu. Ich hatte schon seit einiger Zeit begonnen, Schule und Unterricht ernster zu nehmen. Der Erfolg blieb zum Glück nicht aus, nur für Latein hatte ich keine Ader. Lebende Sprachen interessierten mich sehr, und da meine Eltern mich zur Besserung der schulischen Leistungen in Englisch- und Französisch-Kurse der Berlitz-School schickten, brachte ich auf einmal für diese Fächer gute Noten. Die Berlitz-School war eine Schule, auf der eine Sprache nur von Lehrern unterrichtet wird, die diese Sprache als Muttersprache sprechen; sie sind angehalten im Unterricht kein deutsches Wort zu verwenden, so daß vom ersten Moment an der Schüler gezwungen wird, sich in der Fremdsprache verständlich zu machen. Für Chemie und Physik brachte ich auch gute Noten, das waren die

Fächer, die mich interessierten. Außerdem war ich ein guter Turner, Sport wurde in dieser Zeit als Hauptfach gewertet - so konnte ich dem Abitur mit Fassung entgegen sehen.

Im Frühjahr 1937 zirkulierten Sammelhefte für den VdA (Verein für das Deutschtum im Ausland) in der Schule. Auf kleine Formulare konnte man Name und Adresse und den gespendeten Betrag eintragen und Betrag und Hefte wurden in der Schule wieder eingesammelt. Fünf oder sechs meiner Klassenkameraden nahmen diese Hefte und trugen Phantasienamen oder Namen wie Trotzki, Stalin oder Karl der Große usw. ein, mit Beträgen von ein bis zehn Pfennigen. Nach Rückgabe der Hefte wurde das ruchbar und die Mitschüler waren in größter Sorge, wegen des unmittelbar bevorstehenden Examens.

Das Abitur haben wir alle zusammen abgelegt, aber die Delinquenten wurden zum Provinzial-Schulkollegium bestellt, und vernommen. Zum Glück war dort ein verständnisvoller Beamter, der, nach einer gehörigen Standpauke, erkannte, daß es sich um einen Jungenstreich handelte und keine Absicht vorlag, den Staat zu verunglimpfen. An dieser Aktion hatte ich mich nicht beteiligt, weil ich irgendwie den Eindruck hatte, mit diesen Spendengeldern würde man armen Deutschen im Ausland helfen.

So haben wir also alle Dreizehn im März 1937 unser Abitur bestanden und einen entscheidenden Schritt im Leben getan.

Die lange Beschäftigung mit der Schulzeit drängt dazu, ein Resümee zu ziehen: Was war uns die Schule? Was hat sie gebracht? Wie sieht man sie heute aus der Erinnerung? In der Notzeit von Weimar wurde ich eingeschult und wir haben die schlimme Zeit der Arbeitslosigkeit erlebt. Im Jahre 1932 war zum 100. Todestag von Goethe an der Goethe-Schule natürlich eine große Feier, die vielleicht etwas den Blick schärfte für große Männer. 1933 wurde unser alter, beliebter Direktor nach Erreichen der Altersgrenze durch einen zackigen, aber wenig kompetenten Nazi ersetzt, die meisten anderen Lehrer blieben. In Sexta fingen wir mit Französisch an und sangen das schöne Liedchen: „Din, din, din - c'est la cloche du matin“. In Untertertia kam Latein hinzu und der Latein- und Klassenlehrer war ein Dr. Hammer, ein Sachse. Als wir in späteren Jahren schon lateinische Schriftsteller lasen, erläuterte er eines Tages und diktierte: Orbis terrarum - der Erdgreis. Wenig später meldete sich ein Schüler und sagte, das gäbe im Text doch überhaupt keinen Sinn „Erdgreis“. Dr. Hammer wurde fuchsteufelswild weil er nicht glauben wollte, daß wir tatsächlich seine sächsische Aussprache für 'Kreis' als 'Greis' verstanden hatten und ihn gar nicht aufziehen wollten.

Goethe Schule, Lehrer-Kollegium, ca. 1934

In der Oberstufe hatten wir einen Oberstudienrat, Dr. Wenderoth, ein äußerst sensibler und nervöser Intellektueller, der aber als einziger der wenigen Lehrer ein fast perfektes Französisch sprach. Bei ihm kam ich mit meinen Kenntnissen der Berlitz-School gut an und bei ihm wurde die Sprache auch gesprochen und nicht nur in Grammatik unterrichtet. Ein weiterer interessanter Lehrertyp war Dr. Becker. Ein eiskalter Intellektueller, Nazi und Parteimitglied, aber im Geschichtsunterricht von einem für eine Schule ungewöhnlich hohen Niveau. Er kam in die Klasse geschritten, die Tür mußte immer ein Schüler hinter ihm zumachen und er beherrschte vom ersten Moment an die Szene. In seiner Art war er eine imponierende Persönlichkeit.

Beim Turnabitur, das ich mit guter Note abschloß, hatte ich mir beim Hochsprung einen Muskelriß im Rükken zugezogen, der mich fast ein halbes Jahr während der Arbeitsdienstzeit behindert hat, aber eine Rückstellung war nicht erreichbar; ein Muskelriß oder -zerrung sind im Röntgenbild nicht erkennbar, und Beschwerden konnten ja auch simuliert sein.

So habe ich die Schulzeit und auch unsere Lehrer in guter Erinnerung. Sie haben uns das mitgegeben, was sie konnten, und nur zum Teil, das, was sie in der Nazizeit sollten.

Zwischen Schule und Arbeitsdienst blieben etwa drei Wochen, in denen mein Vater geschäftlich für zwei Tage nach München mußte. Er nahm mich im Auto mit und während er in Besprechungen saß, streifte ich durch München. Dabei stieß ich auf die Ausstellung „Entartete Kunst“. Diese sah ich mir an und war tief beeindruckt, nur nicht in dem Sinne, in dem die Aussteller das beabsichtigten. Eines der Kriegsbildnisse von Otto Dix ist mir bis heute gegenwärtig und daß das Grauen des Krieges nicht in der Form der Darstellung, sondern in Krieg und Militarismus schlechthin lag, war mir schon dunkel bewußt. In der Folgezeit habe ich das leider zur Genüge am eigenen Leib erfahren.

Abiturklasse mit Klassenlehrer Dr. Wenderoth, 1936
Stehend, von Links: Hoffmann, Hesse, Helmke, Lademann, Anzelewski, O.St.R. Dr. Wenderoth, Hempel, Weinbaum, Öhler
sitzend, von links: Hofmann, Treskow, Krüger, Wolf, Cohn

Die Dreizehn, die jetzt ihren Eintritt ins Leben vollziehen mußten, waren:

Pitt Hoffmann,
als Kompaniechef in Afrika gefallen;

Gerhard Hesse
als Militärarzt in Afrika gefallen;

Reinhard Helmke,
als U-Boot-Offizier untergegangen;

Günter Lademann,
als Bordflieger der „Bismarck“ untergegangen;

Hans Krüger,
als Soldat/Offizier vor Stalingrad verschollen;

Klaus Cohn, und **Hans Weinbaum**,
zwei jüdische Mitschüler, über deren Schicksal nichts bekannt ist;

Hempel, über den ebenfalls nichts bekannt ist;

Harald Hofmann,
der noch im und nach dem Krieg als „Harald Holberg“ eine Filmkarriere begann;

Achim Treskow,
der als Vizepräsident einer Landeszentralbank im Jahre 1984 verstarb;

Hans-Georg Oehler,
der den Krieg überlebte und Jurist wurde;

Fedja Anzelewski,
der als Kunsthistoriker Leiter des Berliner Kupferstichkabinetts in Dahlem wurde und als Dürer-Forscher Weltruhm erlangt hat;

Friedrich Wolf,
der nach dem Chemiestudium an der TU-Berlin und an der Universität des Saarlandes tätig war und bemüht ist, seine Erinnerungen zu formulieren.

Legion Condor in Spanien, Anschluß Österreichs, Münchner Abkommen zwischen Chamberlain, Daladier, Mussolini und Hitler über die Tschechoslowakei, Einmarsch in Polen und Kriegsbeginn, Feldzug in Frankreich.

1937 - 1941

Mit dem Ende der Schul- und Jugendzeit waren auch manche Gewohnheiten zu Ende, die mir lieb waren. Als Mitglied im Schüler-Ruderverein hatten wir auf den Berliner Gewässern schöne Ausflüge und auch Mehrtagestouren unternommen.

Die längste Tour führte uns zum Schiffshebewerk nach Niederfinow. Die ganze Schule hatte nach dort einen Ganztagesausflug geplant und unser Direktor fand es schön, als die Schule das Hebewerk besichtigte, daß dann die drei Ruderboote der Schule in Formation an Schülern und Lehrern vorbei paradieren sollten. Er kam sich dabei etwa als Admiral beim Flottenmanöver vor. Ich hatte ein eigenes Paddelboot auf das ich nun auch verzichten mußte. Es lag auf dem Pohlesee in Wannsee.

Nach der Einsegnung hatten wir einen Kursus einer Tanzschule besucht und ab Sekunda oder Prima gingen wir in Berliner Tanzcafés oder Tanzpaläste, wie „Delphi" oder „Femina" und kamen uns sehr erwachsen vor. Das hörte nun auch auf.

Bei uns zu Hause sorgten meine Eltern für klassische literarische Bildung; einmal pro Woche veranstalteten wir einen Leseabend bei dem Freunde und Klassenkameraden und zwei Mädchen mit verteilten Rollen Schauspiele lasen. Eines der Mädchen war die Tochter des in der Schweiz gestorbenen Jugendfreundes meines Vaters und die andere eine blonde Schönheit, die wir in Polssen kennengelernt hatten und die lange mein Schwarm war.

Auch Autofahrten in die schöne Berliner Umgebung konnte es nun nicht mehr geben und mein schönes Jugendzimmer mit Schreibtisch, Bibliothek und einem gehörigen Privatissimum habe ich dann vermißt.

Damit auch das Grammophon und meine Plattensammlung. Vor allem war es aber auch mit dem Fotografieren vorbei. Als Fotoapparat hatte ich eine „Leica" bekommen, mit der ich schon in der Schule viele Erinnerungsfotos geknipst hatte. Und die Filme meines Vaters; er war Schmalfilmer und hatte viele Familien- und Ferienfilme gedreht. Außerdem hatten wir auch gekaufte Streifen mit Chaplin, Buster Keaton, Harold Lloyd oder Leni Riefenstahl und auch zwei Spulen des Klassikers „Das Kabinett des Dr. Caligari". Die lagen nun auf Eis und warteten auf bessere Tage, wenn wir wieder unser häusliches Leben wie gewohnt würden weiterführen können. Es sollte mehr als zwölf Jahre dauern und ist natürlich auch nie wieder so geworden, wie die in vieler Beziehung unbeschwerte Jugendzeit. Jetzt mußte ich unwiderruflich erst zum Arbeitsdienst.

Am 4. April 1937 war der Treffpunkt in einer großen Berliner Brauerei und mein Freund Hans-Ulrich war mit von der Partie. Wir fuhren in langwieriger Fahrt nach Schlesien und über Breslau nach Militsch, wo Hans-Ulrich in das dortige Lager kam, während ich nach nochmaligem Umsteigen und noch langem Fußmarsch bis Bartnig gelangte; ein kleines Dorf sehr dicht an der polnischen Grenze.

Drei Arbeitsmänner: Pit Hoffmann, Friedrich Wolf, Günter Krüger

Wir waren viele Berliner, nur wenige Schlesier oder andere Landsleute und viele waren Abiturienten. Der andere Teil waren sogenannte Jungarbeiter, die uns Abiturienten in vieler Beziehung haushoch überlegen waren. Für mich war ein Schreiben eingegangen, daß ich wegen eines eventuellen Rückenschadens zu schonen sei. Nach einigen Wochen wurde ich zur Untersuchung gebracht, wo festgestellt wurde, daß man Muskelschäden im Röntgenbild nicht erkennen könne und ich fing dann von alleine an, in den normalen Trott mich einzugliedern.

Der bestand darin, daß wir Gräben ausheben mußten, um ein feuchtes und etwas versumpftes Land zu entwässern; vielleicht war das sogar eine sinnvolle Arbeit. Aber die äußeren Umstände eines Arbeitsdienstlagers waren deprimierend. Die Bekleidung war grotesk und daß man mit einem sinnvollen landwirtschaftlichen Gerät, wie einem Spaten exerzieren mußte, war hirnverbrannt. Die Arbeitsdienstführer waren häufig Männer die kaum richtiges Deutsch sprachen. Ihre Fähigkeiten in Menschenführung waren äußerst gering. Ein einziges lobendes Beispiel war ein Zugführer, der manchmal zur Frühstückszeit den Morgenspruch verlas und die Arbeitspläne bekannt gab. Er fragte immer, ob ein Geburtstagskind anwesend sei und rief dieses dann nach vorn. Dort erhielt es eine kräftige Ohrfeige, was uns das erste Mal äußerst erstaunte bis zur Erklärung, daß er wünsche, daß das die letzte Ohrfeige im Leben gewesen sei. Diese Sitte fanden wir nicht ohne Sinn. Spätere Geburtstagskinder haben sich ihre Ohrfeigen dann ganz gern abgeholt.

Das Leben im Lager war eintönig, primitiv und unhygienisch. Geduscht wurde einmal in der Woche: am Sonnabend. Das Wasser wurde zentral auf- und wieder zugedreht, eine individuelle Temperatur oder Dauer war nicht einstellbar. Bevor man sich an den Rhythmus gewöhnt hatte, passierte es, daß man eingeseift dastand und das Duschen war zu Ende. Die Seife mußte man dann ins Handtuch schmieren. Da wir nur zwei einfache Handtücher erhielten, von denen nur eines pro Woche erneuert wurde, war das sehr unschön. Aber besonders übel war, daß wir mit einem der Handtücher auch das Eßgeschirr abtrocknen mußten. Nahm man das neue Handtuch zum Geschirrtrocknen, hatte man sauberes Geschirr aber als Körperhandtuch in der nächsten Woche dann das ehemalige Geschirrtuch mit Speisefettresten. Oder man trocknete den Körper zuerst sauber ab und dann eine Woche lang das Geschirr mit dem ehemaligen Körpertuch. Eine Lösung wäre ein drittes Handtuch gewesen, aber der Arbeitsdienst hielt uns knapp. So gab es auch keine Strümpfe, sondern Fußlappen. Zum Glück gab es einige Bauern unter uns, die uns im Gebrauch der Fußlappen unterweisen konnten. Aber vielfach haben wir Großstädter die Lappen so gefaltet, daß wir am Abend mit roten Stellen und dicken Blasen an den Füßen von der Baustelle nach dem Lager zurückkamen.

Die Verpflegung war ungewohnt, aber reichlich und genießbar. Nur statt Butter gab es Margarine. Nach kurzer Zeit bekam ich Magenbeschwerden und beim Vornüberbeugen hatte ich scheußliches Brennen im Schlund. Das konnte ich mir nicht erklären, Margarine kannte ich von zu Hause überhaupt nicht. Nach dem Arbeitsdienst ließ das sehr bald nach, denn beim Militär war die Verpflegung sehr viel besser.

Das Gräben bauen, schaufeln, tragen, Faschinen herstellen und einsetzen war sture Knochenarbeit, aber hatte mit der Zeit doch einen muskelstärkenden Effekt, und die ständige Arbeit in frischer Luft zeitigte auch positive Ergebnisse. Die geistige Verarmung aber war nur schwer erträglich. Zum Lesen oder sonstiger geistiger Beschäftigung war auch gar keine Zeit übrig und wir waren am Ende des Tages viel zu müde. Trotzdem gab es abends noch eine Art politischen Unterrichts, der von den Unterführern abgehalten wurde; die waren gelegentlich Bauernburschen, die sich als Führer zum Arbeitsdienst gemeldet hatten. Wir ließen das meist widerspruchslos über uns ergehen, auch wenn Jahrhunderte nicht stimmten, Personen durcheinander gerieten oder sonstiger Unfug verzapft wurde. Als Abiturient lief man Gefahr, als Besserwisser dazustehen, und wenn ein Führer einen Groll hatte, so konnte das in unangenehme Schikane ausarten.

Zur Baustelle marschierten wir vom Lager mit dem Arbeitsgerät, private Dinge konnte man nicht mitnehmen, nicht einmal eine Flasche mit Wasser. Durch die anstrengende Arbeit in der Mai-Juni-Hitze bekam man einen unerträglichen Durst und nach Zögern tranken wir Wasser aus einem kleinen scheinbar sauberen Flüßchen. Daraufhin brach ich eines Tages beim Exerzieren mit Magenschmerzen ohnmächtig zusammen. Ich fand mich bald im Krankenhaus von Militsch wieder. Diagnose: Blinddarmentzündung! Aber mit Ruhe in einem richtigen und sauberen Bett, entsprechender Verpflegung und Behandlung ging die ‘Blinddarmentzündung’ auch ohne Operation bald wieder vorbei und meinen Blinddarm habe ich noch heute.

Dieser Aufenthalt in einem Krankenhaus war der erste in meinem Leben, den ich bewußt erlebte. Es war ein katholisches Haus, jeden Morgen in aller Herrgottsfrühe wurden die Türen aufgerissen, damit die Patienten die Morgenandacht mithören konnten; das ging ziemlich brutal, ohne daß man gefragt wurde, ob man das hören wolle oder nicht. Aber sonst war das mehrtägige Ausruhen im Bett recht angenehm. Das kleine Provinz-Krankenhaus in Militsch, in der hintersten Provinz - abwertend von Berlin aus beurteilt - war eine angenehme Unterbrechung.

Im Hochsommer, als ich mich an das Leben im Lager in seiner Primitivität aber auch seiner Ursprünglichkeit fast gewöhnt hatte, bekam ich plötzlich einen Versetzungsbefehl in ein Lager bei Berlin. Der Grund: In einer Berliner Klinik sollten meine Rückenbeschwerden untersucht werden. Die hatte ich inzwischen schon fast vergessen. Mit einem Fahrschein in der Hand wurde ich im offenen Kübelwagen zum Bahnhof gefahren und sollte mich in Velten bei Berlin melden. Ohne Abschiedsschmerz habe ich Bartnig verlassen, gelangte über Militsch bis Breslau und stellte fest, daß ich auf einen Zug nach Berlin lange hätte warten müssen und dann auch sehr lange bis Berlin gebraucht hätte, um schließlich zu guterletzt mit der S-Bahn in Velten zu landen. Velten war Endstation einer S-Bahn-Strecke.

Aber es gab ja einen Flughafen in Breslau und die nächste Maschine konnte ich noch erreichen. So packte ich meine Sachen zusammen, fuhr zum Flughafen und löste eine Karte nach Berlin-Tempelhof. Das kostete 30,00 Mark und ich hatte das Gefühl, daß ich vielleicht etwas sehr Böses zumindest Unerlaubtes tat. Aber ich wollte auf jeden Fall noch zu Hause vorbeigehen können. Da ich annahm, daß die Fahrtdauer kontrolliert werden konnte, erkaufte ich mir mit diesen dreißig Mark eine Zeitersparnis und einen Nachmittag am Kaffeetisch in der Hektorstraße. In der vorhergehenden Arbeitsdienstzeit hatten wir nur ein einziges Mal - zu Pfingsten - wenige Tage Heimaturlaub erhalten.

Da ich vorher hatte zu Hause anrufen können, stand Kaffee und Kuchen auf dem Tisch und meine Mutter war glücklich und ich noch mehr. Am frühen Abend fuhr ich dann nach Velten, was von Halensee aus mit einmaligem Umsteigen ca. eine Stunde dauerte. Nun konnte ich fast an jedem Wochenende zu Hause sein; wie anders gefiel mir das als die öden Wochenenden in schlesischer Einsamkeit. Für den elegischen Reiz dieser Landschaft hatten die meisten von uns noch keinen Sinn. Aber der Flug über das schlesische Land gegen das sonnenbeschienene Berlin war ein großes Erlebnis.

Das Lager Velten hatte die Aufgabe, die märkischen Kiefern anzuzapfen und Harz zu sammeln. Mit Fahrrädern fuhren wir in den Wald, brachten Tontöpfe an den Bäumen an, die mit scharfen Messern vorher angerissen wurden, und nach einigen Tagen wurde das Harz wieder eingesammelt. Das war der Wechsel von Schlesien in die Mark, vom Grabenbau zum Harzen. Ein epochales Ereignis hatte sich in Bartnig noch für viele von uns abgespielt: das erste selbstverdiente Geld! Der Lohn der ersten Wochen in Bartnig ab 4. 4. 1937 waren die ersten verdienten 1,75 Mark für die Abiturienten unter uns. 25 Pfennige am Tag, der Lohn für harte Schufterei. „25 Pfennig ist der Reinverdienst, ein jeder muß zum Arbeitsdienst und dann zum Militär" sangen wir zu der Melodie eines bekannten Liedes.

Aber generell hatte sich die Situation doch gebessert. Vielleicht durch den Leiter des Lagers in Velten, einen älteren und menschlichen Führer, Voß mit Namen, der im Gespräch stolz darauf hinwies, daß er von 'Johann Heinrich Voß' abstammte. Er hatte auch wirklich intellektuelle Neigungen. Somit war der ganze Ton im Lager freundlicher.

Im Spätsommer erfuhren wir, daß wir einen Monat länger, also statt sechs sogar sieben Monate dienen mußten. Das war den meisten von uns aber ziemlich gleich, denn einen Monat länger Arbeitsdienst hieß nur einen Monat später zum Militär. Der Wechsel erfolgte dann statt im Oktober erst zum November. Mit einem Erinnerungsheft wurden wir verabschiedet, in welchem die Kameraden ihre Sprüche und Wünsche mitteilten. Vorn klebte eine Fotografie mit einem Bild des Trupps zu dem man gehörte. Diese Bilder hatte ich fotografiert. Als bekannt wurde, daß ich einen guten Apparat hatte und zu Hause Vergrößerungen anfertigen konnte, wurden alle Trupps vor meine Leica zitiert und ich erhielt einige Tage Urlaub, um ca. 150 Bilder herzustellen. Diese freien Tage zu Hause habe ich dann sehr genossen, obgleich ich den größten Teil der Zeit in der Dunkelkammer verbrachte.

Im Spätsommer 1937 wurde in Berlin eine große Luftschutzübung durchgeführt, zu der einen Tag lang die Verhältnisse des Luftkriegs simuliert wurden. Im „Hotel Kaiserhof", einem der Berliner Feudalhotels in der Innenstadt, wurde ich postiert und mußte in einem Eckzimmer im zweiten oder dritten Stock - mit Blick auf die Wilhelmstraße - irgendwelche Schäden simulieren. Auf der Straße waren Trümmer, Bauschutt und Reste eines Flugzeugs kunstvoll dekoriert; es sah ziemlich realistisch aus. Den großen Teil des Tages verbrachte ich in dem schönen Einzelzimmer und wartete auf das Telefon bzw. eine Nachricht, auf die hin ich lange Tücher aus dem Fenster hängen sollte. Der Verkehr auf der Straße quälte sich um das Flugzeugwrack herum. Am Abend war dann wohl auch noch eine Verdunklungsübung; zu der Zeit war ich aber schon längst wieder im Lager Velten. Aber jeder, der an diesem Tag durch die Wilhelmstraße fuhr, mußte einen Eindruck gewinnen, was ein Bomben- oder Luftkrieg bewirken konnte. Werner Finck kalauerte zu einer Verdunklungsübung: „Auch die Züge der sonst so freundlichen S-Bahn verfinsterten sich".

Ein groteskes Geschehen spielte sich im Lager Velten noch ab. In einem der Trupps war ein Mitglied der Familie Siemens als Abiturient und Arbeitsmann wie wir alle. In meiner Abiturklasse hatte ich bis Obersekunda einen Klassenkameraden 'Winrich von Siemens', der aber vor der

Prima noch die Schule wechselte. Er war ein bescheidener, sehr beliebter und freundlicher Mitschüler, von dem ich in den fünfziger Jahren nur gehört, bzw. als Zeitungsnotiz gelesen habe, daß er nach Studium und Promotion und nach einer Heirat mit dem Hochzeitsgeschenk, einem Porsche, tödlich verunglückt ist. Der andere Siemens, in Velten, war das gerade Gegenteil; verschlossen, etwas hochtrabend und insgesamt wenig sympathisch. Mit zwei, drei anderen bildete er eine Clique, die sich in unfreundlicher Weise von anderen fernhielt. Er bekam von zu Hause große Mengen an Obst und Leckereien, welche die drei oder vier - aber nur diese - verzehrten.

Als verdorbenes Obst aus seinem Schrank roch und er das Obst lieber wegwarf bevor er es anderen abgab, war uns der Kragen geplatzt.

Es wurde verabredet ihm einen Denkzettel zu verpassen. Ein Gerichtstag wurde anberaumt, zu dem er eine schriftliche Ladung erhielt; Termin nach Dienstschluß. Ein Raum wurde als Gerichtssaal vorbereitet und mit allem Nötigen aus Stühlen, Tischen und Bänken hergerichtet, mit entsprechenden Personen wie Richter, Staatsanwalt, Verteidiger, Sachverständiger, Schöffen und Publikum ausgestattet. Der Vorladung folgte der Delinquent nicht, so daß er vom Gerichtsdiener mit Gewalt vorgeführt werden mußte. Dabei schrie und zeterte er so lange, bis er das aufgebaute Tribunal sah und sehr blaß und ganz still wurde. Die Verhandlung begann mit der Anklage die lautete, er würde durch das Horten verdorbener Ware in seinem Schrank die Luft verpesten und seine Kameraden vergiften. Schon damals ökologische Gedanken! Die Verhandlung ging ihren Gang und unser Beschuldigter wurde still und stiller und ängstlicher. Der ganze Gerichtshof war um ein quasi korrektes Verfahren bemüht. Ich war als wissenschaftlicher Sachverständiger bestimmt und hatte zu belegen, daß durch die Luftverschmutzung böser Schaden entstanden war.

Je länger die Verhandlung dauerte, desto zerknirschter wirkte unser Täter. Nach vergeblichem Verteidigungsversuch seines Verteidigers kam ein Schuldspruch, der die Verteilung der Schrankvorräte forderte und Besserung für die Zukunft anmahnte. Und die Schokolade- und sonstigen Bestände, die uns dann in die Hände fielen, waren erheblich. Zum Schluß tat uns der Mann wohl etwas leid, denn er war im Laufe der Zeit - ca. 20 Minuten - so kleinlaut und zerknirscht, ein Häufchen Elend geworden, daß unser Gericht vielleicht Mitleid mit ihm empfand. Hinterher blieb er kleinlaut und versuchte freundlicher zu sein; er ist nie mehr aufgefallen. Es hat allerdings wohl auch mit keinem von uns ein freundschaftliches oder kameradschaftliches Verhältnis gegeben.

Die Dienstzeit war ja nun auch bald vorbei und ging ereignisarm zu Ende. Eines Tages war man wieder zu Hause, aber nur für etwa eine Woche. Dann ging es zu einem neuen Ritual oder Abenteuer. In den wenigen Tagen im Herbst 1937 führte ich noch ein fürstliches Leben in Berlin. Meine Mutter hatte mir ihren Wagen überlassen und ich genoß die schönen Herbsttage. Zu dieser Zeit begann - nach meiner Erinnerung - sich schon verdeckt eine Verknappung bemerkbar zu machen. Man bekam nicht mehr überall Benzin sondern nur begrenzte Mengen. Butter gab es in Lebensmittelläden zwar noch nicht rationiert, aber man mußte in einem Geschäft 'eingeschrieben' sein. In anderen Läden bekam man nur ein halbes Pfund oder eventuell gar nichts.

Bei einem Spaziergang in Halensee, am Hochmeisterplatz, sah ich zum ersten Mal gelbe Parkbänke, mit einem Schild: „Nur für Juden“. Dieser Anblick verstörte mich etwas und ich habe sie dann auch nicht fotografiert. Es war wohl ein Gefühl der Scham, das mich zurückhielt.

Mein erster militärischer Standort war Berlin-Schulzendorf, ein Ortsteil nördlich von Tegel; nicht ganz so weit wie Velten, aber in der gleichen Richtung. Da fand ich mich also eines Morgens ein und wurde der Stabsbatterie zugeteilt, denn es war eine Flak-Artillerie-Abteilung und bei der Artillerie heißt es nicht Kompanie, sondern Batterie. Auch der Feldwebel heißt nicht so, sondern ‘Wachtmeister’.

Von Anfang an gefiel mir die Kaserne, die war neu, großzügig, mit anständigen Wasch- und Duschräumen. Auch gab es Einzelzellen als Toiletten mit WC und nicht die sogenannten ‘Sechssitzer’ wie in Bartnig. Das Unteroffizierskorps bildeten relativ reife Personen, meist Längergediente aus dem 100.000-Mann-Heer. Der Dienst verlief sehr streng, aber sehr korrekt. Wenn Pause oder dienstfrei war, dann war auch wirklich frei. In der Küche mit Eßsaal gab es einen Kantinenteil mit Einkaufsmöglichkeit sowie Ausschank und ein kleines Restaurant. Schmeckte einem das Essen nicht, so konnte man für wenig Geld in der Kantine ein anderes Mittagessen bekommen.

Als Verpflegung am Abend erhielten wir zwei bis drei verschiedene Brotsorten und Butter oder Margarine zur Wahl. Auch dabei mußte ich an Bartnig denken, wo wir eines Tages völlig verschimmeltes Brot erhalten hatten. Als wir dann nach Dienstschluß beim Bäcker im Ort uns gutes Brot geholt hatten, und wohl bekannt wurde, daß im Lager das Brot verschimmelt war, gab es Krach mit den Führern. Wir hätten dieses Brot essen sollen - oder gar nichts - aber nicht außerhalb erzählen, daß es im Lager schimmelte. So gesehen war die Luftwaffenkaserne ein Erholungsheim. Und wir erhielten beim Militär 50 Pfennige als Löhnung, eine Steigerung auf das Doppelte. Im Dienst wurde ich dann den Fernsprechern zugeteilt. Das bedeutete, daß wir mit einer schweren Kabeltrommel auf dem Rücken (1 km Kabellänge) durch den Tegeler Forst jagen mußten und zwischen zwei verschiedenen Orten eine Verbindung legen. Bis zur Länge von sechs bis acht Kilometern war dann eine Verständigung möglich. Es wurde nur eine Ader gezogen und eine zweite Verbindung geschah über einen sogenannten Erdstecker, ein Metallstab der 30 oder 40 Zentimeter tief in die Erde getrieben wurde, in möglichst feuchte Erde. Es gab auch die Möglichkeit über eine kleine Zentrale mit einem Klappenschrank mehrere Stellen miteinander zu verbinden. Das war meine/unsere Tätigkeit für die nächsten Wochen und Monate. Außerdem erfolgte häufiger Fußdienst, das war Exerzieren auf dem Exerzierplatz, grüßen lernen (d. h. 'Ehrenbezeigung durch Anlegen der rechten Hand an die Kopfbedeckung'), Exerziermarsch, Übungen mit dem Gewehr usw.

In den ersten Wochen durften wir die Kaserne nicht verlassen, dann zum ersten Mal in einer Gruppe von 10 bis 12 Mann mit einem Unteroffizier als Betreuer. Der Soldat sollte geschult werden, um nicht in Nepp-Lokalen übers Ohr gehauen zu werden, vor allem aber um Vorgesetzte - das war schon ein Gefreiter - richtig grüßen zu können. Für Provinzler war das eine heilvolle Absicht, uns routinierten Berlinern nötigte diese Form der Belehrung über Lokale nur ein müdes Lächeln ab. Aber nach ca. sechs Wochen durften wir dann endlich auch allein aus dem Haus.

Aber in der Zeit ohne Ausgangserlaubnis veranstaltete die Abteilung noch eine Art „Tag der offenen Tür“. An einem Sonntag im November war die Kaserne für Besucher geöffnet und es wurde ein Schauprogramm geboten; es wurden auf dem Exerzierplatz einige Kanonen gezeigt. Dazu zählten, die 8,8 cm-Kanone, die hauptsächlich als Flugabwehrgeschütz gedacht war; sowie für Tieflieger die 3.7cm- und 2cm-Geschütze. Als regelrechtes Schauprogramm diente eine Vorführung der Motorradstaffel. Ein schweres Krad mit Beiwagen wurde mit drei Soldaten besetzt, ein Fahrer, ein Soldat auf dem Sozius und der dritte im Beiwagen. Dann wurde ein Feuerüberfall mit einem MG simuliert (mit Platzpatronen) und die drei Soldaten stiegen einer nach dem anderen aus bzw. ab als scheinbar Verwundete. Das Motorrad fuhr dann weiter, mal langsam, mal schnell, es machte Kurven und keine ‘Fahrer’losigkeit war zu bemerken. Am hinteren Rand des Beiwagens war auf einer Stange ein Feld mit Glühlampen montiert, die in unregelmäßigem Rhythmus aufleuchteten. Am Rande des Exerzierplatzes stand ein Lkw auf dem ein ebensolches Feld montiert war, das ebenfalls aufleuchtete. Das Publikum war begeistert von dem durch Funksignale gesteuerten Motorrad. Sie wußten ja auch nicht, daß im Seitenwagen verborgen ein vierter Soldat lag, der die ganze Schau ermöglichte.

Als Besucher waren neben meinen Eltern auch meine Jugendfreundin Gretchen Palm gekommen, die Tochter des Jugendfreundes meines Vaters, und stellte mir ihren Verlobten vor. Das war Max Luber, der seit Jahren als Student und Untermieter, nach dem Tod des Freundes meines Vaters in der Schweiz, bei Witwe und Tochter gewohnt hatte. Er war Diplom-Ingenieur, hatte eine Stellung bei Siemens und hat Gretchen zwei Jahre später geheiratet.

Bei der Vorführung des'führerlosen' Motorrades lachte er nur, es war zu offensichtlich, daß zwischen den 'Signalen' des Lkws und des Motorrades kein Zusammenhang bestand. Aber im Publikum hörte man Bemerkungen die zeigten, wie beeindruckt die Zuschauer waren. „Jetzt sollen sie nur kommen“ war ein Kommentar. Wer kommen sollte oder wollte blieb unklar. Aber es war beklemmend, wie mit diesem Taschenspielertrick die Menschen getäuscht werden konnten und diese Täuschung dann gleich in unsere Waffenüberlegenheit uminterpretiert wurde.

Nachdem mein Vater meine Uniform betrachtet hatte, wurde beschlossen, daß ich eine eigene Ausgeh-Uniform erhalten sollte. Für 150,00 Mark wurde mir in der Wilmersdorfer Straße der erste Maßanzug meines Lebens geschneidert. Denn bei der Luftwaffe (Flak gehörte zur Luftwaffe) war das erlaubt, evtl. sogar gern gesehen. Wir konnten auch eigene Leibwäsche, einen eigenen Pyjama tragen. Doch selbst die Artikel der Kleiderkammer waren von brauchbarer Qualität. Wir waren der Meinung 'Hermann Göring' würde eben gut für seine Luftwaffe sorgen.

In diesem Jahr spielte sich in Halensee ein anderes Ereignis ab, das meine Eltern und mich beschäftigte. In der Joachim-Friedrich-Straße bestand ein Delikatessen-Geschäft mit Weinhandlung und kleiner Weinprobierstube mit Restaurationsbetrieb; Inhaber Gebrüder Schönwald. Dort hatten wir 'en famille' oft nette Abende verbracht. Eines Tages erfuhr ich, daß einer der Brüder plötzlich verschwunden war, es wurde aber nicht darüber gesprochen. Einige Zeit später verschwand auch ein zweiter der drei Brüder auf die gleiche Weise. Fragen wurden übergangen oder ausweichend beantwortet, so daß man ahnen konnte, da war KZ im Spiel.

In Berlin kursierte schon seit einigen Jahren die Vokabel „Oranienburg“. Die Brüder tauchten nach einigen Monaten wieder auf, blaß, abgemagert und schweigsam. Im engsten Kreis haben sie meinen Eltern gegenüber eingestanden: „Ja, Oranienburg“. Aber kein Wort mehr. Auch mir gegenüber haben meine Eltern das lange verheimlicht. Das, was aus dieser Affäre im Gedächtnis blieb, war: Im KZ verschwindet man ohne Nachricht, ohne Vorwarnung, aber man kommt zurück. Das hat es mir sehr viel später schwer gemacht, zu glauben, was tatsächlich geschah.

So war ich also jetzt im Jahre 1938 in das Soldatenleben hineingewachsen. Der Dienst war hart, im allgemeinen aber korrekt und das Recht auf Beschwerde stand nicht nur auf dem Papier. Als ein Unteroffizier sich gegen einen Soldaten Übergriffe erlaubte, wurde der Soldat von anderen Unteroffizieren und einem Wachtmeister angehalten sich zu beschweren und bei der Formulierung der Beschwerde beraten.

Nach der Grundausbildung fing eine Ausbildung zum Fernschreiber an und der sture Fußdienst war zwar nicht völlig vorbei, aber doch eingeschränkt. Der Fernschreiber - als Gerät - ist ein, einer elektrischen Schreibmaschine ähnliches Instrument, das sich von einer normalen Schreibmaschine vor allem dadurch unterschied, daß es über eine Telefonleitung mit anderen Teilnehmern verbunden werden konnte. Jede Fernschreibstelle hatte eine Rufnummer und man konnte andere Fernschreiber anwählen und mit denen Nachrichten austauschen. Das galt nicht nur für militärische Meldungen, sondern es war üblich, daß wir uns zu Übungszwecken, mit Teilnehmern irgendwo in Deutschland, 'unterhielten', über das Wetter, oder was einem so einfiel. Heutzutage ist das nichts Besonderes mehr, aber daß ich im Jahre 1937 bei einem Kollegen an der Ostsee anfragen konnte, wie das Wetter sei, war zumindest ungewöhnlich, weil man die Rückmeldung ja schriftlich bekam.

Als Fernschreiber saß man in einem Fernschreibzimmer und empfing bzw. sendete Nachrichten und Meldungen militärischer Art. Während der Krise um die Annexion des Sudentenlandes (oder um den Anschluß Österreichs) war ich zum Flughafen Gatow kommandiert um dort auf der Fernschreibstelle die Flugmeldungen für jedes startende und ankommende Flugzeug zu bearbeiten. Denn für jede landende Maschine mußte der Abflughafen informiert und für jeden Start der Zielflughafen verständigt werden. Trotz aller schematischen Kürze einer solchen Meldung kamen wir oft kaum hinterher. Aber die Kriegsgefahr ging vorbei und wir kamen nach Schulzendorf zurück.

Inzwischen hatte ich recht gut Maschinenschreiben gelernt, denn Fernschreiben ist ja wie Maschinenschreiben und das war eine der wenigen, auch für das spätere Leben, brauchbaren Fähigkeiten. Zur nächsten außenpolitischen Krise wurden auch ernsthafte Vorbereitungen getroffen, im Fall der Flak also die Vorbereitung einer Berlin schützenden Flugabwehr.

Auch diese Krise ging wieder vorbei und wir als einfache Soldaten waren froh, daß es kein Ernstfall geworden war. Aber die Hitler'sche Politik wurde eben weltweit toleriert. - Heute ist es leicht zu sagen, daß das vermutlich ein Fehler war, aber damals war man dankbar, mit einem blauen Auge davongekommen zu sein.

Im Herbst 1938 wurde dann aus der Flakabteilung in Schulzendorf die Abteilung I/51 gebildet und in Stettin aufgestellt. Die Übersiedlung verlief noch dramatisch. Als ich einen Tag vor Abmarsch noch einen Tag Urlaub erhielt und in die Hektorstraße kam, waren die große Kristall-Eingangstür und im Hausflur ein großer Spiegel eingeschlagen und Blumenkästen verwüstet. In der Nachbarstraße war eine kleine Synagoge abgebrannt; es war der Morgen nach der abscheulich so bezeichneten „Reichskristallnacht“ und des folgenden Tages.

Am Nachmittag ging ich zum Abschiednehmen noch einmal in die „Femina“. Dort spielten die „Lecuona Cuban Boys“, ein südamerikanisches Tanzorchester mit hinreissenden exotischen Rhythmen. Beim Nachhauseweg durch die Tauentzienstraße am Nachmittag stand vor einem Parfümerieladen eine Menschenmenge, während im Innern eine Horde von sechs bis acht Halbwüchsigen mit Knüppeln den Rest der ohnehin schon zerstörten Einrichtung kurz und klein schlug. Ein abscheulicher Anblick, der vom gaffenden Publikum unkommentiert blieb. In diesen Jahren und Monaten war so oft von den „armen deutschen Kaufleuten“ in London, New York oder Paris die Rede, die so sehr unter der Deutschfeindlichkeit zu leiden hätten. Deswegen äußerte ich, daß mir nur die Deutschen im Ausland nun leid tun würden, denen würde man doch jetzt das gleiche tun.

Darauf begannen mich einige hysterische Weiber nicht nur zu beschimpfen - ich müßte mich als Soldat doch erst recht daran beteiligen - sondern auch direkt anzugreifen, so daß ich mir in meiner Bedrängnis nicht anders helfen konnte, als daß ich zum Seitengewehr griff. Bevor ich völlig gezogen hatte, spürte ich eine harte Hand auf meiner Schulter und ein breitschrötiger Mann rief: Kommen Sie mal mit! Über diese Verhaftung, denn eine solche war es ohne Zweifel, war ich ganz zufrieden, weil er mich aus der Hand der Erinnyen befreite. Wir gingen ca. 20 Schritte weiter, dann blieb er stehen und sagte wutschnaubend, daß er ja gegen Soldaten nichts unternehmen dürfe, aber ich solle gefälligst in Zukunft meine Zunge hüten und er verschwand und ich - erleichtert - ebenfalls. Daß man im Ausland nicht auf diese Weise antworten würde, war mir damals noch nicht klar.

Auf dem Nachhauseweg kam ich durch die Wilmersdorfer Straße. Vor einigen Häusern lagen zerbrochene Möbel und Geräte und ein freundlicher Zeitgenosse machte mich aufmerksam, daß kurz vor mir gerade ein Klavier aus einem Fenster im zweiten Stock herausgeworfen wurde. Auf meinen scheinbar entsetzten Blick versuchte er abzuwiegeln: Das ist nur ein jüdisches Klavier!

Ja, was ist ein jüdisches Klavier? Wir hatten zu Hause einen Bechstein-Flügel, war das vielleicht ein protestantischer Flügel? Oder vielleicht ein arischer? Mein Vater hatte das Instrument Ende 1934 oder Anfang 1935 gekauft; von einem Arzt, der seine Auswanderung vorbereitete; für 800 Mark. Das war eine Summe, die nach heutigem Wert ca. 8.000 bis 10.000 Mark entspricht. Ob der Wert damit abgegolten war, oder ob der Arzt froh war, einen Käufer zu finden, weiß ich nicht mehr. Der Arzt war Jude, war unser Flügel nun jüdisch; arisiert haben wir ihn jedenfalls nicht. Mein Freund Werner, der Jude Werner Lilienthal, spielte hervorragend auf dem Instrument, während ich selbst trotz vieler Klavierstunden es zu keiner Meisterschaft gebracht habe.

Die Übersiedlung unserer Truppe nach Stettin ging am nächsten Tag vor sich, und als wir dort ankamen, sahen wir auf dem Weg vom Bahnhof zur Kaserne noch die rauchenden Trümmer der Stettiner Synagoge. - Stettin hat mir dann nicht sehr viel Freude gemacht. Am schönsten war die Fahrt zum Bahnhof mit der Linie 7 und mit dem Zug in Richtung Berlin. Wochenendurlaub wurde relativ großzügig gewährt. Im Laufe des Frühjahrs 1939 wurde ich dann zum ROA (Reserve-Offiziers-Anwärter) ernannt; in der Zwischenzeit war ich vom Kanonier zum Gefreiten befördert worden. Als ROA wurden wir dann noch zum Unteroffizier befördert und hatten damit ein etwas freieres Leben.

In und außer Dienst mußten wir Handschuhe tragen, leichte, fast elegante Wildlederhandschuhe, diese Handschuhe wurden gestellt. Wir kamen uns sehr vornehm vor. Nach einiger Zeit als ROA hatte ich einen Zusammenstoß mit einem der ausbildenden Unteroffiziere und wurde wegen schlechten Verhaltens gegen einen Ausbilder von der Liste der ROA gestrichen. Aber ich führte trotzdem weiterhin das bequeme Leben eines Unterführers.

Die Soldaten, die wir auszubilden hatten, waren großenteils pommersche Bauernburschen, ein ruhiger und sympathischer Menschenschlag mit dem ich ausgesprochen gut und gerne zusammenarbeitete. Mit vielen von ihnen bin ich dann noch in den ersten Kriegsjahren zusammengeblieben. Es hatte sich ein sehr kameradschaftliches Verhältnis herausgebildet.

Von Stettin aus fuhr ich im April 1939 auf Urlaub nach Berlin und ging am 13. April zur Geburtstagsfeier meines Freundes Werner. Es war relativ warm, so daß ich meinen Militärmantel über dem Arm trug als ich aus dem

Auto ausstieg, denn meine Mutter hatte mich bis vors Haus gefahren. Wir feierten lustig und ausgelassen, der Soldat in Uniform in der jüdischen Familie. Am Abend kam das Gespräch auf meinen Urlaub und als ich scherzhaft meinen Urlaubsschein vorzeigen wollte, fand ich ihn nicht. Meine ganze Brieftasche war verschwunden und ich entsann mich, daß sie im Mantel gesteckt hatte. Sie mußte beim Aussteigen aus dem Auto herausgefallen sein. Die Aufregung war groß, aber es war am Abend weiter nichts zu unternehmen. So endete die Fete etwas abrupt und für mich mit Sorge, denn Truppenausweis, Führerschein und Urlaubsschein waren weg. Am nächsten Morgen, zurück zu Werners Haus, fragte ich den Hausmeister, der mir bestätigte, er hätte eine Brieftasche mit Militärpapieren gefunden und diese bei der NSDAP-Ortsgruppe, die einige Häuser weiter war, abgegeben. Dort habe ich sie mir dann abgeholt und wurde nicht gefragt, wo ich gewesen sei, aber Halensee war in seiner Art ein Dorf, wer so lange Zeit dort wohnte war bekannt und ich hatte von diesem Moment an die Furcht es sei bekannt, oder könnte bekannt werden, daß ein deutscher Soldat mit Juden verkehrt. Das ist leider der Grund, daß ich meinen engsten Freund Werner im Juni oder Juli 1940 noch einmal kurz gesehen habe und dann nie mehr.

Werner hat den Krieg überlebt, die Familie auch, d. h. die Eltern und eine Schwester. Sie war schon einige Zeit als au-pair-Mädchen in England. Seine ältere Schwester, die seit ca. 1935 mit einem russischen Ingenieur verheiratet war, der an der TH-Charlottenburg studiert hatte, blieb verschollen. Werner ist nach dem Krieg mit seinen Eltern nach USA ausgewandert, hat ein Studium als Wirtschafts-Ingenieur absolviert, eine Costa-Ricanerin geheiratet und hatte zuletzt eine Stellung in einem Ministerium in Washington DC. Unmittelbar vor Antritt einer Urlaubsreise nach Europa ist er auf Grund eines Herzversagens plötzlich gestorben.

Wir hatten uns nach den langen Jahren der Trennung brieflich ausführlich ausgesprochen und ich hatte erläutert, daß ich mehr Sorge hatte ihn durch den Kontakt zu gefährden, als um mich. Seine Mutter haben wir zweimal in Deutschland zu Besuch gehabt, das erste Mal in Berlin, wo sie uns Bilder von seiner Frau Julia, seinen beiden Söhnen und dem Haus zeigte und das zweite Mal - als wir schon in Saarbrücken wohnten - das war schon nach seinem Tod.

Das Stettiner Soldatenleben ging nun weiter wie bisher, und wir hatten die Hoffnung, daß wir im Lauf eines halben Jahres wieder Zivilisten sein würden und ich könnte endlich in die Tat umsetzen, was mir im Jahre 1936 von der Schule urkundlich bestätigt worden war, „Wolf will ein Hochschulstudium ergreifen“. Bis dahin waren dann aber leider noch eine große Zahl von Jahren zurückzulegen. Immerhin gab es noch bis 30 Tage vor Kriegsbeginn Optimisten unter uns, die die Tage einzeln zählten, indem sie von einem Metermaß, das an der Wand hing, jeden Tag einen Zentimeter abschnitten, der letzte Zentimeter wäre am Tag der Entlassung gefallen.

Der Sommer verlief ohne weitere Ereignisse, ich ging öfter in ein Tanzcafé mit relativ guter Musik. Es lag am Paradeplatz. Eine kleine Stettinerin als Freundin hatte ich auch. Gelegentlich gingen wir in einem der schönen Seen um Stettin zum Baden.

Ein Erlebnis anderer Art waren zwei Verhandlungen vor dem Militärgericht, zu denen ich als eine Art Gerichtsdiener zur Teilnahme kommandiert war.

Fall 1 war eine Verhandlung gegen eine Kameraden von mir, der zu einer Kostümveranstaltung gegangen war; einerseits kostümiert, andererseits aber im Soldatenmantel. Er sollte jetzt wegen Verächtlichmachung der Uniform belangt werden. Der geschickte Verteidiger belegte, daß unter dem Mantel niemand das Kostüm sehen konnte, der Soldat sich auf der Toilette umzog, also auch hier kein Augenzeuge, und im Kostüm wäre der Soldat als solcher nicht erkennbar gewesen. Bestenfalls also war unerlaubtes Tragen von Zivilkleidung gegeben, Kostüm = Zivilkleidung. Er kam dann auch mit einer gelinden Strafe davon.

Fall 2 war bedeutend übler. Wir hatten fünf oder sechs neue Kübelwagen (geländegängiger Pkw) erhalten, die eingefahren werden mußten. Dazu stellte man für mehrere Tage übers Wochenende einige Kraftfahrer unter Führung eines Kfz-Unteroffiziers ab, die auf locker vorgeschriebener Strecke hunderte von Kilometern in langsamem Tempo fahren mußten. Als der Trupp sich in Marsch setzte, nahm ein Wachtmeister unserer Batterie das Kommando an sich und fuhr mit der ganzen Gruppe zu einem Ort der weiteren Umgebung, an dem der Vater eines Rekruten eine Gastwirtschaft betrieb. Dort angekommen gab es eine feucht-fröhliche Begrüßungsfeier, die in ein Gelage ausartete. Kein Mensch war noch in der Lage zu fahren, so übernachtete man dort und die Truppe kam am nächsten Abend, reichlich ramponiert und ohne viel Kilometer gefahren zu sein, nach Stettin zurück.

Zum Glück ohne Schäden an Mensch und Maschine. Diese Verhandlung war nun insofern einfacher, als es hier am Tatbestand nichts zu beschönigen gab. Deshalb begann der Verteidiger des Wachtmeisters auch: „Ich muß zugeben, das, was mein Mandant sich hier geleistet hat, ist ein tolles Stück". Nur die schadenfreie Rückkehr sprach für ihn und so wurde er am Ende auch zu einigen Wochen Militärgefängnis verurteilt. Auch die wurden ihm dann aber erlassen, nicht aus Gnade des Gerichtes, sondern weil die unmittelbaren Kriegsvorbereitungen begonnen hatten.Wenige Tage später waren wir auf dem Weg nach Polen.

Bei der Mobilmachung wurde an je einen Pkw-Fahrer mit einem Unteroffizier lange Namens- und Adressenlisten verteilt, zu denen die beiden dann hinfuhren um den Soldaten in spe (meist Reservisten) abzuholen. Ganz anders als vor 25 Jahren beim ersten Weltkrieg, zu dem unsere Elterngeneration mit viel Begeisterung und Vaterlandsliebe eingerückt sein soll, habe ich bei den in der Kaserne Eintreffenden betretene Gesichter und gedrückte Stimmung festgestellt. Für uns als Soldaten änderte sich ja nun auch überhaupt nichts, während die Eingezogenen wohl doch ein Gespür hatten, daß sich für sie auf längere Zeit sehr viel ändern sollte. An eine kurze Episode der Unruhe wie bei vergangenen Krisen, glaubte man nun nicht mehr. Die Zeichen standen auf Sturm. Und dieser Sturm brach ja dann auch mit der Hitler-Rede im Sportpalast los: „Seit 5 Uhr 45 wird jetzt zurückgeschossen".

Sofort setzte die Verdunklung ein, für Zivilisten gab es Lebensmittelkarten und andere Einschränkungen. Kraftfahrzeuge erhielten einen roten Winkel auf dem Nummernschild der bedeutete, daß dieses Fahrzeug zu Fahrten berechtigt war. Viele Fahrzeuge wurden auch von der Wehrmacht eingezogen, d. h. requiriert gegen den Zeitwert. Diese Fahrzeuge wurden oft so benutzt, wie sie von Firmen oder Privatpersonen kamen. Wir sind in Polen als Kriegstruppe unterwegs gewesen mit Lkws, die für eine Brauerei Reklame machten. Das Umspritzen auf Feldgrau erfolgte erst Wochen später.

Alle weiteren Fahrzeuge waren zwangsläufig stillgelegt, so auch der kleine Opel meiner Mutter. Während des Krieges stand er in der Garage in der Hektorstraße und hat mehr an Kosten verursacht, als er wert war. Für die Wehrmacht war er scheinbar zu klein, er besaß nur zwei Türen, 1,2 l Hubraum und hatte bei Anschaffung bei der Firma Eduard Winter, die damals noch Opel vertrieb, 1.400 Mark gekostet. Mein Vater hatte wegen seiner Stellung in der Auer-Gesellschaft und vor allem wegen seiner Behinderung ohne weiteres den roten Winkel erhalten. Die Fahrten zugelassener Fahrzeuge wurden kontrolliert, denn nur solche Fahrten waren erlaubt, die „kriegswichtig“ waren. Übertretungen wurden schwer geahndet.

Wir wurden am ersten oder zweiten Kriegstag von Stettin aus in Richtung Bromberg in Polen in Marsch gesetzt, aber wir haben von Krieg oder Kampf nicht viel erfahren. Der Marsch verlief glatt und wir mußten langsam die neu zu uns gekommenen Eingezogenen an den Militärdienst gewöhnen. Wir waren knapp mit ausgebildetem Personal, vor allem mit ausgebildeten Kraftfahrern. In der Phase der Mobilmachung hatten wir viele der Neuen als ausgebildete ‘Fahrer’ registriert, so daß unser Schirrmeister (für die Kfz und ihre Fahrer zuständiger Wachtmeister) freudig auf eine große Auswahl glaubte zurückgreifen zu können, bis wir erfuhren, daß ‘Fahrer’ mit Pferd und Wagen umgehen konnten, aber meist gar keinen Führerschein, geschweige denn einen Militärführerschein hatten. In den Jahren vor dem Krieg war ein Führerscheininhaber eine Seltenheit.

In Bromberg wurden wir in einer Schule einquartiert und führten ein gemütliches Leben. Nach Beendigung des Polen-Feldzuges kehrten wir nach Stettin zurück und waren mit der Ausbildung der neuen Soldaten beschäftigt, in unserem Falle also Ausbildung zum Fernsprecher.

In dieser Zeit wurden sogar einige der Restriktionen aufgehoben, die mit Kriegsbeginn erlassen worden waren, so z.B. war das Tanzen in Tanzcafèes wieder erlaubt. Aber Swing-Tanzen war nach wie vor nicht erlaubt; das galt ja schon seit etwa 1937. Ich war zwar ein großer Freund der Swing-Musik, aber was Swing-Tanzen war, habe ich eigentlich nie so ganz verstanden.

Die Stettiner Zeit ging aber auch bald vorbei, weil unsere Truppe in die Eifel verlegt wurde. Unter Verladung aller Waffen, Geräte und Fahrzeuge fuhren wir ab Stettin bis in die Gegend von Frankfurt/M. und nach dem Ausladen im Kolonnenmarsch auf der Autobahn Richtung Eifel. Mit einmaligem Quartier in einem kleinen hessischen Städtchen kamen wir am nächsten Tag in der Gegend nördlich von Bitburg an und bezogen Quartier in dem kleinen Dorf Nattenheim. Da wir Stabsbatterie waren, also keine Geschütze hatten die in Stellung aufgestellt werden mußten, hatten wir Unterkünfte in Bürger- oder Bauernhäusern. Mit einem Kameraden, den ich schon aus Schulzendorf kannte, bezog ich ein Quartier bei einer armen Witwe, die froh war sich durch die Einquartierung ein paar Groschen dazu verdienen zu können. Das Haus hatte zwei Stockwerke mit enger, steiler Treppe.

Wir wohnten in einer kleinen Kammer im Obergeschoß mit nichts als zwei Betten. Ein ungeheuer großes und schweres Federbett war das Deckbett, aber als die Temperaturen im Winter auf unter -15° absackten, war das Bett unsere Rettung. Heizung gab es keine, nur in der Küche; der Sprung ins Bett kostete Überwindung. Aber wenn man durch die Körperwärme das Bett geheizt hatte, dann schlief man brillant. Morgens wuschen wir uns in der Küche in einer kleinen Schüssel, die auf einem Eimer stand. Zur Aufrechterhaltung einer gewissen Hygiene fuhr ich jede Woche einmal in ein Krankenhaus in Bitburg, wo Badewannen für die Bevölkerung zur Verfügung standen. Die Badezeit war ziemlich kurz bemessen, und ein Wannenbad kostete nach meiner Erinnerung 30 Pfennige.

Als Fernsprecher mußten wir häufig zu den Geschützbatterien unserer Abteilung fahren und sahen die armen Kerle, die auf freiem Feld in meterdicken, fensterlosen Bunkern hausten. Wenn sie aus dem Bunker traten, traten sie in den feuchten Schlamm eines Ackers. Der war notdürftig mit Holzstegen passierbar gemacht. Wir lebten, verglichen mit den Soldaten der Geschützbatterien, im Luxus.

Nattenheim war ein bescheidenes und wohl auch ärmliches Dorf. Mit Staunen sahen wir Großstädter, daß einige der Dorfbewohner ihre Wäsche - auch im kältesten Winter - am Dorfbrunnen wuschen. Mit einem Holzbrett wurde auf der Wäsche herumgeklopft, Seife oder Waschpulver wurden anscheinend nicht verwendet. Diese Methode erschien uns archaisch.

Der Winter war so kalt, daß zur Aufrechterhaltung der Fahrtüchtigkeit einige Kraftfahrer über Nacht abgestellt wurden und rund um die Uhr alle Fahrzeuge im Ein- bis Zweistundenrhythmus warm laufen ließen, bis zur nächsten Periode. Sie gingen von einem Fahrzeug zum nächsten, starteten und immer so weiter, bis sie wieder am ersten angekommen waren.

Ich war inzwischen auch zum Kraftfahrer avanciert, d. h. ich hatte durchgesetzt, daß ich meinen Pkw selbst fahren durfte. Ein Fernsprechbautrupp bestand aus ca. 10 Soldaten, einem Lkw für Geräte und einem kleinen Kübelwagen für den beweglichen Einsatz. Der Fahrer meines Bautrupp-Lkws war ein pfiffiger Pommer, den ich schon im Frieden in Stettin ausgebildet hatte und der hervorragend beim Kabelverlegen oder beim Aufrollen auf die Arbeit der Kabelverleger eingestellt war; wir haben zeitweise das Kabel im 50 km/h-Tempo auslegen können, bei entsprechend glatter Straße. Da, wie gesagt, mir auf mein Drängen die Fahrerfunktion übertragen worden war, hatten wir bald den Ruf, daß unser Bautrupp der schnellste und zuverlässigste der ganzen Abteilung war.

Der Lkw war ein original amerikanischer Ford. Etwa ein halbes Dutzend dieser äußerst verläßlichen, blendend motorisierten Fahrzeuge hatten wir noch im Frieden in Stettin erhalten. Es wurde behauptet, daß insgesamt einige Tausend dieser Fahrzeuge von Henry Ford persönlich der Wehrmacht überlassen worden seien, aus Sympathie für Deutschland.

Übrigens war ich in der Zwischenzeit auch wieder Reserve-Offiziers-Anwärter geworden, so daß mein Bautrupp und ich selbst, zwar ohne unmittelbare Vorteile zu haben, uns doch den Dienst verhältnismäßig vernünftig gestalten konnten. Abends saßen wir entweder in der Kantine, die als Holzbaracke auf dem Dorfplatz entstanden war, oder im Quartier vor einem Radio und wurden durch das Goebbels-Ministerium informiert. Unsere Funker hatten mit ihren Funkgeräten die Möglichkeit, auch sogenannte 'Feindsender' zu hören, aber diese Sendungen waren nicht sehr wirkungsvoll. Unter uns Nachrichtenleuten tauschten wir Nachrichten ungeniert aus, aber die Engländer und Franzosen hatten damals noch keinen Stil gefunden, um deutsche Soldaten wirklich zu erreichen. Zur Glaubwürdigkeit muß ich sagen, daß die großmäuligen Phrasen der deutschen Propaganda uns nicht überzeugten, aber die andere Seite noch weniger.

Zu Weihnachten saß die ganze Batterie in dem Dorfgasthaus zu einer Feier bei der unser beliebter Kommandeur, Oberstleutnant Trost, eine kurze Ansprache hielt und etwas Weihnachtsstimmung zu bringen versuchte. Im Endeffekt haben wir uns aber fürchterlich betrunken. Nicht aus Nichtachtung des Festes, sondern eher aus gegenteiliger Motivation, aus Wut und Trauer, daß man nicht bei der Familie sein konnte. Denn daß der Krieg nun doch noch eine ganze Weile dauern würde, lag auf der Hand. Die Wochen verstrichen träge, eine Abwechslung war eine dienstliche Fahrt nach Trier, bei der ich Gelegenheit nahm, mir einige der Altertümer anzusehen. Eine weitere Freude hatten wir drei Offiziers-Anwärter unserer Batterie, als wir eines Abends zu einem Konzert von Rosita Serrano, die vor Soldaten in Trier auftrat, fahren konnten. Diese südamerikanische Sängerin war in der damaligen Zeit außerordentlich populär; wir drei haben diesen Abend sehr genossen. Die beiden anderen waren Günter Otto, ein junger Beamter aus Stettin und Dirk Ulffers, auch ein Halenseer, der auf der TH in Berlin bereits vier Semester Physik studiert hatte. So gingen die Wochen dahin in eintönigem Dienst, ab und an kamen nachts gegnerische Flugzeuge und überflogen uns, aber eine nennenswerte Fliegerabwehrtätigkeit ist mir nicht erinnerlich. - Langsam kam der Frühling, den ich noch nie so hautnah erlebt hatte, aber auch noch nie so ersehnt.

Wahrscheinlich durch Additive im Benzin bekam ich plötzlich einen riesengroßen Furunkel an einer Hand, der aufgeschnitten wurde und ich konnte mich längere Zeit kaum waschen, auch durfte ich mich wochenlang nicht rasieren. Das war nun schon sehr kurz vor Beginn des Feldzuges in Frankreich, so daß ich als wilder, bärtiger Germane in Frankreich einfiel.

Eines Morgens war ein ungeheurer Flugverkehr und es wurde klar, der Feldzug hatte begonnen. zwei Tage später mußten wir unserm Quartier Adieu sagen und marschierten nach Luxemburg und weiter nach Frankreich. Jetzt wurde es gelegentlich schon etwas ungemütlich. Eines Tages griff uns während des Marsches ein französischer Bomber an und nur dadurch, daß wir uns auf dem Acker neben der Straße im Fahren zerstreuen konnten, kam es nicht zu Schäden. Unsere 2cm-Geschütze haben den Angreifer dann vertrieben.

Von Anfang an benutzte ich jede Gelegenheit um mit der Zivilbevölkerung zu sprechen; um die Sprache zu pflegen. Die Kinder rannten schreiend vor mir fort, mit dem wilden Bart muß ich ein schauerlicher Anblick gewesen sein. Aber sowie die ersten Worte in Französisch gewechselt waren, war der Kontakt hergestellt. Vielfach kamen wir auch mit Flüchtlingskolonnen zusammen, meist Konvois aus Pferd und Wagen. Ein luxemburgisches Ehepaar, das ich bei einem Stop kennenlernte, brachte mich zum Erstaunen. Sie sprachen beide gut Deutsch und wollten dem Krieg und den Kampfhandlungen entkommen, aber zu meiner Verwunderung in Richtung Südfrankreich. Gut deutsch Sprechende glaubte ich doch hinter der Front in Deutschland besser aufgehoben.

Den Flüchtlingen ging es teilweise sehr schlecht.

Automobilen war das Benzin ausgegangen, die Versorgung mit Lebensmitteln war unzureichend und die Trecks waren durch die Schnelligkeit des Vormarschs von unseren Truppen überholt worden. Wir haben mehrfach aus unserer Feldküche, die auf einem Lkw montiert war und wie eine fahrbare Gartenlaube aussah, für Zivilisten eine zweite Mahlzeit zubereitet, nachdem die Soldaten ihre Ration erhalten hatten.

Auch die Soldaten meines Bautrupps lebten einen guten Tag. Vor der Abfahrt von Nattenheim klagte der Kantinenwirt, Obergefreiter Heinze, der gerade eine neue Bierration erhalten hatte, daß er zum Transport nicht alle Fässer auf dem Kantinenwagen mitnehmen konnte. Es handelte sich um Bitburger Pils und einige Fässer Pilsner Urquell. Und die sollten wir zurücklassen? Nach Rücksprache mit meinen Soldaten, die nun etwas zusammenrücken mußten, haben wir einige Fässer auf unseren Bauwagen verladen. Einer unserer hinterpommerschen Schlitzohren kam bald auf den Trick, einige kleine Holzkeile zu schnitzen und mit einem Bohrer ein Faß anzubohren und nach Entnahme von ein paar Litern wieder ohne sichtbare Spuren zu verschließen. So hatten wir zu jeder warmen Mahlzeit auch immer einen frischen Schluck Bier bereit. Die Soldaten nahmen die Platzbeschränkung nun sehr gern hin und die Nachbartrupps begriffen zu spät, warum ich so schnell mit dem Biertransport einverstanden war. Zur Entschuldigung muß ich aber auch anführen, daß der größte Teil des Bieres dann schließlich im nächsten festen Quartier der Kantine an die Truppe ausgeschenkt worden ist. Kantinenwirt Heinze wunderte sich allerdings, daß einige der Fässer wohl schlecht gefüllt gewesen seien.

Das Marschziel unserer Abteilung war die Gegend um Dünkirchen, wo sich derzeit die englische Armee zusammenzog und sich nach England einschiffte, um der Einkesselung und Gefangennahme bzw. Vernichtung zu entgehen. Das wurde damals als Flucht verstanden und unsere Propaganda nutzte das geschickt aus, um den Franzosen zu sagen, was sie von ihren Verbündeten zu halten hätten. Die Engländer flohen tatsächlich. Uns fielen als Beute größere Mengen guten Whiskys in die Hände, die viele Wochen lang in der Kantine, das Glas für 10 Pfennige, ausgeschenkt wurden. Auch gab es englische Zigaretten, und wir erbeuteten einige englische Fliegerkombinationen aus bestem Leder.

Unsere Geschütze, Flak 8,8 cm, schossen auf die zurückweichenden Truppen, aber - wie man nach dem Krieg erfuhr - haben die Engländer einen sehr großen Teil ihrer Soldaten retten können. Nachdem Dünkirchen gefallen war, marschierten wir nach einigen Tagen Ruhe weiter in Richtung Mittelfrankreich. Wir lagerten einmal im Wald bei Compiègne, als zwei meiner Soldaten stolz mit mehreren Flaschen zu mir kamen, sie hätten Wein besorgt. Er war sehr sauer, denn es war ‘vinaigre’. Aber als wir dann durch Burgund kamen, haben wir oft auch guten Burgunder getrunken, nicht immer aus adäquaten Gefäßen. Wir hatten inzwischen auch französisches Geld und die Läden waren noch gut versorgt; diese Besorgungen sind immer bezahlt worden.

Der Vormarsch, als Flak-Abteilung nie in vorderster Front, ging in gewisser Weise als Auslandsreise vor sich. Als wir in der Gegend nördlich von Lyon waren, wurde der Waffenstillstand geschlossen und die Kampfhandlungen waren zu Ende. Wir lagen mehrere Tage in einem großen Gehöft auf dem Lande. Da kam eines Tages eine ältere Frau, Typ Haushälterin, zu mir und erklärte mir, im Gehöft sei wegen Benzinmangels ein bekannter französischer Maler gestrandet, der dringend weiter nach Süden wolle, und ob ich ihm 20 Liter Benzin verkaufen könne. Sie nannte auch den Namen und war sehr erstaunt, daß dieser Name mir nichts bedeutete, deswegen ist er mir auch nicht in Erinnerung geblieben. Als ich hörte ein berühmter Künstler, sagte ich, wir könnten ihr nichts verkaufen, aber sie zeigte mir dann den Wagen, eine große, schwarze repräsentative Limousine. Für einen Künstler war mir die Hilfe recht und nachdem ich den großen Wagen gesehen hatte, sagte ich ihr mit 20 Litern wäre er ja bald wieder zu Ende und ich schenkte ihr zwei Kanister, gleich 40 Liter. Lange habe ich später gegrübelt, wer der Maler war, bis ich in den 80er Jahren in einem Bericht über Picasso ein Bild sah, in dem ich den Wagen aus dem Jahre 1940 zu erkennen glaubte. So wiege ich mich in der stolzen Hoffnung, daß ich im Sommer 1940 Picasso mit 40 Litern Benzin zur Weiterfahrt nach St. Paul de Vence verholfen habe.

Wir wurden dann nach dem Waffenstillstand als Flakschutz in die Nähe von Paris verlegt, dicht am Flughafen von Le Bourget. Jetzt wurde von der Truppenführung sogar Wert darauf gelegt, daß die Soldaten sich etwas damit beschäftigten, welches Kulturland sie besetzt hatten.

Eines Tages wurden alle nicht unbedingt benötigten Soldaten mit vielen Lkws nach Versailles gefahren, und vor dem Eingang zum Königsschloß abgeladen mit dem Befehl, am frühen Abend zur Rückfahrt wieder zur Stelle zu sein. Dann konnte man Versailles Garten, Schloß und Spiegelsaal besichtigen. Manche Kameraden besichtigten lieber einige in der Nähe liegende Häuser, in denen freundliche Mädchen dienstbereit warteten. Die Entscheidung Schloß oder Mädchen fiel mir leicht. Unser Stabsarzt hatte einige Tage zuvor in glühender Mittagshitze eine 'Gesundheitsbelehrung' durchgeführt, bei der er in aller Breite und Deutlichkeit auf die möglichen Folgen von Kontakten hinwies. Mit dem, einem Arzt gegebenen Vokabular erläuterte er in aller Plastik die Geschwüre, Eiterbeulen, Ausfluß usw. Darauf wurde manchem Soldaten schlecht, vier Kameraden brachen ohnmächtig zusammen und uns anderen war auch nicht sehr wohl im Magen. Aber die Lektion hatte Erfolg. Der Spiegelsaal war dann eine Enttäuschung; es war praktisch nur eine leere Halle, alles Wertvolle war abgebaut.

Ich bemühte mich, auch meinen Pommern französische Lebensart - die ich auch nur aus Büchern kannte - nahe zu bringen. Wir hatten noch während des Vormarsches in einem Waldstück kampierend die abendliche Essensration empfangen und sofort wurde Beschwerde geführt, den verschimmelten Käse - es war guter Roquefort - könne niemand essen. Auch mein Beispiel - sozusagen ein Käse-Schauessen - überzeugte nicht, und ich habe dann an diesem Abend ca. sechs bis acht Portionen Roquefort verdrückt. Daran erinnerte ich mich jetzt und bereitete für meinen Bautrupp an einem dienstfreien Abend ein echt französisches Essen in einem kleinen Restaurant in der Nähe vor, zu dem ich einlud. Der Wirt war informiert, was ich mit der Einladung bezweckte und der Abend wurde ein voller Erfolg. Nur bei den Austern war ein Teil meiner Pommern doch sehr zurückhaltend.

Wir lagen jetzt längere Zeit in einem leidlichen Quartier, es gab Routine-Dienst und unsere Aufgabe war der

Flak-Schutz von Le Bourget und meine spezielle Aufgabe die Aufrechterhaltung der Telefonverbindung mit unseren Geschützbatterien. Einige von diesen lagen zwischen dem äußeren und dem inneren Sperrgürtel um Paris. Um berechtigt in diesen Gürtel einfahren zu dürfen, mußte man eine Erlaubnis haben, die es in einer Dienststelle im inneren Ring im Südteil der Stadt gab. Bei gelegentlicher Störungssuche lernten wir schnell, daß wir mit Hilfe einer Störung eine hervorragende Möglichkeit hatten, uns Paris anzusehen.

Zu einem Quartier gehört eine gute Kantine. Für Getränke war gesorgt; Bitburger und Pilsner Bier war vorhanden und vor allem viel Whisky. So blieb nicht aus, daß manche Abende in Besäufnis endeten. Die Kantine war in einem großen Saal mit hohen Außentüren zum Garten eingerichtet. Diese Türen waren von oben bis unten verglast, so daß man im Sommer bei offenen Türen wie im Garten saß. Aus Luftschutzgründen mußten aber die Türen am Abend geschlossen und eine Verdunklung angebracht werden. Die Fenster in den Türen reizten dazu, sie mit leeren Flaschen einzuwerfen. Diesem Hobby gaben sich einige Soldaten, leider auch Unteroffiziere hin. Am Morgen wurden die Scherben weggeräumt, ich wurde zum ortsansässigen Glaser befohlen und mußte ihn veranlassen die Scheiben zu erneuern. Das erste Mal habe ich das dann befehlsmäßig erledigt, aber beim zweiten Mal, zwei Tage später, mit großem Widerstreben. Vor dem Glasermeister schämte ich mich für das Verhalten meiner Kameraden. Vor allem war ich verwundert und verärgert, daß keiner der Offiziere diesem Treiben ein Ende setzte.

Darauf habe ich beim dritten Mal mit dem Glaser besprochen, daß er nur noch wenige Fenster einsetzen solle und dann behaupten, er hätte kein Glas mehr. So sind wir dann auch verfahren und wir haben noch darüber gesprochen, eventuell das vorhandene Glas zu tarnen, damit ein zufälliger Besuch nicht die Wahrheit ans Licht bringen konnte. Das hätte für ihn vor allem aber für mich bittere Konsequenzen gehabt. Aber da nach dieser Erfahrung wieder etwas mehr Ordnung in den Kantinenbetrieb einzog, ging es dann auch ohne Scherben weiter.

Als es im Sommer sogar gelegentlich Heimaturlaub gab, kamen Soldaten zu mir, die für Frauen oder Bräute gern noch etwas Parfüm, Seife oder Textilien kaufen wollten. Nachdem die Störungen nicht immer rechtzeitig eintraten, haben wir dann in Zusammenarbeit mit meinem Freund Gustav Rex, der an der Telefonvermittlung saß, für entsprechende 'Störungen' gesorgt. Das heißt, für eine verabredete Zeit wurde eine Batterieleitung abgeklemmt und Gustl Rex sorgte nach 20 Minuten wieder für Verbindung. Inzwischen war ich längst mit meinem Kübelwagen und zwei Soldaten nach Paris unterwegs. Unsere Papiere waren immer in Ordnung, wir hatten Fahrbefehl, Marschbefehl für Störungssuche und bei einer Kontrolle war es möglich zu sagen, daß wir in Paris nicht Bescheid wüßten und daher den kürzesten Weg verfehlt hätten. Wir sind übrigens bei vielen Fahrten nicht einmal kontrolliert worden, sobald man die Sperren am äußeren Ring passiert hatte.

So ging das Leben der Soldaten ähnlich wie in einer Garnison im Frieden weiter. Es ist nur natürlich, daß wir uns unter den gegebenen Umständen so erträglich wie möglich einrichteten. Eines Abends ging eine Ladung

Soldaten ab zu einem Konzert der Berliner Philharmoniker in einem großen Konzertsaal in der Nähe des Eiffelturms. Das war nun in der Tat ein Ereignis großen Stils. Der Gedanke an ein Ende des Krieges ging uns gelegentlich durch den Kopf aber wurde verdrängt.

Zur damaligen Zeit liefen gerade Vorbereitungen für eine Invasion von England, unsere Abteilung wäre daran vorrangig beteiligt gewesen. Die sehr durchschlagkräftigen 8,8cm-Geschütze waren auf flache Kähne montiert, die von Motoren mit großen Luftschrauben angetrieben werden konnten und die die englische Küstenbefestigung bekämpfen sollten. Warum dieser lange vorbereitete Angriff dann nicht stattfand, haben wir nie erfahren.

So blieb in Mußestunden nur die Überlegung, was hatte mir der Feldzug gebracht, was hat er mir bedeutet? Wir waren das zweite Mal in meinem Soldatenleben in ein fremdes Land einmarschiert, in ein Land, dessen Sprache ich gut beherrschte. Wir haben auch gelegentlich Gewehr- oder Artilleriefeuer abbekommen, aber wir hatten keine Verluste. Wir haben die ersten Kriegstoten gesehen. Auf einer Chaussee beim Vormarsch stand ein kleiner französischer Panzer, in den von vorn eine Panzergranate eingeschlagen und durch die Panzerung durchgedrungen war und auch durch den dahinter sitzenden Panzerfahrer.

Wir hatten manche landschaftliche und architektonische Schönheit gesehen. Da ich wegen meiner Sprachkenntnisse während der Ruhepausen der Batterie häufig als Kurierfahrzeug zu den übergeordneten Stäben eingesetzt war, fehlte mir die kurze Ruhe während des Feldzuges um wenigstens mal Wäsche wechseln oder waschen zu können. So gingen wir zu zweit eines Tages in ein großes Bauerngehöft, um uns dort wieder etwas herrichten zu können. Es war völlig verlassen und als wir in einem Raum einen großen Schrank mit fein gefalteter sauberer Wäsche entdeckten, konnten wir nicht widerstehen. Wir zogen uns aus, suchten uns jeder eine passende Unterhose und ließen unsere alte, ziemlich durchgeschwitzte zurück.

Wir haben des Rest des Feldzuges mit der endgültigen Niederschlagung des französischen Widerstandes in französischen Unterhosen absolviert.

Eine alte Französin gab mir eine eindrucksvolle Lektion im Gebrauch der Redewendung „ni - ni“. Wir sprachen über Politik, soweit das möglich war, und ich hatte auf Parallelen zwischen Napoleon und Hitler hingewiesen, worauf sie sehr deutlich und kalt entgegnete: „J'aime ni les Napolèons ni les Hitler“.

Ein Ereignis spielte sich noch ab, als wir nach Abmarsch von dem Hof vor Lyon und vor Eintreffen bei Le Bourget noch einige Tage (oder Wochen?, ich weiß es nicht mehr) in der Nähe von Evreux Quartier bezogen. Mit dem Nachrichten-Offizier, einem Leutnant Schadendorf, mußte ich zu einer anderen Dienststelle fahren in meinem Kübelwagen. Dieses Fahrzeug war von BMW hergestellt, hatte einen Sechszylindermotor mit ständigem Vierradantrieb und war ziemlich hochbeinig. Die Hinterräder konnten bei Bedarf gelenkt werden. Durch die kurze Bauweise, die Hochbeinigkeit und den extrem kleinen Wendekreis bei Vierradlenkung war der Wagen wirklich geländegängig. Aber durch die vielen technischen Forderungen, die BMW erfüllen mußte, kam die Ausstattung der Bremsen zu kurz. Ich habe mich mit anderen Kraftfahrern häufig bemüht die Bremsen so einzustellen, daß sie einerseits wirksam verzögerten ohne aber bei normalem Fahrbetrieb schon zu schleifen, es waren ja noch Seilzugbremsen. Es gelang uns immer nur entweder unter leichtem Schleifen eine gute Bremswirkung zu erreichen oder ohne Schleifen zu fahren, im Bewußtsein, daß dann die Bremswirkung sehr unzureichend war und der Bremsweg sehr lang. Meistens sind wir mit der letztgenannten Einstellung gefahren.

Wir fuhren also mit Leutnant Schadendorf bei gutem Wetter und guter Dinge los. Vor uns - weit entfernt - fuhr ein französisches Pferdefuhrwerk, das ich überholen wollte, als plötzlich ein Fahrzeug mit großem Stander uns - ebenfalls noch weit entfernt - entgegenkam. Es war ein höherer Kommandeur wie Schadendorf voll Schreck erkannte und abrupt verlangte, daß ich dem Kommandeur Vorfahrt gewähren sollte. Den Pferdewagen hätte ich noch ohne jede Beeinträchtigung passieren können, aber ich scherte wieder nach rechts, was dem Kommandeur-Fahrer zu Recht den Eindruck vermittelte, ich wollte ihn als ersten passieren lassen. Mein Versuch, unseren Wagen vor dem Pferdewagen zu bremsen, mißlang kläglich und so mußte ich, um den armen Franzosen nicht zu rammen, wieder nach links zum Zeitpunkt, als der Kommandeur inzwischen auch dort angekommen war. Der Fahrer wich aus, indem er mit den äußeren Rädern durch den flachen Chausseegraben fuhr, der Kommandeur sprang im offenen Wagen voller Wut auf - und als unser Wagen dann endlich stand, sprang Schadendorf heraus und machte Männchen vor dem Kommandeur um sich eine Standpauke anzuhören. Sie gipfelte darin, daß er verlangte der Fahrer - also ich - sei zu bestrafen und die Bestrafung ihm zu melden. Das war nach der Disziplinar-Strafordnung zwar unzulässig, aber gegen einen hohen Kommandeur wagte niemand Widerspruch.

Nach der Rückkehr wurde ich am nächsten Tag zum Abteilungs-Kommandeur bestellt. Das war leider nicht mehr unser alter Oberstleutnant Trost, sondern ein unangenehmer und wenig kompetenter Major. Auch er versuchte als erstes mich zu beschimpfen und als ich ihm meine Version erzählte, sagte er als Entgegnung: „Bei der deutschen Wehrmacht gibt es keine falsch konstruierten Fahrzeuge!“ Darauf forderte ich die Hinzuziehung des Kfz-Sachverständigen, den jede größere motorisierte Einheit hatte. Dies erfüllte der Major wutschnaubend und war baß erstaunt, als der Experte meine Darstellung in vollem Umfang bestätigte. Unmittelbar anschließend wurden dann alle gleichartigen Wagen in die Kfz-Werkstatt gebracht und mit einem zusätzlichen Seilzug und einer Umlenkrolle ausgerüstet, wodurch die Bremswirkung etwas verbessert wurde. Aber ich erhielt trotzdem drei Tage gelinden Arrest. Die soldatische Pflicht des Majors ging nicht so weit, sich an die Dienstordnung zu halten. Ein Disziplinarvorgesetzter durfte nicht durch Befehl einen anderen Offizier veranlassen eine Strafe zu verhängen. Hielt der höhere Vorgesetzte eine Strafe für angebracht, konnte er diese Strafe jederzeit selbst verhängen. - Als ich später selbst Disziplinarvorgesetzter war, ist mir die Erinnerung an diesen Major eine gute Richtschnur gewesen, wie man sich nicht verhalten sollte.

In einem ehemaligen Hühnerstall war ich dann pro forma eingesperrt und bin durch meine Soldaten, denen die Ungerechtigkeit dieser Strafe genauso bewußt war, glänzend versorgt worden. Der Koch ließ anfragen, ob er mir eine Freude mit einem besonderen Essen machen könne. Am lustigsten empfand ich den morgendlichen Besuch einer Henne, die noch regelmäßig in ihren alten Hühnerstall kam und mir ein garantiert frisches Frühstücksei legte.

Die wirklich tragische Nachricht dieses Feldzuges erreichte mich, als ich im Sommer irgendwann für einige Tage nach Berlin auf Urlaub konnte. Der Sohn unseres Hausarztes, der seine Praxis am Kurfürstendamm hatte, Dr. Koebbel, war gefallen. Peter Koebbel war, wie mein Freund Werner Lilienthal, Halbjude, denn seine Mutter, eine renommierte Kinderärztin, war Jüdin. Nur war Peter im Gegensatz zu Werner nicht Jude, sondern Protestant und deshalb durfte er für Volk und Führer sogar sein Leben lassen, während Werner die Kriegsjahre zwar überlebte, aber unter erniedrigenden Bedingungen. Seine gesamte Ausbildung als Akademiker hat er erst nach der Auswanderung in die USA nachgeholt.

Als ich nach Berlin in Urlaub fuhr, verließ ich die Truppe im Bewußtsein, daß in der Zwischenzeit die Invasion von England laufen würde und ich vielleicht von Paris aus auf Urlaub gehen, aber meine Truppe dann nach Urlaubsende in London wiedertreffen würde. Das war keine Spinnerei oder Wunschdenken, sondern die feste Überzeugung aller damals Urlaub machenden Soldaten. In Berlin hatte ich mir noch die englische Adresse der Schwester von Werner Lilienthal besorgt, die als Halbjüdin, nach einer Besetzung durch deutsche Truppen, wahrscheinlich auch Schwierigkeiten zu erwarten hatte, und ich glaubte, vielleicht etwas für sie tun zu können. Aus heutiger Sicht erscheinen diese Überlegungen phantastisch, aber aus der damaligen Einstellung heraus durchaus möglich. In unserer Truppe war die Enttäuschung groß als wir nicht nach England konnten, denn nach Frankreich hätten wir gern auch noch England kennengelernt.

Nach Rückkehr vom Urlaub ging für einige Monate der Dienst weiter wie bisher und im Herbst erfolgte ein Stellungswechsel von Paris nach Mühlenbeck, ein Vorort von Berlin, wo ich als Offiziersanwärter jetzt einer Geschütz-Batterie zugeteilt wurde. Immerhin konnten wir von dort noch mit der S-Bahn nach Berlin fahren.

Damals schlug in gewisser Weise die Stimmung in der Truppe um. Die Zeit der siegreichen Vormärsche schien fürs erste vorbei und es bereitete sich jetzt etwas vor, das uns noch lange als Soldaten beschäftigen würde. Jede Hoffnung auf ein Ende des Krieges und eine Entlassung und schnelle Aufnahme eines Studiums war geschwunden und wir mußten uns an den Gedanken gewöhnen, noch sehr lange Soldat sein zu müssen. In dieser Zeit - glaube ich - kursierte die Scherzfrage: Wann ist der Krieg zu Ende? Dann, wenn man mit der Berliner S-Bahn von der Ostfront zur Westfront fahren kann.

Wir waren durch den Sohn eines hohen Generalstabsoffiziers etwas vorbereitet und setzten uns in einem Zirkel aus Offizieren und Unteroffizieren zusammen und lernten Russisch; im Frühjahr 1941. In dieser Stellung hatte ich noch ein besonderes persönliches Mißgeschick. Meine Leica, die mich bisher treu begleitet hatte, und die ich in einer Feldstellung natürlich nirgends wirksam einschließen konnte, wurde gestohlen: Kameradendiebstahl! Sie ist trotz Rückfragen beim Hersteller nie wieder aufgetaucht, auch Jahrzehnte später nicht.

In dieser Zeit fanden auch schon größere Luftangriffe der Engländer auf Berlin statt. Wir feuerten eines Nachts aus allen Rohren, aber über dem Zentrum von Berlin war eine helle Feuerlohe zu sehen und am nächsten Morgen erfuhren wir, daß die Staatsoper „Unter den Linden“ ausgebrannt war; das erste Mal in diesem Krieg; es war die Nacht vom 9. zum 10. April 1941. Als Soldaten spürten wir Wut über die Flieger, die unsere Heimatstadt verwüsteten, aber wenn ein Flugzeug vom Scheinwerfer erfaßt und das Feuer auf diese Maschine konzentriert wurde, mußte ich an die Soldaten denken, die da drin saßen. Was taten sie denn anderes als den Befehlen ihrer militärischen Führer zu folgen? Coventry war noch nicht lange her.

Vor Beginn des Feldzuges in Rußland wurden wir nach Ostpreußen verlegt und waren in einer Beobachtungsstellung oberhalb des Flüßchens Memel für einige schöne Sommertage. In diese Stellung wurde ich mit drei Soldaten kommandiert. Die Unterbringung erfolgte in einem großen Bauernhaus. Auf dem Memeldeich richteten wir unseren Beobachtungsposten ein, der von Sonnenaufgang bis zur Abenddämmerung besetzt sein mußte. Die Soldaten lösten sich im Zwei-Stunden-Rhythmus ab. Ich inspizierte gelegentlich und übernahm auch mal eine Wache selbst. Da wir ziemlich weit weg von der Batteriestellung lagen, bekamen wir von der Feldküche kalte Verpflegung für mehrere Tage und als Mittagsmahlzeit einige Büchsen, häufig mit Schmalzfleisch. Das war mehr Fett als Fleisch und zum Zubereiten einer Mittagsmahlzeit nicht sehr geeignet. Es wurde wohl angenommen, daß uns der Großbauer nicht verhungern lassen würde. Das stellte sich dann auch als richtig heraus. Die Bauernfamilie spekulierte vor allem auf das Kommißbrot. Kommißbrot war damals bei alten Soldaten sehr beliebt und so hatten wir etwas zum Tauschen. Da die Soldaten mit ihrem Dienst beschäftigt waren, hatte ich es übernommen, mich um die Mittagsmahlzeit zu kümmern. Um das Fett sinnvoll anzuwenden, fiel mir eine Erfahrung aus Frankreich ein. Ich ließ mir einige Kartoffeln geben, schnitt diese nach Schälen in Stäbchen, zerließ das Fett in einem Topf und begann Pommes-frites zu braten. Als ich sagte, daß ich die rohen Kartoffeln verarbeiten wolle, gab es großes Staunen bei den ostpreussischen Bauern und langsam füllte sich die Küche; man wollte dem Berliner Unteroffizier zusehen, der im Begriff war, ein original französisches Gericht herzustellen. Ungläubig und staunend probierten die biederen Ostpreußen diese exotische Mahlzeit und meinten schließlich, daß man das durchaus essen könne. So habe ich internationale Küche bei einer ostpreussischen Bauernfamilie demonstriert.

Dieses idyllische Leben hielt an bis zum Morgen des 22. Juni 1941.

Krieg mit Rußland, Ende des Krieges in Europa im Mai 1945 und in Ostasien im August, Deutschland kapituliert und wird in vier Zonen und Berlin aufgeteilt.

1941 - 1945

Der Kriegsbeginn spielte sich ab wie üblich. Eines frühen Morgens begann eine ungeheure Flugtätigkeit und damit fing unser Einmarsch in Richtung Baltikum an. Jetzt machte sich der Gegensatz zum Marsch durch Frankreich deutlich bemerkbar. Die Straßen waren schlecht, häufig unbefestigte Feldwege. Statt Brücken mußten wir Flüsse gelegentlich an Furten durchfahren. Wir berührten fast keine Städte und gewannen den Eindruck, daß es eine ärmliche und zurückgebliebene Gegend war, die wir durchquerten.

Nicht sehr weit hinter der Grenze, am zweiten oder dritten Tag, marschierte plötzlich hinter einer Kurve etwa 200 bis 300 Meter vor uns ein Trupp von ca. 30 russischen Soldaten. Sofort gab unser Batteriechef an ein 2cm-Geschütz den Befehl das Feuer zu eröffnen. Die 2cm-Kanone war auf einem Lkw montiert und sofort feuerbereit. Das war für plötzliche Fliegerangriffe gedacht. Diese armen Russen waren völlig unvorbereitet, sie marschierten in Richtung weg von uns und waren nach meiner Erinnerung gar nicht bewaffnet. Einige konnten noch fliehen, aber eine 2 cm-Kanone mit hoher Feuergeschwindigkeit und mit Sprenggranaten hat eine verheerende Wirkung. Nach dem Näherkommen mußten wir uns das Ergebnis ansehen. Da ergriff ein neben mir stehender Unteroffizier seinen Karabiner und löste noch einen Schuß in die Masse Mensch aus, der völlig unmotiviert, unnötig und mir unerklärlich war. Dem Impuls, ihm für diese Tat meinen Karabiner über den Schädel zu schlagen, konnte ich nicht folgen, ich war wie versteinert; es hätte ja auch nichts mehr geändert.

Unser Weg ging durch Litauen, wo wir bei Libau bis an die Ostsee kamen und dann weiter in Richtung Riga. Später ging es über Pleskau bis vor Leningrad, so hieß es damals. Als wir in Lettland langsam auf Riga zumarschierten, änderte sich die Landschaft und das Land und es wurde gewissermaßen etwas zivilisierter. Beim Einmarsch in Riga wurden wir von der Bevölkerung jubelnd begrüßt und mit Blumen beworfen. Es war und blieb das einzige Mal in meiner militärischen Laufbahn, daß die ansässige Bevölkerung unseren Einmarsch begrüßte. In Riga hatten wir einige ruhige Tage und unser Unteroffizierskorps nutzte die Gelegenheit zu einem Fest, zu dem wir uns im renommierten „Hotel de Rome“ ein Abendessen für ca. 20 Personen bestellten. Wir haben wie die Fürsten getafelt. Es gab zumindest keine für uns wahrnehmbare Beschränkung in der Ernährung.

Lettland war ein landwirtschaftlich reich gesegnetes Gebiet. Aus Molkereien empfingen unsere Verpflegungsempfänger so viel Butter, daß wir bis vor Leningrad zum Verpflegungsempfang auf dem Küchenwagen einen großen Butterklotz vorfanden, von dem sich jeder so viel abnehmen konnte, wie er wollte. Eine echte Rationierung erfolgte erst wieder nach Monaten.

Riga selbst war eine sehr schöne Stadt und wirkte auf uns Großstädter auch wie eine echte Großstadt. Es gab Straßenbahnen, schöne Parks und Plätze, Restaurants und Kaffees. In einem Theater habe ich eines Abends sogar eine Ballett-Aufführung gesehen die durchaus Stil hatte.

Aber der Krieg ging weiter und mit ihm der Vormarsch in Richtung Osten. Während dieses Vormarsches fanden wir oft Geräte und Waffen, welche die Russen auf ihrer Flucht zurückgelassen hatten. Die wurden eines Tages in größerer Menge eingesammelt und mit einem Lkw in unsere Stellung verbracht, zum Weitertransport zur Sammelstelle. Als ich von einer Fahrt zurückkam hörte ich, daß beim Umladen von russischen Gewehren auf ein anderes Fahrzeug sich aus einem der Gewehre ein Schuß gelöste hatte, der einen lieben Kameraden, Wachtmeister und Offiziers-Anwärter, mitten ins Herz traf. Auch auf diese Weise konnte man sein Leben für das Vaterland verlieren.

Für unsere Feldküche benötigten wir Brennmaterial. Dazu wurde eines Tages eine Gruppe von ca. zehn russischen Kriegsgefangenen angestellt, die Bäume fällen und das Holz klein machen mußten. Nach einiger Zeit gab es eine Pause und sie setzten sich auf einen Holzstapel bzw. auf die Erde und fingen plötzlich an zu singen. Nach kurzer Zeit hatte sich ein mehrstimmiger Gesang entwickelt, der uns als nüchterne Soldaten sehr ergriff. Unwillkürlich verglich ich diese sentimental melodischen Töne mit dem Gesang unserer Soldaten, Marschlieder mit eintönigen und primitiven Melodien. Sehr anders als bei diesen zufällig zusammengekommenen Russen.

In einigen Quartieren, in denen wir oft nachts untergebracht wurden, fanden wir Bücher in russischer Sprache, die in Druck und Ausstattung bemerkenswert waren. Sie zeigten deutliche Lesespuren. Lesen konnten wir das nicht. Und die Namen der Verfasser bedeuteten uns nichts, abgesehen von Namen wie Tolstoi oder Gogol. Diese Sänger’ und ‘Leser’ waren also die ‘Untermenschen’, wie uns die Propaganda weismachen wollte.

In Estland war ich mit einem Offizier in einem offenen Wagen als Vortrupp unterwegs. Wir hatten Holzschilder, auf denen ein Symbol für unsere Einheit aufgemalt war, und diese Schilder nagelten wir an Kreuzungen und Bäume oder Pfähle, um dem nachfolgenden Kontingent den richtigen Weg zu zeigen.

Der Fahrer war ein ungeübter Kraftfahrer und hinter einer Brücke, durch die verdeckt war, daß der Weg scharf nach links abknickte, fuhr er so ungeschickt, daß der Wagen umstürzte und uns drei unter sich begrub. Zwei oder drei Esten kamen sofort und halfen uns heraus. Dem Fahrer war am wenigsten passiert, er war nur benommen aber sonst unversehrt. Der Offizier hatte mit dem Kopf unter der durchgehenden Rücklehne der Sitze gelegen und war wie ein Wunder mit ein paar Schrammen am Kopf davongekommen, während ich mir einen Fuß verrenkt hatte; ich konnte nicht mehr laufen. Daraufhin wurde ich mit einem Sanitätskraftwagen zum Verbandsplatz gefahren, was auf den schlechten Straßen für meinen Fuß eine Tortur war und von dort dann weiter per Bahn ins Lazarett in Riga. Dort lag ich ein paar Wochen und die Lazarett-Verwaltung wollte mich in die Heimat in ein Heimatlazarett überweisen. Dagegen habe ich heftig protestiert, denn in meiner Truppe fühlte ich mich zu Hause und auf die vielen Kameraden, zum Teil noch aus der Friedenszeit, wollte ich nicht verzichten.

Deshalb ließ ich mich zur Truppe zurückversetzen, obgleich ich noch nicht ausgeheilt war. Dieser Schritt sollte sich für mein späteres Leben noch als sehr folgenreich herausstellen. Nachdem ich dann meine Truppe, d. h. die Abteilung wiedergefunden hatte, nach längerer Abwesenheit war das nicht immer einfach, telefonierte ich mit der Abteilungs-Vermittlung um den genauen Standort meiner Batterie zu erfahren. An der Vermittlung saß mein alter Freund Fritz Guttmann und meinte er hätte gehört, daß ich zu einer anderen Batterie versetzt sei. Das hörte ich sehr gern, denn der Batterie-Chef war ein aufgeblasener kleiner Oberleutnant, der mit falscher Forschheit die Truppe mehr gefährdete als führte; er wollte mit aller Gewalt Hauptmann werden. So beschloß ich mich in eine andere Batterie zu versetzen. Die führte der Oberleutnant Metzger, das war der Offizier mit dem ich in Estland den Autounfall hatte, und der ein feiner Kerl war. Also fuhr ich zur Stellung dieser Batterie, meldete mich als zu seiner Batterie versetzt und wurde freudig begrüßt und aufgenommen. Nach fast einer Woche kam Metzger und fragte wer mir denn mitgeteilt hätte, daß ich zu ihm versetzt worden sei. Ohne Namen zu nennen, nannte ich die Abteilung und es wurde lange telefoniert, das ganze als Irrtum bezeichnet, aber zum Glück nicht wieder rückgängig gemacht. Ich weiß nicht, ob Metzger den Braten gerochen hat und gute Miene zum bösen Spiel machte, oder ob es wegen eines Stellungswechsels dann als zu umständlich erschien, einen Unterführer von einer Batterie zur anderen zu fahren, denn gebraucht wurde ich an beiden Stellen. Da ich mich mit Metzger gut verstand, hat er wohl dafür gesorgt, daß diese Pseudo-Versetzung dann sanktioniert wurde.

Während wir nun weiter nach Rußland eindrangen, hatten wir Gelegenheit, einige russische Gegebenheiten und auch sowjetische Errungenschaften kennenzulernen. Wir wurden auf dem Marsch häufig über Nacht in Bauernkaten oder irgendwelchen festen Häusern untergebracht. Bauernkaten waren oft Blockhäuser mit kleinen Fenstern, die Ritzen mit Werg oder Pflanzen abgedichtet, gestampfter Lehmboden als Fußboden, kein Wasseranschluß und keine Elektrizität. Aber die Familie war allein. Es gab aber auch eine Art Arbeitersiedlungen, das waren kasernenartige längere Gebäude mit einem breiten Mittelflur, von dem die einzelnen Räume abgingen. Das waren dann große Zimmer, jedes Zimmer für eine Familie. Weiter gab es eine große Küche (pro Flur), Toiletten und Waschräume. Es gab Wasser, Heizung und Elektrizität. Aber die Küche wurde gemeinsam benutzt und die Frauen standen dicht an dicht am großen Herd um ihr Essen zuzubereiten. Ich glaube es ist sehr schwer für einen Mitteleuropäer zu entscheiden, welche Wohnform die bessere war. Als Soldat waren wir für die Vorzüge des festen Hauses dankbar, aber die Vorstellung Jahr um Jahr in einer Gemeinschaftsküche kochen zu müssen, eine allgemeine Toilette benutzen zu müssen war auch nicht erstrebenswert.

Ob diese Verhältnisse öfter in der Sowjetunion so oder ähnlich waren, weiß ich nicht zu beurteilen. Wir Soldaten waren damals aber der Meinung, daß es für die Bevölkerung eine Leistung war, diese Häuser zu erstellen.

Nun war ich also wieder zu meiner alten Einheit zurückgekehrt, bei meinen alten Freunden und Kameraden, zwar noch leicht hinkend, aber wir waren ja eine motorisierte Truppe.

Es machte sich doch bemerkbar, daß jetzt ein unerbittlicher Krieg begann. Beim Marsch detonierte plötzlich unter dem Fahrzeug vor der Zugmaschine mit Kanone, auf der ich fuhr, eine Mine. Sie warf das Fahrzeug hoch das sich auf die Seite legte und wieder zu Boden fiel, während die drei Soldaten, die darin saßen, einen Luftsprung machten und ohne nennenswerten Schaden neben ihrem Fahrzeug landeten. Wir sind daraufhin lange immer in den Fahrspuren des Vorderfahrzeuges gefahren und hatten für die weitere Fahrt ziemlich ungute Gefühle. Denn auf unserer Zugmaschine saßen nicht nur ca. 10 bis 12 Mann, sondern wir hatten auch ein Dutzend Granaten geladen, die bei einer Minenexplosion leicht ebenfalls detonieren konnten. Nachts hatten wir häufig Besuch von russischen Flugzeugen und man gewann den Eindruck, daß sie ihre kleinen Splitterbomben ganz ungezielt einfach dahin abwarfen, wo sie deutsche Truppen vermuteten.

So gelangten wir langsam bis in die Nähe von Leningrad und als es kalt wurde, und wir in der Stellung eine abenteuerliche Zeltkonstruktion errichteten und mit einem zum Ofen umgebauten alten Benzinfaß bestückten, um wenigstens etwas Wärme zu haben, wurde eines Tages ein Appell angesetzt, bei dem ein Führerbefehl verlesen wurde.

Es war inzwischen Oktober oder Anfang November geworden. Dieser Führerbefehl enthielt die hehre Botschaft „Der Feind im Osten ist vernichtend geschlagen, er wird sich nie wieder erheben“! Als wir das hörten sahen wir uns betreten und ungläubig lächelnd gegenseitig an und die allgemeine Meinung und Stimmung war: jetzt ist der Adolf völlig verrückt geworden! Weit draußen, direkt an der Front, konnte man so etwas unter Kameraden schon mal laut denken. Wir hatten die Realität vor Augen. Die zeigte uns fahrbereite russische Panzer, die ab und zu einen Ausbruch versuchten, gelegentlich rege russische Lufttätigkeit, den Beschuß unserer Stellungen durch schwere Schiffsgeschütze aus der Ostsee, unseren festgefahrenen Versuch nach Leningrad einzudringen, unsere völlig unzureichende Ausrüstung für einen Winterkrieg und auch das funktionierende Leben in der Stadt, die wir belagerten. Durch das Zielfernrohr meiner 8,8cm-Kanone, mit der wir zum Panzerbeschuß am Stadtrand eingesetzt waren, konnte ich die Leningrader Straßenbahn sehen, die ziemlich regelmäßig im Viertelstundentakt fuhr. Das alles deutete in unseren Augen keinesfalls auf ein baldiges Zusammenbrechen der Sowjetunion hin. Die Bevölkerung, soweit eine solche im besetzten Gebiet überhaupt noch vorhanden war, verhielt sich auch nicht freundlich, so wie in Lettland, sondern war sehr zurückhaltend und eine Ablehnung des Kommunismus war uns nicht erkennbar. Die Sprachschwierigkeiten verhinderten allerdings auch jeden näheren Kontakt. In dieser Situation erging plötzlich die Anweisung, daß für das Wintersemester Studienurlaub gewährt werden konnte und Kameraden und Vorgesetzte schlugen mir vor, Urlaub zu beantragen und in Berlin mein Bein wieder gründlich auszukurieren. Gesagt, getan. Eines Tages saß ich im Urlauberzug und nach zwei Tagen Fahrt kam ich in der Hektorstraße an. Es war ein abrupter Wechsel, den ich erst einmal verkraften mußte. Aber da mein Fuß tatsächlich für einen Kriegseinsatz noch nicht wieder geeignet war, hatte ich auch nicht das Gefühl, Kameraden allein gelassen zu haben. Bis ich aber in Berlin und in unserer Wohnung wieder zu Hause war, das hat zwei Wochen gedauert.

Friedrich Wolf als Wachtmeister, 1942

Wenn man aus dem Osten kam, so brachte man gewöhnlich Ungeziefer mit. Als viele der Soldaten meiner Geschützbedienung über Läuse klagten und sich jucken mußten, schien ich frei zu sein, ich hatte keinerlei Beschwerden. Bis ich eines Tages, als ich als Flugmeldeposten den Luftraum überwachen mußte, am Hals ein leichtes Krabbeln fühlte. Nach Ablösung zog ich mein Hemd aus und einen 'Läuseexperten' zu Rat. Er fand dann in meinem Hemd jede Menge kleiner Tierchen. Bis zur Zahl 100 haben wir gezählt, dann nicht mehr. Warum ich, obwohl völlig verlaust, von den Tierchen nicht gebissen worden bin, weiß ich nicht. Andere Verlauste kratzten sich Brust und Rücken blutig und konnten keine Nacht schlafen, ich hatte nicht die geringsten Beschwerden. Wir sind dann abteilungsweise in Entlausungsstationen gebracht worden, wobei die Soldaten durch ein saunaartiges Gebäude gingen, während die Bekleidung in großen Kesseln mit Heißdampf und wohl auch Chemikalien behandelt wurde. Diese Entlausung wirkte für einige Wochen erleichternd.

Zu Hause hatte man vor Ungeziefer natürlich Angst. So habe ich als erstes, als ich in unsere Wohnung kam, sämtliche Bekleidung ausgezogen und auf den Balkon gelegt, wo sie für viele Tage liegen blieb. Es herrschten Temperaturen weit unter dem Gefrierpunkt. Ich selbst genoß den Luxus eines warmen Wannenbades und diese Methode der Ungezieferbekämpfung hat bewirkt, daß die Wohnung Hektorstraße läusefrei blieb. Als Chemie-Student war ich auch von der Uniformpflicht befreit, die gute Uniform sollte ja nicht durch Säuren beschädigt werden. Vielleicht galt aber Zivilerlaubnis auch für alle Studienurlauber.

Diesen Studienurlaub habe ich übrigens als Wachtmeister angetreten. Irgendwann im Herbst wurde ich - auf dem Wege zum Offizier - zum Wachtmeister befördert. Meine Extra-Uniform wurde schnell mit den entsprechenden Rangabzeichen versehen und trotz der Zivilerlaubnis habe ich sie oft getragen. Eine Uniform erleichterte damals so manches und außerdem paßten mir meine Anzüge, die ja noch aus der Schulzeit stammten, nicht mehr so ganz.

Für die gesamte Dauer des Urlaubs lebte ich in Berlin aber doch in einer Art Wachtraum, der Wechsel vom Frontsoldaten zum zu Hause im Wohlstand lebenden Studenten war zu kraß. Aber der Krieg hatte auch Berlin schon eingeholt. Die Staatsoper war schon abgebrannt und als die ersten Bombenschäden in unserer weiteren Umgebung auftraten, marschierte ich bis zum Prager Platz um mir das anzusehen; das hatten wir später bequemer.

Nun konnte ich also richtig mit dem Studium beginnen und alle Dinge, die mich abhalten konnten, blieben auch außen vor. Wir Studienurlauber haben alle, ohne links und rechts zu blicken, hart gearbeitet und nach dem Studienplan durchgeführt, was vorgeschrieben war. Ich hatte die Vorstellung, das sei alles wichtig und notwendig um in die Geheimnisse der Chemie einzudringen.

Die Hauptbeschäftigung eines Anfängers war Analysen zu machen. Die Assistenten rührten einen Brei aus verschiedenen Stoffen zusammen und wir mußten dann analysieren, woraus der Brei bestand. Dazu hatte man Bechergläser, Glaskolben und viele Reagenzgläser. Die wurden am Abend abgewaschen und ich stellte sie auf einen Tisch neben dem Waschbecken zum Abtropfen. Auf diesem Platz arbeitete häufig eine Studentin, die schon im zweiten Semester war. Ihr Tisch war naß geworden und durch einen Ritz Feuchtigkeit in die Schublade gedrungen. Ihre Beschwerde führte zu ersten Kontakten mit Fräulein Vetten, so hieß die Dame, und wir gingen gelegentlich gemeinsam nach Laborschluß weg, um uns auf eine Prüfung vorzubereiten oder auch ins Kino oder zu Konzerten. Mit Fräulein Vetten bin ich jetzt verheiratet - seit 54 Jahren (1998).

Inge und Studienkollegin, Berlin unter den Linden

Das Studentenleben ging weiter und nach einer Weihnachtspause war im Januar klar, daß nach ein paar Wochen wieder der Schritt nach Rußland zurückzugehen war. Vorher hatte sich das Verhältnis zu Fräulein Vetten vertieft und ich habe sie meinen Eltern vorgestellt. Aber im Februar war der Spaß vorbei, ich zog meine inzwischen läusefreie Felduniform wieder an und fuhr Richtung Osten, zusammen mit einem Studienkollegen, der den gleichen Weg hatte.

Wir kamen wieder durch Riga und hatten den Eindruck, daß es eine schöne, aber kleine Stadt sei. Je nachdem aus welcher Richtung kommend wir Riga berührten, erschien es als schöne, zivilisierte Stadt mit großen Häusern, das galt, wenn man nach Monaten von der Front kam, oder aber als kleine etwas verschlafene Stadt, wenn man aus Berlin kam. Jetzt empfing uns Riga mit minus 27 Grad und wir beeilten uns in ein Soldatenheim zu kommen, wo geheizt war, um die Zeit bis zur Weiterfahrt zu verbringen. Die weitere Fahrt erfolgte in einem Wagen 4. Klasse, dessen Heizung eingefroren war. Nach einigen Stunden Fahrt, als trotz Beschwerde beim Bahnpersonal keine Heizung funktionierte, haben wir mit dem Seitengewehr die Holztäfelung herausgebrochen und im Abteil ein offenes Feuer unterhalten. Wenn man bei fast 30 Grad Kälte mehrere Stunden fast regungslos sitzen muß, bleibt einem nichts weiter übrig, als sich solch archaischer Methoden zu bedienen. Nach den Monaten in Berlin mit Warmwasser, Zentralheizung und liebevoller Betreuung durch die Eltern, war das eine Schocktherapie, die uns schnell wieder in Frontsoldaten zurückverwandelte.

In unserer alten Stellung angekommen stellte ich freudig fest, daß jetzt eine Reihe von Holzbaracken entstanden war, in denen man ganz gut leben konnte. Batteriechef Metzger war in der Zwischenzeit von einem Nachfolger abgelöst worden, der sich als umgänglicher Mann entpuppte. Die Batterien, üblicherweise mit vier Geschützen ausgerüstet, hatten jetzt bis zu sieben Kanonen, von denen drei zur Panzerabwehr eingesetzt waren, meist in vorderster Linie, während die normale Flakstellung so weit von der Hauptkampflinie entfernt lag, daß sie von der gegnerischen Artillerie nicht erreicht werden konnte. Wir Geschützführer wechselten uns ab, mal Flugabwehr, mal Panzerabwehr. In einer Stellung, mitten unter Infanteristen, stand auch ein Geschütz, das ich kommandierte. Während eines russischen Artilleriebeschusses saßen wir in selbstgegrabenen Erdlöchern und Gräben und warteten auf das Ende des Feuers, als ein lautes metallisches Geräusch darauf hindeutete, daß unsere Kanone getroffen worden war. Wir konnten dann feststellen, daß wir einen direkten Treffer bekommen hatten und außer Gefecht gesetzt worden waren. In einer Nacht- und Nebelaktion mußte eine große Zugmaschine bis zur vordersten Linie kommen, die Kanone ankoppeln und dann zurückziehen. Zur Tarnung der Aktion wurden mehrere Lkws in der Umgebung aufgestellt, die zum verabredeten Zeitpunkt ihre Motoren heulen ließen, denn das Geräusch der Zugmaschine, die ja ein Kettenfahrzeug war, hätte ohne Zweifel russisches Artilleriefeuer auf uns gezogen. Aber so ging alles gut und wir kamen mit unserer kaputten Kanone in die hinteren Stellungen, dann auf Straßen und schließlich in eine Werkstatt, wo festgestellt wurde, daß eine Reparatur nur in einer weit im Hinterland liegenden Werkstatt erledigt werden konnte. So fuhr ich am nächsten Morgen mit einem Fahrer in eine rückwärtige Waffenwerkstatt in einer kleinen russischen Stadt. Dort gab es elektrisches Licht, fließendes Wasser, ein Kino und vernünftige Unterbringung. Aber eindrucksvoll war für mich vor allem die Fahrt zu dieser Werkstatt. Wir fuhren einen ganzen Tag durch die flache, verschneite Landschaft. Am Nachmittag, beim Einbruch der Dunkelheit, konnte man keine Konturen mehr erkennen, die Linie des Horizonts verschwand im Grau und um uns war eine Glocke ohne Anfang und Ende und das monotone Brummen des Motors; wir waren allein auf der Welt. Der Reiz dieser Winterlandschaft und die dadurch ausgelöste Stimmung waren unbeschreiblich und unvergeßlich.

Die Etappe hat uns dann weniger gefallen, weil wir das Wohlleben der Etappensoldaten mit dem vergleichen mußten, was wir in unserer Stellung hatten. Nach drei Tagen war die Kanone repariert, unser Etappenleben zu Ende und wir wieder auf dem Heimweg zur Batterie. Ich blieb dann in der Stellung und sorgte wieder für Luftabwehr.

In dieser Zeit der Kälte galten einige für preußische Soldaten ungewöhnliche Anordnungen: Es war verboten sich morgens zu waschen und zu rasieren und beim Arbeiten an Geräten oder Waffen mußten Handschuhe getragen werden. Bei der extremen Kälte wurde durch Waschen und Rasieren der natürliche Schutzfilm der Haut zerstört und daher konnte Hygiene zu Erfrierungen führen. An den unterkühlten Flächen einer Kanone konnte man beim Kontakt mit der bloßen Haut in unangenehmer Weise festkleben und dann nur unter Schmerzen und evtl. Hautverlust sich wieder befreien. Als die Kälte dann bald nachließ und der Frühling Einzug hielt, begann wieder das normale Stellungsleben. Eines Abends abrupt unterbrochen durch Artilleriebeschuß schweren Kalibers. An einer Stelle der Barackenwand, an der ich einige Sekunden vorher noch gelehnt hatte, war ein 30 cm langes großes Loch. Mit anderen aber unbedeutenden Schäden ging der Beschuß vorbei.

Wir lagen nun schon einige Monate in der gleichen Stellung, aber wir waren ja immer noch eine motorisierte Einheit, die bei entsprechender Lage schnell zu einem Stellungswechsel in der Lage sein mußte. Die großen schweren Zugmaschinen mit Gleisketten waren unsere wichtigsten Fahrzeuge. Ohne sie war die Batterie unbeweglich, denn selbst ein großer Lkw war nicht in der Lage, die schwere Kanone zu bewegen. Deshalb war es eine Katastrophe, als eines Abends ein Fahrer zurückkam und meldete, daß ihm seine Zugmaschine gestohlen worden sei. Er war mit einem Begleiter auf dem Rückweg von einer Transportfahrt und hatte vor einem Soldatenheim gehalten um zu essen und Verpflegung zu fassen. Als er wieder herauskam, war die Zugmaschine verschwunden.

Für viele Militärfahrzeuge gab es keine Sicherheits-Zündschlüssel, sondern nur einen simplen Stift, der den nötigen Kontakt herstellte aber für Dutzende von Fahrzeugen gleichartig war. Eine Zugmaschine ist nun kein kleiner Gegenstand, den man als verloren melden konnte. Die Batterie war jetzt nur noch bedingt transportfähig. Deswegen hatte unser Schirrmeister, der für alle Kfzs zuständig war, einen teuflischen Plan. In der großen Kfz-Werkstatt der Abteilung wurden in aller Stille gewisse Vorbereitungen getroffen und am nächsten Abend fuhren der Schirrmeister und einige Soldaten zu eben diesem Soldatenheim wo öfter Kraftfahrer einkehrten, etwa wie heute in einer Fernfahrerkneipe, suchten sich eine Zugmaschine aus, die der unsrigen entsprach und fuhren damit in unsere Werkstatt. In Windeseile wurden die Aufbauten entfernt, das gesamte Fahrzeug in Luftwaffenfarbe gespritzt und unsere Truppenbezeichnung aufgemalt und was sonst noch an Arbeiten nötig war. Am nächsten Morgen sah die Zugmaschine so aus, als ob sie immer zu unserer Einheit gehört hätte. An den armen Fahrer, dem es nun so erging wie dem unseren vorher, durfte man nicht denken.

In dieser Stellung erreichte mich ein Feldpostbrief meiner Mutter. Wir waren in gutem brieflichen Kontakt mit der Heimat und ein Brief von zu Hause war immer ein freudiges Ereignis. Neben anderem schrieb mir meine Mutter unkommentiert, daß der in der Hektorstraße über uns wohnende pensionierte Berliner Oberbaurat Baschwitz aus dem Fenster im fünften Stock gesprungen sei und sich so das Leben genommen habe. Baschwitz war Jude, seine Frau, eine Nichtjüdin, hat noch bis in die fünfziger Jahre in dieser Wohnung gewohnt. Mein Vater hat meiner Mutter Vorhaltungen gemacht 'man solle doch den Jungen nicht belasten', aber ich habe erst beim nächsten Aufenthalt in Berlin im kommenden Sommer erfahren, daß er sich auf diese Weise der Festnahme entzogen hat.

In den kommenden Wochen haben wir alle paar Tage Fliegeralarm gehabt, auch ziemlich oft geschossen, aber sonst ein ruhiges Leben geführt. Dienst nach Vorschrift. Das hieß Waffen- und Geräte-Pflege, Unterricht speziell Flugzeugerkennungsdienst, gelegentlich Exerzieren an Geschützen und Kommando-Geräten zur Ausbildung jüngerer Soldaten an den teilweise recht komplizierten Geräten, die aus den Beobachtungen eines Zieles den Punkt errechnen mußten, an dem sich das Flugzeug befinden würde, nachdem die Granate den Weg nach oben zurückgelegt hatte. Es konnte sich unter Umständen um eine Strecke von mehreren Kilometern handeln; nachdem die Granate abgefeuert war, bestand ja keine Möglichkeit mehr, die Flugbahn zu beeinflussen.

In dieser Zeit haben wir einmal auf ein Flugzeug geschossen, das an unserer Stellung vorbeiflog, das waren meistens Aufklärer, und während wir in einer Richtung schossen, nach Süden, flog im Norden unserer Stellung eine zweite Maschine vorbei, die von anderen Flakgeschützen oder von Jägern schon getroffen war und bald darauf im Gelände zerschellte. Wenn geschossen worden war und noch dazu ein Flugzeug abgestürzt war, mußte das gemeldet werden. Das taten wir dann auch und das Merkwürdige passierte, dieser Abschuß wurde uns gutgeschrieben.

Dabei war es in diesem Fall sicher, daß diese Maschine nicht von uns erreicht worden sein konnte. Wenn aber andere Einheiten, z. B. vom Heer, ebenfalls einen Abschuß gemeldet hatten, wurde ihnen der vielleicht auch gutgeschrieben, denn jede Waffengattung meldete für sich, es gab keine Abstimmung und jeder wollte so viel als möglich erreicht haben. So ist dieser Abschuß sicherlich mehrfach gemeldet und vielleicht auch mehrfach registriert worden. Auf diese Weise kamen abenteuerliche Abschußzahlen zustande. Der Witz der darauf anspielt: „Sondermeldung! Von neun angreifenden Maschinen wurden zwölf abgeschossen und fünf weitere schwer beschädigt".

In der Freizeit wollte mich der Batteriechef partout zum Skatspieler ausbilden. Ich verabscheute Kartenspiel und las lieber ein Buch. Er wollte mir befehlen Skat zu lernen und ich fragte, ob das 'ein dienstlicher Befehl' sei, denn dann konnte ich mich dagegen beschweren. Damit war die Skat-Gefahr abgewendet, ich konnte ungestört lesen aber wir haben uns trotzdem weiter gut verstanden. Dieser Batteriechef hatte einen Vorteil, er konnte deutlich zwischen Dienst und Freizeit unterscheiden.

Nicht weit weg von der Stellung lebten noch einige russische Zivilisten, unter ihnen eine russische Schullehrerin mit einigen Deutschkenntnissen. Diese holte unser Chef und wir nahmen einige Unterrichtsstunden Russisch. Mir gefiel das wesentlich besser als die Zeit mit Skatspiel totzuschlagen. Zweimal in der Woche kam sie und erteilte ihren Unterricht; aber ohne sehr viel Erfolg. Über die Schwierigkeiten der kyrillischen Schrift kamen die meisten von uns nicht hinweg. Es fehlte natürlich auch jedes Lehrmaterial. Als dann unser Chef noch privaten 'Sprachunterricht' von ihr haben wollte, ist sie weggeblieben.

Mitten im Frühling kam ein Wachtmeister von einer Dienstfahrt nach Deutschland zurück und brachte ein kleines Säckchen neue Kartoffeln mit. Wir haben uns zu viert in unsere Baracke gesetzt, die Kartoffeln gekocht und geschält und dann mit Salz aus der Hand gegessen. Nie haben mir frische Kartoffeln wieder so köstlich geschmeckt, wie damals vor Leningrad. Unser Essen war zwar ausreichend, aber frisches Gemüse gab es nicht, an Obst war schon gar nicht zu denken und unsere Kartoffeln waren alt und überlagert. Auch das Brot war langsam immer schlechter geworden und ähnelte mehr und mehr dem feuchten und sauren russischen Brot.

Als Vitamin-Zufuhr erhielten wir ab und zu einen Eßlöffel voller Lebertran. Dazu ging der Sanitäts-Unteroffizier mit einer großen Flasche und einem Löffel durch die Batterie und jeder erhielt eine Ration, immer mit demselben Löffel. Das war zwar nicht hygienisch, aber ich habe den Lebertran geschluckt, weil ich seine Zweckmäßigkeit einsah. Aber viele der Soldaten nutzten jede Möglichkeit aus, sich vor der Einnahme, die registriert wurde, zu drücken.

So ging die Zeit hin bis zum Sommer und es rückte der Zeitpunkt näher, zu dem die Offiziersaspiranten auf die Kriegsschule geschickt wurden. Erst nach Absolvierung eines Kriegsschul-Lehrgangs von ca. zwei Monaten Dauer konnte man zum Offizier befördert werden und wurde dann meist einer anderen Einheit zugeteilt, um ja keine Kumpanei zwischen einem Offizier und seinen früheren Kameraden entstehen zu lassen.

Für die Flak gab es zwei Standorte von Kriegsschulen, der eine war Ammersfort in Holland und der andere Bernau bei Berlin. Mit Glück wurde ich nach Bernau kommandiert, verabschiedete mich von meinen vielen Kameraden, die ich zum Teil schon seit der gemeinsamen Rekrutenzeit in Berlin-Schulzendorf kannte und verließ die Einheit in dem Bewußtsein, nie wieder dorthin zurückzukehren.

Die Fahrt nach Berlin war langwierig und langweilig aber schließlich stand ich wieder in der Hektorstraße, hatte noch einige Tage Urlaub, bevor ich mich dann in Bernau meldete. In diesen Urlaubstagen erfuhr ich, daß mein alter Freund und Schulkamerad Hans-Ulrich Rogall ebenfalls zum gleichen Lehrgang nach Bernau kam.

Mit meiner Freundin und damals noch heimlichen Braut trafen wir uns in diesen Tagen und sahen uns bei schönem Wetter die Umgebung von Berlin an. Bei einer Fahrt nach Werder haben wir Obst eingekauft. Am Ort bekam man das noch reichlich, während in der Stadt Obst schon lange sehr knapp war. Das Obst nach Hause zu bringen war schwierig. In Uniform, noch dazu als Offiziers-Anwärter, durfte ich ja nicht wie ein Gemüsehändler durch die Gegend ziehen. Ein Teil des Obstes kam dann auch mehr oder weniger als Fruchtsaft zu Hause an. Der Gartenbesitzer, der uns das Obst verkaufte, stellte sich mehrfach als 'Kürassier Engel' vor, er war stolz auf seine Militärzeit im ersten Weltkrieg.

Die Ausbildung an der Kriegsschule war ein Krampf. Aber es gab zum Ausgleich auch viel Sport und Unterricht auf hohem Niveau. Krampfhaft war alles was darauf abzielte aus uns, vom Offiziersberuf überzeugte und gesellschaftsfähige Menschen zu machen. Zum gemeinsamen Essen kam im Wechsel immer einer der Führungsoffiziere an einen der Tische um zu registrieren wie man mit Messer und Gabel umging und wie man sich beim Tischgespräch verhielt. Pellkartoffeln mit Messer und Gabel pellen und noch ein intelligentes Tischgespräch; es war schon grotesk manchmal. Als Lehrstoff wurde vermittelt: die Größe militärischer Einheiten, die Länge einer Kolonne aus Kraftfahrzeugen beim Marsch und ihre Geschwindigkeit, aber auch das Zurechtfinden im Gelände, Kartenkunde, Auswahl einer Stellung, Formulierung von Befehlen usw., außerdem auch Unterricht über Mut und Tapferkeit, Verhalten gegen Vorgesetzte und Untergebene, Kleiderordnung und manches andere.

Zum Wochenende konnte man nach Berlin ins Theater oder zu anderen Ablenkungen. Eine Ablenkung besonderer Art war eine Versammlung vieler militärischer Einheiten um Berlin im Sportpalast, bei der Hitler zu jungen Offizieren sprechen sollte. Um drei Uhr früh wurden wir geweckt, marschierten nach dem Frühstück zum S-Bahnhof und fuhren in die Stadt und dann zum Sportpalast und zur Verteilung auf die vorgesehenen Plätze. Wir saßen auf dem Rang und nicht sehr weit weg von der Rednertribüne. Ich glaube es war gegen 14.00 Uhr, als nach einer Einführung durch Göring dann die Schau begann. Wenn man die halbe Nacht unterwegs war und es 11 Stunden gedauert hatte, um an Ort und Stelle zu kommen, ist die Aufmerksamkeit und das Interesse nicht mehr sehr groß. Das einzige was mir im Gedächtnis blieb ist, daß Hitler meinte, eine Kompanie oder Batterie müsse von einem Hauptmann geführt werden und nicht, wie jetzt meist, von Leutnanten oder Oberleutnanten.

Die ganze Führungsschicht von Wehrmacht und Partei saß zu unseren Füßen und wir haben alle, die man nur aus Zeitungen kannte, nun in persona vor uns gehabt. Und sie sahen alle so aus, wie man sie von den Bildern her kannte. Göring hatte ich schon einmal zu Gesicht bekommen. Während des Semesters Studienurlaub war der bekannte Jagdflieger Mölders abgeschossen worden und wurde in einem Staatsbegräbnis in Berlin beerdigt. Wir, d. h. Fräulein Vetten und ich, gingen von einer Veranstaltung in der Hessischen Straße kommend, zu einer Vorlesung in Physik, die im physikalischen Institut stattfand. Dazu mußte man durch die Invalidenstraße bis zum physikalischen Institut laufen. Durch die Invalidenstraße ging auch der Trauerzug und Göring ließ es sich nicht nehmen, am Zug selbst teilzunehmen. Behäbig und schnaufend marschierte er an der Spitze des Offizierskorps. Bemerkenswert war nur sein Aufzug. Er trug eine weiße Galauniform, dazu Stiefel aus rotem Saffianleder und war im Gesicht braun-rot geschminkt, wie eine Diva. Obgleich er mein oberster Vorgesetzter in der Luftwaffe war, hatte ich eigentlich vor diesem Theatermarschall einen gewissen Abscheu; dieses Make-up schien uns dem traurigen Anlaß nicht angemessen.

Nach der Veranstaltung im Sportpalast war dienstfrei und wir konnten allein in die Stadt gehen. Abends zum Zapfenstreich waren wir dann alle wieder in Bernau im Quartier. Als wir gegen Ende der Kriegsschulzeit erfuhren, daß wir nicht sofort befördert und einem Truppenteil zugewiesen werden würden, sondern daß wir vorher noch eine Kampfschule durchlaufen mußten, um auch für den Erdkampf gerüstet zu sein, waren wir ärgerlich. Es war die Zeit in der aus Luftwaffeneinheiten sogenannte Luftwaffenfelddivisionen gebildet wurden. Als Flaksoldaten verstanden wir das nicht, denn die Luftangriffe auf deutsche Städte hatten schon bedrohliche Ausmaße angenommen und wir glaubten, daß jeder Flaksoldat für den Schutz der Städte verwendet werden sollte.

Nach dem Abschluß der Kriegsschule bekamen wir mit guten Wünschen für die weitere Karriere den Marschbefehl zur Kampfschule. Mein Freund Hans-Ulrich hatte den Lehrgang nicht bestanden und kam nach einer Woche Urlaub wieder zu seiner alten Batterie zurück.

Aber es gab auch für uns noch eine Woche Urlaub den ich benutzte um mich meinem Schwiegervater in spe vorzustellen, der in Wilhelmshaven als Techniker bei einer Marinefunkstation dafür zu sorgen hatte, daß die Funker immer Strom hatten. Es war eine der wichtigsten Funkstationen der Marine, die für den Verkehr zwischen Marineführung und Booten im Einsatz notwendig war. Mein Schwiegervater hatte seine Frau im Jahre 1939 verloren als sie die Folgen einer Gehirnoperation nicht überlebte.

Er hatte bald darauf wieder geheiratet, eine in Polen aufgewachsene blonde Deutsch-Polin, die immer noch besser polnisch als deutsch schreiben konnte und auch im Sprechen gelegentlich Schwierigkeiten hatte.

Das Verhältnis zwischen meiner Braut und der Stiefmutter war nicht sehr herzlich. Daß nun statt eines Marineoffiziers ein Luftwaffensoldat in die Familie eingeführt werden sollte, hat mein Schwiegervater mir wohl auch nie so ganz verziehen. Wir hatten ein etwas gestörtes Verhältnis zueinander. Aber die Herbsttage in Wilhelmshaven gingen vorbei, ohne daß wir viel vom Ort gesehen haben, doch meine Braut meinte in Wilhelmshaven gäbe es auch nicht viel zu sehen.

Die Kampfschule, zu der ich dann, nach den Wilhelmshavener Tagen und noch einem kurzen Abstecher nach Berlin vor der eigentlichen Rückfahrt, fahren mußte, war ein Riesengelände bei Reims, ein ehemaliges Lager der französischen Armee, es hieß Mourmelon le-Grand. Die äußeren Bedingungen waren viel schlechter als in Bernau und die Ausbildung war völliger Unfug. Ich war in einer Gruppe, die am Sturmgeschütz ausgebildet werden sollte. Sturmgeschütze sind panzerähnliche Gleiskettenfahrzeuge, die wesentlich niedriger als ein Panzer waren, mit starker Panzerung und wegen der geringen Höhe nicht so leicht zu treffen vom Gegner. Diese Ausbildung geschah mit Tafel und Kreide. Während der gesamten Lehrgangsdauer wurde ein Sturmgeschütz avisiert, aber bis zum letzten Tag waren wir eine Tafel-und-Kreide Sturmgeschützmannschaft. Ansonsten gab es viele Märsche, Geländeübungen und leider wenig Abwechslung. Zur Schulung des Umgangs mit Straßenkarten unter erschwerten Bedingungen wurden Gruppen von uns eines

Abends bei Dunkelheit in die Umgebung gefahren und mit Landkarten und Marschkompaß abgesetzt und dem Auftrag wieder zur Kaserne zu finden. Einige Kameraden standen betreten da, Marschkompaß und Karte in der Hand und suchten nach Anhaltspunkten wo wir uns befanden und bemühten sich nach den Sternen die Himmelsrichtung festzustellen. Als nach kurzer Zeit ein französischer Radfahrer vorbei kam, fragte ich ihn nach dem besten Weg nach Mourmelon. Dann packten wir unsere Karten und Kompasse wieder ein und marschierten geradewegs nach Hause. Wir wurden begrüßt als kompetent mit Karte und Kompaß umgehen könnend, aber wir hätten auf der Karte nicht einmal zeigen können, wo wir eigentlich abgesetzt worden waren. Aber danach hat uns auch niemand gefragt.

Dieser langweilige und primitive Dienst ging vielen auf die Nerven. Deshalb versuchte man sich durch Krankmeldung für einige Zeit dem Dienst zu entziehen. Viele Kameraden behaupteten wegen ihrer Plattfüße Beschwerden beim Marschieren zu haben, und marschiert wurde außerordentlich viel. Es hatte sich nämlich herumgesprochen, daß Einlagen für Plattfüße nur in Paris angefertigt werden konnten und das dauerte immer mehrere Tage. Unter der Hand wurde davor gewarnt mit angeblichen Plattfüßen zum Krankenrevier zu gehen, weil der Stabsarzt durch die vielen Simulanten auf Plattfüße nicht gut zu sprechen war.

Im Vertrauen auf meine Plattfüße meldete ich mich eines Tages fußkrank, was meine Stubenkameraden mit höhnischem Lächeln als wenig aussichtsreich kommentierten. Im Krankenrevier saß ein Dutzend 'Fußkranker' und das Geschrei des Arztes war durch die Tür zu hören, wenn er Patienten = Simulanten wieder rauswarf. Als ich an der Reihe war und befragt, was mir fehle, sagte: „Fußschmerzen wegen Plattfüßen“ schnaubte der Arzt und ließ mich die Schuhe ausziehen. Dann untersuchte er meine Füße, änderte spontan sein Verhalten, holte aus den benachbarten Behandlungs- und Untersuchungszimmern Pfleger und Kollegen und dozierte: „Meine Herren, hier zeige ich ihnen ein exemplarisches Beispiel für Senk- und Spreizfuß“. Und die Ärzte- und Pflegerkorona betrachtete tiefschürfend meine Füße. Als ich dann noch meine abgetragenen Einlagen vorzeigen konnte, war das Eis gebrochen und mit freundlichen Wünschen und einem Fahrbefehl nach Paris verließ ich die Krankenabteilung. Jetzt waren meine Stubenkameraden neidisch - auf meine Plattfüße.

In Paris angekommen logierte ich in einem brauchbaren Hotel, das einem von der Ortskommandantur zugewiesen wurde. Jetzt hatte ich drei Tage Zeit mir Paris anzusehen. Nôtre Dame, Sacré Cœur, Madeleine, Dôme des Invalides, Eiffelturm (nur von unten), Place de l'Opéra und den Louvre (aber nicht von innen), Rue Rivoli, Place de l'Étoile, Place de la Concorde, Arc de Triomphe und vieles andere. Die Anpassung der Einlagen dauerte nur eine Stunde, so daß ich in der restlichen Zeit wie ein Urlauber durch Paris strolchte. Da Soldaten freie Fahrt mit der Métro hatten gab es auch keine Verkehrsprobleme. Am Nachtleben habe ich an einem Abend teilgenommen, als ich in der Opéra comique die Aufführung einer modernen Oper sah; ich weiß nicht mehr von wem.

Die Rückfahrt, nun gut zu Fuß mit neuen Einlagen, verlief problemlos und kaum in Mourmelon angekommen, überlegte ich mir, daß, zur gegenwärtigen Zeit des

Semesterbeginns der Universitäten, es Zeit wäre Studienurlaub zu beantragen. Bei der Abgabe meines Antrages warf mich der Batterie-Führer der Ausbildungseinheit aus der Schreibstube raus, als ich ihm auf seine provozierende Frage, was ich denn werden wolle Offizier oder Student, antwortete: „Lieber Student“. Der Antrag ist vermutlich gar nicht weitergereicht worden, denn ich habe nie eine Antwort erhalten.

Nach Beendigung der Kampfschule wurde uns mitgeteilt, daß wir nun alle zum Leutnant befördert seien und wir erhielten den Marschbefehl zu irgendeiner neuen Einheit, nicht ohne vorher noch einige Tage Heimaturlaub verbringen zu können. Die Rückfahrt verging lustig. Wir waren ja nun alle Offiziere, aber keiner hatte die erforderlichen Rangabzeichen; übrigens bis auf einige wenige Ehrgeizige, die in ihrem Gepäck schon die Leutnants-Schulterstücke mit sich führten. Natürlich wollten wir in der Bahn die 2. Klasse benutzen, als Offizier mußte man das sogar. So haben wir dann bei Kontrollen immer erklären müssen, daß wir zwar wie Wachtmeister aussähen, aber alle wohlbestallte Offiziere wären. Im Reich angekommen verkrümelten sich aus unserer Gruppe einer nach dem andern auf dem Weg zu seiner Heimatstadt und in Berlin blieben nur noch wenige übrig.

Nach dem Urlaub ging es nach Polen zu einer Einheit, die anscheinend für den Osteinsatz vorbereitet wurde. Ich war einer Batterie zugeteilt und als Leutnant Wolf vorgestellt, der noch nicht die Zeit gehabt hatte, sich die Insignien eines Leutnants zu besorgen. Aber irgendwie kam ich dann schließlich auch zu Rangabzeichen.

Diese Batterie war eine normale Artillerie-Einheit, ausgerüstet mit französischen 15cm-Haubitzen aus dem ersten Weltkrieg. Sie war nicht motorisiert, sondern bespannt. Am zweiten Tag kam ein Soldat, ein Pferdepfleger, zu mir und meldete ein Pferd sei krank, er schilderte die Symptome und fragte, ob er es mit Stroh abreiben solle. Das hat er dann auch getan und ich hoffe, das Pferd hat diese Behandlung überlebt.

Es war nun kurz vor Weihnachten und bei Einheiten, die noch in der Aufstellung waren, konnte man auf Festtagsurlaub hoffen. So fuhr ich also bald wieder in Richtung Berlin. Meine Freundin hatte inzwischen unsere offizielle Verlobung vorbereitet, die Anzeigen waren gedruckt und am Weihnachtsabend traten wir in der Hektorstraße vor meine Eltern mit unserer Anzeige und stellten uns als Verlobte vor. - Etwa zwei Stunden später klingelte es und mein Vater verhandelte mit jemand an der Wohnungstür und kam sehr betroffen wieder zurück. Ein Postbote hatte ein Telegramm für mich, das mich sofort zur Truppe zurückbeorderte. Mit zehn Mark erreichte mein Vater, daß der Postbote das Telegramm wieder mitnahm und erst am nächsten Tag wiederkam. So blieb mir dann am nächsten Mittag nichts übrig, als mit meinem Köfferchen zum Bahnhof Charlottenburg zu gehen und nach Osten zu fahren. Nach ca. zwei Tagen war ich wieder bei meiner Truppe, inzwischen in Berlin mit Rangabzeichen und leidlicher Uniform - offizierswürdig - ausgerüstet. Denn in Berlin gab es die LVA (Luftwaffen-Verkaufs-Abteilung) bei der Offiziere (nur diese) ihre Bekleidung und persönliche Ausrüstung kaufen konnten. Es gab Uniformröcke, Hosen als Stiefelhosen oder als lange Hosen, Mäntel auch Wäsche, wie in einem Warenhaus von der Stange. Nur Stiefel gab es keine, da war die Lederknappheit schon zu groß.

Bei der Truppe wurde dann sofort mit der Vorbereitung des Abmarsches begonnen und bald wurde auch der Eisenbahnzug bereitgestellt, auf dem Geräte, Kanonen, Pferde und Soldaten verladen wurden. Für alles lebende Inventar mußte auch entsprechende Verpflegung mitfahren. Für Offiziere gab es Personenwagen 3. Klasse und ein Abteil mit zwei Sitzbänken für je zwei Personen. Ich wurde zum Verladeoffizier bestimmt und hatte dafür zu sorgen, daß alles Gerät verladen und gegen Verschiebung während der Fahrt gesichert war, daß alle Mannschaften vernünftig untergebracht waren und daß vor allem nichts und niemand zurückblieb.

Als Verladeoffizier erhielt ich auch Informationen über Abfahrtszeiten, Wegstrecke, Zugnummer und Dinge, die mit dem eigentlichen Transport durch die Reichsbahn zusammenhingen. Es gab schon ein Gerücht, daß das Fahrtziel nicht der Osten sei. Wann ich unser endgültiges Fahrtziel erfuhr, weiß ich nicht mehr, aber schon auf der Fahrtstrecke, in Richtung Berlin war klar, daß es nicht zu einem Einsatz an die Ostfront gehen konnte.

Bei jedem Halt und auf jedem Bahnhof stiegen Soldaten kurz aus, um zu telefonieren oder um Briefe einzustecken, die die Familie informieren sollten: Es geht nicht an die Ostfront! Kurz vor Berlin meldete der Hauptwachtmeister, man nennt ihn gewöhnlich Spieß, daß ein Richtkanonier, ein gut ausgebildeter und sehr fähiger Soldat, nach dem Aussteigen die Rückkehr zum Zug nicht mehr geschafft habe und abgängig sei. Da ich vermeiden wollte, daß dieser für uns wichtige Mann eventuell wegen Fahnenflucht festgenommen wurde, nahm ich das zum willkommenen Anlaß mir aus der Schreibstubenkiste (das war eine Kiste mit dem Büromaterial einer Einheit, wie

Marschpapiere, Urlaubs- und sonstige Formulare, Dienstsiegel usw.), die in unserem Wagen stand, Marschpapiere mit Stempel zu besorgen, die ich ausfüllte, indem ich anordnete, daß der Leutnant Wolf auf der Dienstreise sei; genehmigt und unterschrieben von Wolf, Leutnant. Damit bewaffnet stieg ich am Schlesischen Bahnhof aus dem Zug, ging zur Bahnhofskommandantur um schnell die Nachricht über unseren Soldaten loszuwerden, daß er schnellstens wieder zu seiner Einheit weiterzuleiten sei und dann machte ich mich auf den Weg zu meiner Braut, die damals in Stadtmitte, nahe Bahnhof Börse wohnte. Wir hatten zwei oder drei Stunden Zeit, bevor ich mit einem fahrplanmäßigen Zug unseren Transport hätte überholen müssen, um ihn dann irgendwo bei Magdeburg wieder zu erreichen. Bei meinen Eltern vorbeizufahren, reichte die Zeit nicht aus, ich konnte sie nur telefonisch verständigen.

Das sollte meine Mutter dann zum Anlaß nehmen um zu erreichen, daß die Studentin Ingeborg Vetten ab Frühjahr 1943 in der Hektorstraße wohnte. Platz war genug vorhanden in der großen Wohnung und es konnte sogar verhindert werden, daß nach Luftangriffen eine Zwangseinweisung von Bombenkriegsopfern = Ausgebombten stattfand. Besser dann ein (fast schon) Familienmitglied als fremde Leute; dieser Umzug mußte natürlich behördlicherseits genehmigt werden.

Auf dem weiteren Weg zu meiner Einheit und vor allem zu meinem Gepäck, Rasierapparat, Zahnbürste, Waschzeug usw. erlebte ich eine böse Überraschung. Transporte liefen unter bestimmten Geschwindigkeitsregulierungen ab und die ursprünglich langsame Fahrt wurde plötzlich während der Fahrt durch Brandenburg erhöht, so daß ich in Magdeburg das Nachsehen hatte, der Zug war schon vorbei.

Wie ich dann später erfuhr, war unser vermißter Soldat inzwischen längst wieder eingetroffen. Aber ich saß nun erst mal auf der Strecke und mußte bei kleinen Bahnhofskommandaturen die jeweilige Fahrtstrecke erfahren um dann einen fahrplanmäßigen Zug zu erreichen, der den Transport überholte. Dieses Spiel ging bis Frankfurt/M. wo ich auf der entsprechenden Reichsbahndienststelle einen sehr kompetenten Mann fand, der nach vielem Telefonieren feststellte, daß unser Zug in Sichtweite bis vor wenigen Minuten gestanden hatte und sich anschickte Frankfurt zu verlassen. Leider war er auch schon beim letzten Signal vorbeigefahren, bei dem er von Frankfurt aus noch hätte gestoppt werden können um mich mitzunehmen. Ein stolzes Gefühl, daß ein ganzer Eisenbahnzug gestoppt werden sollte, um einen kleinen Leutnant aufzulesen.

Aber damit begannen nun die Probleme. Wir diskutierten, welchen Weg der Zug weiter nehmen würde. Es gab zwei Möglichkeiten von denen eine die wahrscheinlichere schien. Damit setzte ich mich dann wieder in Marsch, hungrig, ungewaschen und unrasiert. Die Strecke stellte sich dann als falsch heraus und ich landete auf der Transportkommandantur in Saarbrücken. Die war in einem Gebäude der Saarbergwerke, nahe dem Hauptbahnhof, untergebracht. Das Gebäude ist kürzlich (Ende der achtziger Jahre) als architektonisches Prunkstück hergerichtet worden. Hier habe ich mehr Glück gehabt als in Frankfurt, denn der Eisenbahnbeamte stellte mir mit verschiedenen Kursbüchern einen Reiseplan auf, mit dem ich irgendwo in Mittelfrankreich den Zug erreichen mußte. Die genaue Fahrtroute war, aus Gründen der Geheimhaltung von Transporten, immer nur für eine begrenzte Strecke bekannt. Es lag noch eine weitere Schwierigkeit vor mir, nämlich die Überschreitung der Grenze. Die wurde von Feldgendarmerie und anderen Organen, wie SD und Gestapo streng überwacht. In dem Abteil, in dem ich fuhr, saßen sieben Personen, von denen einige nur nach Frankreich einreisen wollten, um sich dort mit Spirituosen zu versorgen. Das war damals eine oft geübte Praxis, insbesondere bei militärischen Transporten. Gelegentlich wurden militärische Aktionen vorgeschoben, wie Truppenverlegungen oder Materialtransport, um mit Wehrmacht-Fahrzeugen über die Grenze zu kommen. Dann hatte man gleich ein Transportmittel was bei größeren Mengen von Vorteil war. Denn in Frankreich gab es immer noch Wein und Spirituosen zu kaufen.

Die Kontrolle der Marschpapiere führte dazu, daß drei der Reisenden ziemlich rüde wieder zurückgeschickt wurden, sie mußten den Zug verlassen. Meine Papiere, die rein rechtlich keineswegs in Ordnung waren, wurden voll akzeptiert, obgleich der Kontrollierende richtig feststellte, daß zweimal der gleiche Name auftauchte, daß ich mir also den Marschbefehl gegeben hatte und mir dann die Fahrt selbst genehmigt hatte. Mit Umsteigen war ich dann noch etwa einen ganzen Tag unterwegs und traf meinen Zug in Chalon-sur-Saône, freudig begrüßt von dem Offiziers-Kollegen mit dem ich das Abteil teilte.

Unser Fahrtziel war Biarritz, jetzt wurde es bekannt. Die Gesamtdauer der Reise war ca. eine Woche. Das erscheint sehr lang, aber die Tiere und die Menschen mußten versorgt werden, die Pferde getränkt und gefüttert und dazu war jedesmal ein längerer Aufenthalt, meist auf einem Güterbahnhof, nötig. Schließlich kamen wir ans Ziel und entluden unseren Zug und ich mußte eine Batterie übernehmen und bis zum vorgesehenen Standort an der Küste bringen. Dazu mußte ich mich auf ein Pferd setzen. Reiten war vorläufig nicht meine starke Seite und beim Durchmarsch durch Bayonne nahm mein Pferd sich vor, sich mit einer Straßenbahn zu streiten, ohne daß ich es verhindern konnte. Wir hatten zwar - noch im Osten - einige Reitstunden gehabt, aber ich wußte nicht viel mehr, als von welcher Seite man aufsteigt und oben angekommen, war ich ziemlich hilflos. Ich saß wie auf einem Motorrad und nicht wie auf einem Reitpferd. Das muß das Tier auch gemerkt haben. Das Rencontre mit der Straßenbahn hatte dann aber keine weiteren Folgen, weder für mich noch für das Pferd oder für die Straßenbahn. Aber einige Franzosen amüsierten sich über den schlecht reitenden Offizier.

Auf dem Marsch an die Küste machte die Batterie Mittagspause. Ich überwachte die Essensausgabe - es gab einen prächtigen Eintopf - als der Bursche des Kommandeurs mir meldete, daß der Herr Kommandeur die Herren (mit 'die Herren' waren immer die Offiziere gemeint) zu einem Essen im gegenüberliegenden Restaurant bäte. Die Soldaten hatten gerade einen längeren Fußmarsch hinter sich, es regnete leicht und wir waren müde und dreckig und unausgeschlafen und hatten die Strapazen des Ausladens hinter uns. Da ließ ich dem Kommandeur ausrichten, daß ich erst für die Essensausgabe an meine Soldaten sorgen müsse und deshalb später kommen würde. Da er ja keinen Befehl zu erscheinen gegeben hatte, war das statthaft.

Mit einem Kochgeschirrdeckel voll Suppe in der Hand stellte ich mich demonstrativ neben unsere Gulaschkanone und erst als der letzte Soldat seine Ration gefaßt hatte, ging ich in den Offiziersklub. Die anderen Offiziere betrachteten mich teils kritisch, teils ihr Einverständnis für diese offene Konfrontation erkennen lassend.

Nach der Pause ging es weiter und wir gelangten schließlich nach Anglet, bzw. Chambre d'amour, so heißt ein kleiner feudaler Badeort, wo wir Quartier bezogen. Die Offiziere wohnten in einer großen feudalen Villa, die von einem Haushälterehepaar in Abwesenheit des Besitzers betreut wurde. Sie war wirklich ein Schmuckstück und so recht wohl haben wir uns in der Pracht nicht gefühlt. Der Eigentümer war der Duke of Windsor, der 1936 als englischer König abgedankt hatte.

Nach wenigen Tagen bezogen wir leider eine andere Stellung, weiter im Land und marschierten ca. 50 km landeinwärts. Um dort Quartier zu machen, wurde ich mit Pkw und zwei Mann als Vorkommando losgeschickt und kam bald in dem kleinen Ort Labastide an und meldete mich beim Bürgermeister. Der mußte beim Quartiermachen helfen. Wir zogen von Haus zu Haus und ich mußte entscheiden, wieviel Soldaten und wieviel Pferde in jedem Gehöft jeweils unterzubringen waren. Der Bürgermeister mußte dafür sorgen, daß die Auskunft über die Zahl der Personen im Haushalt so etwa der Wahrheit entsprach. Das war für keinen von uns eine angenehme Aufgabe, aber schließlich hatte ich eine Liste wieviel Einquartierungen jedes Haus bekam und für die Dauer des Aufenthaltes dort, ist es auch nicht zu größeren Problemen gekommen.

Meine Frau und ich wollten im Jahre 1985, anläßlich eines Urlaubs in Südfrankreich, mein ehemaliges Quartier besuchen. Aber wir stellten fest, daß es eine größere Zahl von Orten mit dem Namen Labastide gibt, jeweils mit einem weiteren Zusatz. Das Wort 'bastide' für sich bedeutet nur Befestigung. Deswegen habe ich das Labastide, das wir besuchten, dann auch nicht als den Ort wiedererkannt, in dem ich mich im Krieg aufgehalten habe.

Mit dem Bürgermeister und seiner Familie habe ich mich ganz gut verstanden; mein eigenes Quartier hatte ich in seinem Haus gewählt. Er hatte ein hübsches Gästezimmer im oberen Stockwerk mit fließend Kalt- und Warmwasser und mit einem separaten Ankleidezimmer.

Die anderen Offiziere wohnten etwas außerhalb des Ortes zusammengefaßt in einem schloßähnlichen Haus. Aber es war bei weitem nicht so gemütlich, wie bei mir. Die Aussicht, ständig mit den anderen Offizieren zusammen zu sein, vor allem mit dem Kommandeur, war auch nicht erstrebenswert.

Die folgenden Monate dienten vor allem der Ausbildung an den Kanonen, denn für die meisten von uns war eine alte französische Haubitze ein völlig unbekanntes Gerät. Als ich eines Tages zu einer Nachbarbatterie ritt, begegnete mir auf der Chaussee ein knatternder Lkw, worauf mein Pferd scheute und auf der regennassen und abschüssigen Straße zu Fall kam. Dabei schlug ich mit dem Kinn so heftig auf den Boden, daß ich eine tiefe Platzwunde davontrug. Der Lkw hielt sofort an, der Fahrer - ein Soldat unserer Abteilung - half mir und dem Pferd auf, wir nahmen ein Verbandspäckchen, wickelten es um meinen Kopf, obendrauf die Mütze und ich ritt wieder zurück zum Krankenrevier, wo ich als erstes eine

Spritze erhielt und den Bescheid am Abend wiederzukommen. Abends war der Stabsarzt da, entfernte das Verbandspäckchen und sagte er müsse die Wundränder glatt schneiden und dann vernähen; also eine kleine Operation. Als die Vorbereitungen getroffen waren, Geräte bereitgestellt, Betäubungsspritze usw. und er gerade das Skalpell ansetzte, ging das Licht aus. Der Sanitäts-Feldwebel brachte eine Kerze, die ich in der Hand hielt, um das Operationsfeld zu beleuchten. Die Operation dauerte kaum zehn Minuten und im nachhinein ist unserem Dr. Bülow höchste Anerkennung zu zollen, wie er unter diesen Bedingungen ein respektables Ergebnis erzielte. Die Narbe ist jetzt, nach über 50 Jahren, kaum zu sehen.

Das Quartier beim Bürgermeister entwickelte sich recht vorteilhaft. Im Erdgeschoß des Hauses war ein großer Raum, teils Küche, teils Wohnzimmer mit einem riesigen Kamin. In baskischen Häusern - dicht vor der spanischen Grenze war ja schon das Baskenland - hat man öfter Kamine, die so groß sind, daß man darin sitzen kann. Dort saßen wir, die Familie des Bürgermeisters und ich, öfter bei einem Glas Bordeaux und berührten im Gespräch gelegentlich auch politische Fragen. Dabei erzählte der Bürgermeister, daß sie wüßten, daß Rudolf Hess, der ja ein Jahr zuvor mit einem deutschen Jagdflugzeug nach England geflogen war, diesen Flug schon mehrfach durchgeführt habe und Verhandlungen mit der englischen Regierung geführt hätte zur Beendigung des Krieges. Diese Nachricht war wahrscheinlich eine Ente, ich habe sie später nie wieder gehört. Hess war ein führendes Mitglied der NSDAP, er war kein Soldat und sein Flug nach England wurde von unserer Propaganda als geistige Verwirrung erklärt.

Damit unsere Soldaten die Kanonen wenigstens einmal in Funktion erleben konnten, wurden kleinere Kommandos zu einer Stellung direkt am Meer bei Mimizan beordert. Mimizan liegt am Atlantik südlich des „Bassin d'Arcachon", einem der größten Austern-Zuchtgebiete Frankreichs, südwestlich von Bordeaux. Wir nahmen dort an einem Übungsschießen teil. Mein Quartierwirt, der Bürgermeister, der diese Kanone vom ersten Weltkrieg kannte, hat mir noch einige Ratschläge mit auf den Weg gegeben. Das Meer, der Strand, die dichten Pinienwälder und der Sonnenuntergang am Meer - es war eine sehr schöne Zeit, die an Urlaub erinnerte. Aber die Verpflegung war dürftig. In Mimizan habe ich als Soldat das erste Mal Hunger verspürt.

Mein Quartier war ein nettes Häuschen, wie es überall an der See steht und im Sommer Zimmer für Feriengäste anbietet. Ich fragte meine Wirtin, ob es irgendwo etwas zu essen gäbe - ohne Marken - denn auch in Frankreich war inzwischen eine erhebliche Verknappung an Lebensmitteln zu spüren. Darauf erklärte sie sich bereit, mir Austern zu besorgen. Mimizan liegt nur ca. 50 km südlich von Arcachon. Am nächsten Tag bekam ich eine Lieferung von 50 Austern, relativ klein aber von vorzüglicher Qualität. So habe ich aus Hunger 50 Austern mit Kommißbrot allein verzehrt und dachte wehmütig an Austernessen in dem netten Lokal „Lauer" am Kurfürstendamm mit Braut und Eltern. Es gab in Berlin noch sehr lange nach Kriegsbeginn Austern in Feinschmeckerlokalen, aber für viel Geld. Aber Geld hatte man ja. Rationierte Lebensmittel waren billig und sonst gab es gar nichts mehr zu kaufen. Die eigentliche Währung war seit langem schon der Bezugsschein. Soldaten sammelten oft die gesamte Löhnung an. - Braut und Eltern haben mir den Bericht über die 50 Austern lange übel genommen. Sie hatten in Berlin ein Erlebnis hinter sich, bei dem Austern auch eine Rolle spielten. Nicht weit von der Hektorstraße hatten sie sich bei „Lauer“ eines Abends niedergelassen um zu 'schnabulieren' wie mein Vater das zu nennen pflegte, wenn es was besonderes zu Essen gab. Sie saßen erwartungsfroh, die Austern wurden aufgetragen und es ertönte Fliegeralarm. Also ohne Austern raus aus dem Lokal und schnell zurück nach Hause in den Keller.

Die Mimizan-Zeit ging vorbei und ich bekam noch einmal Urlaub. Die Zeit in Berlin nutzten wir, um uns an einem schönen sonnigen Tag Schloß Sanssouci anzusehen. Vom S-Bahnhof Charlottenburg gab es einen direkten Zug nach Potsdam und wir waren beide gut zu Fuß, um Schloß und Park zu besuchen. Auf der Straße, die durch den Park geht, arbeitete ein Filmteam, das eine Kamera auf der Rückseite eines Autos montiert hatte, so daß nach hinten heraus ein Radfahrer aufgenommen wurde, der hinter dem Wagen herfuhr. Um uns das besser anzusehen, gingen wir etwas näher heran und zu meiner Verblüffung und Freude erkannte ich in dem Radfahrer meinen Klassenkameraden und Freund Harald Hofmann, der sich als Künstler Harald Holberg nannte. Nach erledigter Arbeit begrüßte er uns freudig und wir hatten Zeit, einige Erinnerungen auszutauschen. Was ich zur Zeit trieb, sah er an meiner Uniform und er erzählte, daß er nach Abitur und Arbeitsdienst auf einer Berliner Schauspielschule war und jetzt ab und zu kleine bis mittlere Rollen in Filmen bekam. Stolz erzählte er, daß der 'Doktor', gemeint war Dr. Goebbels, darauf eingewirkt hätte, daß er diese Rolle bekam. Man hatte in Berlin schon länger gehört, daß Goebbels bei der Besetzung von Filmen mitzusprechen pflegte, das jedoch nur auf weibliche Rollen bezogen. Harald H. hatte deswegen auch keine Schwierigkeit uk (unabkömmlich) geschrieben zu werden, das heißt er wurde nicht Soldat. Wir haben ihn gelegentlich auf der Leinwand gesehen und nach dem Krieg trafen wir uns einmal auf dem Kurfürstendamm. Er hatte den Krieg unbeschadet überstanden und lebte damals davon, daß er als Synchronsprecher tätig war und seine Stimme ausländischen Leinwaldhelden lieh. Das ist eine recht anstrengende aber gut bezahlte Tätigkeit. Außerdem hatte er auch noch Filmrollen; in einem Film, den ich erinnere, spielt er neben Curd Jürgens zwar eine kleinere Rolle, aber immerhin. Schon in Sanssouci war mir aufgefallen, daß er im wesentlichen der gleiche geblieben war - die Schulzeit lag damals sechs Jahre zurück - aber seine

Mein Freund Harald Hofmann

Sprechweise, vor allem seine Stimme war deutlich verändert. Der schnodderige Berlin-Ton war verschwunden und er artikulierte und formulierte in bestem Hochdeutsch.

Im weiteren Teil meines Urlaubs fuhr ich mit Braut und großem Koffer ins Riesengebirge. Wir verbrachten dort einige wunderschöne Frühlingstage, eine Bergwanderung auf die Schneekoppe war der schönste Ausflug. Da haben wir dann auch beschlossen bald zu heiraten. Uns war beiden klar, daß sich nach einer Heirat leider für keinen von uns irgend etwas ändern würde. Meine Frau würde weiter studieren und in Berlin hoffen von Bomben verschont zu bleiben, und ich als Soldat wäre irgendwo im Einsatz, ob Ehemann oder nicht. Aber wir wollten unser Verhältnis festigen und zurück bei der Truppe reichte ich Heiratsurlaub ein. Dieser wurde nicht genehmigt, denn man befürchtete einen Angriff der Alliierten auf die Atlantikküste.

Im Süden fühlten wir uns ganz wohl, weitab von Kampftätigkeit und in herrlicher Landschaft, dicht vor den Pyrenäen. Eines Sonntags nachmittags unternahmen wir einen Offiziers-Reitausflug in Richtung der schneebedeckten Berggipfel. Die Pyrenäen lagen in herrlichem Sonnenschein am Horizont. Hinter den Pyrenäen lag Spanien, dort war kein Krieg. Da ging einem schon mal durch den Kopf, was passieren würde, wenn man nun weiterritte bis zur Grenze und dann wäre man plötzlich frei? Aber was sollte ich in Spanien anfangen und würden nicht die Franco-Truppen einen geflohenen Soldaten schnell einfangen und zurücksenden? Denn Spanien war ja befreundet mit Deutschland. Nach fünfjähriger Soldatenzeit hatte man vom Militärleben die Nase voll, aber wenn ich mir vorstellte, daß dann der Kontakt zu Braut und Eltern zerrissen wäre auf lange Zeit, kehrte man doch schnell aus Phantasien in die Wirklichkeit zurück.

Unsere Abteilung war nun für den Artillerie-Einsatz ausgebildet und wir wurden von Südfrankreich nach Norden zum Schutz von Dünkirchen beordert. Ich weiß noch, daß der Urlaub generell gesperrt blieb aus Angst vor der Invasion.

Aus Biarritz hatte ich mir noch einige Geschenke für Mutter und Braut besorgt. Beim Kaufen eines Parfüms für meine Mutter habe ich noch einen feinen französischen Sprachhinweis erhalten. Als ich ein Duftwässerchen aussuchte, wollte ich klarmachen, daß es für eine ältere Dame bestimmt sei und sagte „Pour eine vieille Dame“ anlehnend an unseren deutschen Begriff der die Mutter oft 'alte Dame' nennt. Die Verkäuferin lachte und korrigierte“ pour une dame agée“!

Auf dem Landmarsch 1943

Der Stellungswechsel verlief wie immer, nur daß mir eine spezielle Aufgabe zugewiesen wurde. Im Lauf der Zeit waren die Ausfälle bei Einheiten an der Ostfront bedenklich hoch geworden. Deshalb griff man zum Ersatz auf Einheiten zurück, die momentan keine Ausfälle hatten und unser Regiment mußte ca. 15 Unteroffiziere für die Ostfront, zu anderen Truppenteilen überstellen. Ich hatte die Pflicht mit diesen 15 Mann, während der Zeit der Verlegung des Regiments nach Dünkirchen, in einem gesonderten Transport nach Dortmund zu fahren und die Soldaten an einen Ersatztruppenteil zu übergeben, von dort wurden sie dann nach Bedarf an die Ostfront überwiesen. Dieser Transport verlief in gedrückter Stimmung, wie sich denken läßt, denn jeder wußte, warum diese Versetzung erfolgte. Mir war aber nicht bewußt, daß mich einige Monate später das gleiche Schicksal treffen würde. Einen Abstecher nach Berlin habe ich dabei noch machen können, der vom kommandierenden Offizier der Ersatzeinheit genehmigt wurde. Denn ohne eine Genehmigung in irgendeiner Form konnte man nicht durch Deutschland reisen.

Der Kommandeur in Dünkirchen hat mir dann noch Vorwürfe gemacht, daß ich mich bei ihm nicht abgemeldet hätte, dann wären doch selbstverständlich auch von ihm einige Tage genehmigt worden. Aber die Versammlung der Unteroffiziere und die Abfahrtszeit des Zuges die festgesetzt war, hatten mir dafür keine Zeit gelassen.

In Dünkirchen war vieles für uns vorbereitet. Die Stellungen bestanden aus großen Bunkern, als Mannschaftsunterkünfte, mit meterdicken Betonmauern ohne Fenster, ohne Belüftung, und jeweils dicht bei der entsprechenden Geschützstellung. Andere Gebäude waren Bauernhäuser aus denen die ehemaligen Bewohner ausquartiert worden waren, oder auch Holzhäuser, z. B. als Unterkunft für uns zwei Offiziere, die zu dieser Batterie gehörten, oder als Kantine, als Waschbaracke, Schreibstube, Küche usw.

Die Bunker waren von außen bunt bemalt, mit Kühen, Hühnern und dem ganzen Inventar eines Bauernhofes. Zur Batterie gehörte eine Beobachtungsstellung unmittelbar an der Küste, ebenfalls in Betonbunkern, die teilweise durch Laufgräben verbunden waren. Das waren die Bauten des sogenannten Atlantikwalls. Dünkirchen war 10 bis 15 km entfernt und gut mit dem Fahrrad zu erreichen. Ebenso die B-Stelle an der Küste, in die ich als Beobachtungs-Offizier jeden Abend fahren mußte um dort die Nacht zu verbringen. Motorisierte Fahrzeuge gab es praktisch nur für den Kommandeur.

Morgens zum Frühstück kam ich dann wieder in die Batteriestellung zurück. Immer war Gegenwind, morgens wie abends. Nach Dünkirchen kamen wir gelegentlich, denn dort lag der Kommandeur mit seinem Stab, und in Dünkirchen gab es ein Soldatenkino und ein Offiziersheim mit gutem Essen und gutem Wein. 1943 war das Jahr, in dem sich das Ende des Krieges schon abzeichnete, wenn man die Zeichen zu deuten verstand. Stalingrad war gefallen, die 6. Armee hatte kapituliert, der Einsatz in Afrika war auch zu Ende und Rommel war wieder in Deutschland. Wir waren aber im Dienst ständig zu beschäftigt, um über Konsequenzen des Kriegsgeschehens nachzudenken.

Rommel war beauftragt worden, die Kampfbereitschaft des Atlantikwalls zu überprüfen. Bei einer großen Alarmübung mußte ich mit einem Unteroffizier zu einer Batterie der stationären Küstenverteidigung fahren und dort nach einem vorgegebenen Zeitplan Alarm auslösen. Es war eine Batterie mit überlangen Geschützen, also mit sehr großer Reichweite, die im Ernstfall einen Angreifer viel früher bekämpfen konnte, als das mit den Geschützen in unserer eigenen Stellung möglich war. Insofern war es eine sehr wichtige Einheit. Diese Batteriestellung war bei Calais. Ich ging zum Beobachtungsposten und sagte ihm, er sähe am Horizont mehrere Punkte, die sich auf die Küste zubewegten und die er nach kurzer Zeit als Schnellboote erkennen würde. Er löste auch richtig Alarm aus, die Soldaten besetzten Geschütze und B-Stellen und machten die Kanonen feuerbereit. Aber als sie luden, ging das schon sehr zögernd und als endlich die Zündkapsel eingesetzt werden sollte, verkrochen sich einige von ihnen in die Bunker.

Eine beschränkte Anzahl von Granaten war freigegeben worden, denn gleichzeitig sollte ein Übungsschießen stattfinden. Das Laden war also kein reines Manöver mehr, sondern geschah realistisch. Das Verhalten der Mannschaften, einiger Unteroffiziere aber auch der Offiziere dieser Batterie war - militärisch gesehen - ein Trauerspiel. Diese Batterie lag schon mehrere Jahre in der gleichen Stellung. Die drei Offiziere hatten sich ein Kasino eingerichtet mit Bar, indirekter Beleuchtung, Bibliothek, Radio und Grammophon. Zur Verbesserung der Verpflegung hielten sie auf der Wiese um die Stellung herum eine Gänseherde und in einem Schuppen einige Schweine, die mit den Abfällen der Küche gut ernährt wurden.

Da lag das Hauptinteresse der Soldaten. Einige Putzfrauen sorgten für Sauberkeit und Ordnung; es war eine kleine Idylle. So sah also unsere Verteidigung am Atlantik aus. Aber im Krieg sieht jeder zu wie er zu Rande kommt. Vorwürfe habe ich den Kameraden nicht gemacht, vielleicht eher sie etwas beneidet. Aber diese Kanonen waren wie gesagt weitreichende Haubitzen, die einen der Küste sich nähernden Feind frühzeitig hätten erreichen können. Mit dieser Erfahrung kamen wir zu unserer Einheit zurück. In unserer Stellung ging es sehr viel nüchterner und militärischer zu. Wie weit sich das Desaster auch bei anderen Einheiten der Küstenverteidigung zeigte, weiß ich nicht. Mir war in meiner Haut ganz wohl in dem Gefühl doch militärisch meine Pflicht zu erfüllen. Weiter dachte man nicht.

Eines Abends kam ein Soldat zu unserem Batteriechef und wollte die Heiratserlaubnis mit einer Französin beantragen. Sie erwartete ein Kind von ihm. Oberleutnant Schiffer riet dringend ab, weil er Schwierigkeiten befürchtete und schlug ihm vor, den Kontakt so gut wie möglich aufrechtzuerhalten, aber nicht auf einer Heirat zu bestehen. Ich war anderer Meinung und fand es anständig, daß er zu dem Mädchen stehen wollte. Der Ausgang der Geschichte ist mir nicht mehr gegenwärtig, aber es kann durchaus sein, daß keine Erlaubnis erteilt worden ist. Eine Heiratserlaubnis für sogenannte 'nordische' Völker, Norweger, Dänen oder Holländer, war leichter zu erhalten.

In unserer Stellung waren einige Schanzarbeiten durchzuführen und außerdem mußten wir Scheinstellungen in der Nachbarschaft errichten. Diese sollten auf Luftbildern eine Stellung vortäuschen um eventuelle Angriffe vom eigentlichen Ziel abzulenken. Dazu wurden Wälle gegraben und in die Mitte kam, aus Brettern und Baumstämmen gefertigt, ein Gebilde, das aus Flugzeughöhe wie ein

Geschütz aussehen sollte. Da wir ja in einem auch von Franzosen bewohnten Gebiet lagen, war die Zivilbevölkerung bestens orientiert, wo Scheinstellungen und wo die echten Stellungen waren. Für den Ausbau unserer richtigen Stellung benötigten wir vor allem Zement. Die Zuteilung betrug etwa drei Säcke pro Monat. Aber unser Batteriechef hatte von einem Soldaten erfahren, daß dieser in Belgien Zement besorgen konnte. Dieser Soldat, Obergefreiter und Friseur von Beruf, wurde eines Tages losgeschickt und kam ca. eine Woche später mit der Mitteilung zurück, daß auf dem Bahnhof für uns ein ganzer Waggon voll Zementsäcken stände. Wie er das arrangiert hatte, wußte ich nicht und wollte es auch gar nicht erfahren. Oberleutnant Schiffer wußte wohl etwas mehr doch haben wir darüber geschwiegen. Aber beim Ausbau unserer Stellung konnten wir nun mit Baumaterial großzügig umgehen.

Als ich mir das nächste Mal von unserem Friseur die Haare schneiden ließ, fiel mir an seinem Handgelenk eine dicke goldene Armbanduhr auf. Die Zementbeschaffung war für unseren Obergefreiten also auch nicht ohne eigenen Gewinn verlaufen. Deutschland war doch eigentlich das Land der Rechtschaffenheit, der Korrektheit, Pünktlichkeit und Ehrlichkeit. Wie reimte sich das zusammen mit dieser Form der Schieberei? In Rußland wurden Zugmaschinen gestohlen, meine ‘Leica’ hatte sich irgendein „Kamerad“ angeeignet, aus Belgien konnte ein Waggon Zement organisiert werden. - Der Begriff des ‘Schwarzen Marktes’ war mir nur aus Erzählungen unserer Eltern und Großeltern bekannt, aber nun hatte der sich anscheinend auch bei uns entwickelt.

Daß es Leute gab, die besetzte Länder ausplünderten mit Maßnahmen, die keineswegs durch ihren Auftrag gedeckt waren, hörte man und sah man, sowie man von der Front in die Etappe kam. Oft hatte ich den Eindruck, daß es sich dabei aber nicht um Soldaten handelte. Es existierten ja viele uniformtragende Organisationen die im Hinterland wirkten und auch Zeit und Gelegenheit fanden für die eigene Tasche zu sorgen.

Es war jetzt langsam Herbst geworden, die Tage wurden kürzer und das Wetter rauher an der See. Damit fielen die Chancen für eine Invasion und es stiegen meine Chancen für einen Heiratsurlaub. - Für die Invasion mußten bestimmte Wetterbedingungen erfüllt sein, das bezog sich auf die zu erwartende Fluthöhe, Sonnen- und Mondstand und noch einiges andere. Als die letzte Möglichkeit für entsprechendes Wetter in diesem Herbst ohne Invasion vergangen war, erfuhr ich sehr plötzlich, daß meiner Heirat nun nichts mehr im Wege stände. Also erhielt ich ab 13. Oktober bis 4. November Heiratsurlaub.

Die Erteilung dieses Urlaubs war an bestimmte Voraussetzungen gebunden. Meine Braut und ich mußten gesund sein, was nach einer Untersuchung durch einen Amtsarzt festzustellen war. Daß wir den 'arischen' Nachweis schon erbracht hatten, war durch Studienerlaubnis bzw. Beförderung zum Offizier schon gegeben. Auch waren für meine Braut drei Bürgen zu benennen, die den guten Leumund bezeugen konnten. Erst dann wurde die schriftliche Erlaubnis erteilt und zwar durch den Regimentskommandeur. Ohne diesen Erlaubnisschein durfte der Standesbeamte keine Trauung vornehmen. Die Tatsache, daß mein Regimentskommandeur, ein Mann mit dem 'goldenen Parteiabzeichen', den ich nicht sonderlich schätzte (nicht wegen des Abzeichens), über meine Heirat entscheiden sollte, empfand ich als Kränkung und sah ihn auch gar nicht in der Lage dazu, über unsere Pläne zu urteilen.

Mein Schwiegervater wollte aus Wilhelmshaven einige Marine-Offiziere als Bürgen benennen, hatte sich aber im Frühsommer so viel Zeit damit gelassen, daß ich kurzerhand drei Personen anschrieb, die meine Braut zwar nur flüchtig kannten, aber respektable Titel führten und zur Auskunft bereit waren. Ein Direktor der Dresdner Bank, ein sehr alter Freund unserer Familie, ein promovierter Leiter eines kleinen Berliner Instituts und meinen Klassenkameraden Treskow, inzwischen auch Offizier der Luftwaffe. Alle bürokratischen Hürden waren nun genommen, einige Geschenke hatte ich in meinem Offizierskoffer, für weitere Besorgungen blieb mir keine Zeit. Einen Sack mit Äpfeln konnte ich noch kaufen und dann meldete ich mich zum Heiraten ab.

Ursprünglich hatten wir den 17. Oktober veranschlagt, aber die Abfahrt hatte sich verzögert und in Berlin stellte sich als zweckmäßig heraus, den Termin auf den 19. zu verschieben. Am 17. mittags klingelte es und mit einem großen Blumenstrauß und einem Päckchen und mit vielen Glückwünschen stand der Bursche des Kommandeurs vor der Tür und wollte gratulieren. Blumen, Päckchen und Glückwünsche nahmen wir entgegen und ich bat ihn dem Kommandeur nicht zu berichten, daß der Termin verschoben war. Der Bursche wurde natürlich hereingebeten, bekam einige Schnäpse kredenzt und war im Gespräch sehr befangen, die Anrede für meine (noch) Braut war 'Frau Leutnant' unter Hackenzusammenschlagen.

Das Offizierskorps hatte einen hübschen silbernen Teller besorgt, mit drei Kristalleinsätzen für Nüsse, Pralinen oder Ähnliches und mit der Gravierung „Offizierskorps II. Lw. A.R. 18". Gelegentlich benutzen wir ihn noch.

Auf unserer Hochzeitsanzeige, die wir an Bekannte, Freunde und auch an die militärische Dienststelle schickten, waren unsere Namen mit dem Zusatz 'stud. math. nat.' und bei meinem Namen noch 'Leutnant in einer Luftwaffen-Felddivision' versehen. Bei der Rückkehr zur Truppe wurde ich vom Adjutanten darauf hingewiesen, daß die Anzeige den Zorn des Kommandeurs hervorgerufen habe, weil ich nicht die Reihenfolge erst Leutnant und dann Student gewählt hatte, das würde doch den Eindruck erwecken, daß ich dem Leutnant weniger Bedeutung beimäße. Der Kommandeur hatte das also richtig verstanden.

Unsere Heirat erfolgte nur vor dem Standesamt Berlin-Schmargendorf. Wir hatten beide keinen Kontakt zur kirchlichen Gemeinde. Für mich spielte noch eine Rolle, daß ich nicht eine Zeremonie vollziehen wollte, die uns nicht sehr viel bedeutete, die aber von anderen als sehr bedeutsam betrachtet wurde; ich hätte das Gefühl eines Mißbrauchs gehabt. Als dann allerdings die Trauungszeremonie von einem alten, seinen Titel ständig falsch betonenden Standes-Béamten vollzogen wurde, war es für eine Revision zu spät. Zum Standesamt waren wir mit dem Autobus gefahren, meine Frau trug ihr Konfirmationskleid und ich war in Uniform. Der Polterabend war mit Hilfe der Engländer auch ganz üblich verlaufen, die an diesem Abend einen Angriff auf Berlin flogen; allerdings auf andere Stadtviertel. Für das Hochzeitsmahl zu Hause waren als Sonderzuteilung, auf Bezugsschein, fünf Flaschen Wein vorgesehen, die vom Weinhändler auf 10 Flaschen ergänzt wurden.

In der Hektorstraße saß nun eine mittelgroße Gesellschaft. Verwandte hatten wir nicht viel, meine Schwiegereltern waren aus Wilhelmshaven gekommen, auch meine Cousine mit ihrem Mann. Freunde oder Bekannte meiner Frau konnten, aus kriegsbedingten Gründen nicht kommen und meine Freunde waren alle im Krieg; aber die alten Freunde meiner Eltern waren da und mußten die Gesellschaft bald nach 16 Uhr wieder verlassen weil sonst die Gefahr bestand, daß sie auf dem Heimweg von einem Luftangriff überrascht wurden. Luftangriffe wollte man am besten im eigenen Keller überstehen und nicht in fremder Umgebung. Das gesamte Leben in der Reichshauptstadt war schon wesentlich vom Krieg, d. h. von den Fliegerangriffen geprägt.

Mein Vater hatte mit seiner Filmkamera gefilmt und einer der alten Freunde, Chemiker und auch Bürge für den Leumund meiner Frau, hatte fotografiert. Seine Aufnahmen sind als einzige erhalten geblieben. Statt des entwickelten Films erhielt mein Vater von der Entwicklungsanstalt den kurzen Bescheid, daß bedauerlicherweise durch Kriegseinwirkung der Film zerstört worden sei. Meine Frau und ich versuchten unsere Stimmung zu erhalten, wir lebten zwei Wochen außerhalb der Zeit. In der Staatsoper „Unter den Linden“, die nach dem Brand wieder aufgebaut worden war, gab es „Fidelio“ mit Hildegard Klose und Maria Cebotari. Als wir nach Karten anstanden, eines Sonntags morgens, rechnete ich aus, daß das Anstehen an der Theaterkasse uns zwei Prozent meiner Urlaubszeit kostete. Anstehen nach Theaterkarten ist in Berlin eine alte Tradition. Für sehr begehrte Aufführungen kamen Theaterfreunde am Abend vor Kassenöffnung mit Stühlen und Schlafsäcken um als erste am

Sonntag früh zur Öffnung zur Stelle zu sein. Denn einige Aufführungen waren auch trotz Nazi-Kultur noch bemerkenswert; im Theater dank Gustaf Gründgens, Käthe Dorsch, Werner Kraus, Heinrich George und anderen; Musikinterpreten sind mir außer Sängern wie Schlusnus und Wilhelm Furtwängler als weltbekanntem Dirigenten nicht geläufig, obgleich es viele ausübende Musiker hoher Qualifikation gab. Berliner Theater verkauften ab sonntags früh ihre Karten immer für eine Woche im voraus.

Das Thema des „Fidelio“ mit den Gefangenen und ihrer Befreiung war in der Nazizeit eigentlich brisant aber wir hatten keine Vorstellung davon, wie gefangen wir eigentlich alle waren. Da ich im wesentlichen auf die Musik konzentriert war, habe ich der Theaterhandlung nicht so viel Aufmerksamkeit gewidmet.

Der Urlaub ging vorüber, für meine Frau ging das Studium weiter, sie war jetzt im fünften Semester, und ich fuhr zu meiner Truppe zurück, zu unserer Stellung in Dünkirchen.

Etwa zur gleichen Zeit heiratete auch ein Offizier des Abteilungsstabes, ein kurz vor der Beförderung zum Oberleutnant stehender Leutnant, ein gemütlicher und kontaktfreudiger Schwabe. Da er im Stab recht beliebt war, und sich auch mit dem Kommandeur relativ gut verstand, so bereitete das Offizierskorps ihm in Dünkirchen eine fulminante Abschiedsfeier, bei der mit Alkohol nicht gespart wurde. Am Abend vor der Reise nach Deutschland war die ganze Dünkircher Offizierskorona zu einem Abschiedstrunk geladen und er selbst war sein bester Gast. Mit Hilfe einiger Kameraden wurde er dann lange nach Mitternacht zum Bahnhof gebracht und in den Zug gesetzt. Am nächsten Morgen gegen 6 Uhr rief er verkatert und müde vom Bahnhof der nächsten Stadt bei der Abteilung an um zu sagen, daß er sich plötzlich hier auf dem Bahnhof befinde und wissen wolle, was er dort solle. Der diensthabende Telefon-Soldat brachte ihm schonend bei, daß er ja auf der Heimreise zu seiner Hochzeit sei. Das hat er verblüfft vernommen und dann hat wahrscheinlich seine Erinnerung wieder eingesetzt.

In der Stellung in Dünkirchen ergab sich dann die Situation, daß Oberleutnant Schiffer zu einem Lehrgang abkommandiert und mir die Leitung der Batterie übertragen wurde. Schiffer war bisher 'Batterie-Führer' gewesen und nicht 'Batterie-Chef', dazu mußte er erst einen sogenannten Chef-Lehrgang absolvieren. So streng waren die Sitten.

Zum Ausbau unserer Stellungen brauchten wir Hilfskräfte, die eines Tages in Form von dienstverpflichteten Franzosen bei uns eintrafen. Wir erhielten einen Transport von ca. 60 Personen, die mit Schaufeln und Spaten Erdarbeiten erledigen sollten. Dafür wurden sie von uns beköstigt und untergebracht. Wir - als Militär - hatten weder mit der Dienstverpflichtung noch sonstiger Behandlung zu tun. Als nun dieser Trupp gebracht wurde, hielt ich ihnen eine Begrüßungsansprache des Inhalts, daß wir nichts dafür könnten, daß sie nun für uns arbeiten sollten, daß wir sie verköstigen und unterbringen würden und wir sollten bitte versuchen miteinander auszukommen. Als Quartier war eine Schule oder Scheune in der Umgebung vorgesehen. Vom Kommandeur hatte ich mir Verhaltensmaßregeln geholt. „Waren die Franzosen zu bewachen?“ „Nein, das sei nicht vorgesehen“. Deswegen marschierten sie am Abend unter Begleitung von zwei

Soldaten in ihr Quartier und am nächsten Morgen wieder zu ihrer Arbeit in die Stellung. Jede unserer Batterien hatte übrigens eine etwa gleich große Gruppe erhalten.

Schon am darauffolgenden Morgen erschien nur noch die Hälfte der Franzosen zur Arbeit, die anderen blieben verschwunden. Eine Meldung darüber wurde von der Kommandantur gar nicht entgegengenommen, am Telefon erhielt ich die Auskunft, daß sie - die Kommandantur - eine Liste von vielen Tausenden, der Dienstverpflichtung Entlaufenen hätte und daß man da nichts unternehmen könne. Der Kommandeur nahm das nicht so gelassen auf. Er tat so, als sei es mein Versagen, daß Franzosen nicht für uns arbeiten wollten. Als am darauffolgenden Tag in der Nachbarbatterie nicht die Hälfte, sondern drei Viertel der Franzosen verschwunden waren, wurde der ganze absurde Einsatz beendet. Trotzdem glaubte die Kommandantur die Dienste der Franzosen in anderer Weise in Anspruch nehmen zu können.

Den Bauern in der Umgebung wurde durch eine Dienstverpflichtung auferlegt an einem bestimmten Tage der Batterie mit ihren Zugpferden zur Verfügung zu stehen. Wir waren eine bespannte Artilleriebatterie, die im Prinzip in der Lage sein sollte, auch einen Stellungswechsel durchzuführen. Aber nach langer Stationierung reichte unser Pferdebestand nicht aus, um alle Geschütze, Munitionswagen und Geräte zu bewegen. In der Landwirtschaft von Nordfrankreich gab es viele kräftige Kaltblüter, die in gutem Zustand waren. Mit diesen Tieren rückten die Bauern also zum festgesetzten Zeitpunkt an und Geschütze und die anderen Fahrzeuge wurden, teils mit deutscher, teils mit französischer Bespannung versehen und die Reise ging los. Für einige Kilometer fuhr dieser merkwürdige Zug durch die Gegend. Die Franzosen pflegten auf ihren schweren breiten Pferden so zu sitzen, daß beide Beine auf der gleichen Seite des Pferdes blieben, woran unser Kommandeur Anstoß nahm. Die Bauern sollten sich auf ihre Gäule setzen, wie das ein 'anständiger' Reiter tut. Das sollte ich den Franzosen beibringen, nachdem er selbst mit seinem kärglichen Französisch nichts erreicht hatte. Mir ging es nicht besser, denn mit so wenigem Französisch, wie ich an diesem Morgen beherrschte, war das eben nicht zu erreichen. Einige der Bauern grinsten, sie hatten mich bei anderer Gelegenheit weit besser sprechen hören. Diese Situation war typisch für Denk- und Verhaltensweisen mancher aktiver Offiziere. Unser Kommandeur war ein Musterbeispiel.

Die Monate in Dünkirchen waren ausgenutzt worden um den Offizieren in einem Reitlehrgang das Reiten beizubringen und dank eines ausgezeichneten Heeres-Feldwebels als Reitlehrer wurde aus mir bald ein guter Reiter.

In der Stellung lag eine ganze Menge Munition. Wir hatten mit unserem Zement auch ausreichend und gute Bunker bauen können. Aber wir hatten mehr Munition als wir haben durften und als gemeldet war. Die Bestände mußten ständig an die übergeordnete Dienststelle gemeldet werden und ab und zu wurde kontrolliert. Im Sommer fanden öfter Übungsschießen statt, bei denen in die See geschossen wurde auf angenommene feindliche Schiffe. Dabei war es durchaus möglich bei Salvenfeuer vier Granaten als abgefeuert zu melden, wenn nur drei Geschütze geschossen hatten. Mit dieser stillen Reserve wollten wir vorsorgen um im Ernstfall auch schnell Munition zur Hand zu haben, die ohne bürokratische Rückfragen benutzt werden konnte. Denn gegen Ende des Jahres 1943 war unter anderem auch die Munition knapp geworden und über jede Granate wurde peinlich Buch geführt. Bei der Überprüfung des Bestandes gab das Probleme.

Wir haben dann einige pfiffige Soldaten mit der Aufgabe betraut, diese Granaten vor der Kommission zu verstecken. Nach Abnahme des einen Munitionsbunkers wurde der Bestand des nächsten auf die offizielle Anzahl reduziert, indem die Soldaten wie die Schmuggler, den Überbestand im Sichtschatten der Kommission in den schon kontrollierten Bunker schleppten. Eine Granate wog immerhin einen Zentner oder mehr. Das war ein groteskes Spiel aber unsere Soldaten hatten ihren Spaß daran, die Kommission, die meist aus Wehrmachtsbeamten, also nicht Soldaten, bestand, hinters Licht zu führen. Nicht nur Munition war knapp. Das führte zu einer grotesken Bürokratie.

In meinem Soldbuch, das den Krieg überdauert hat, ist eingetragen neben empfangener bzw. wieder abgegebener Bekleidung, daß

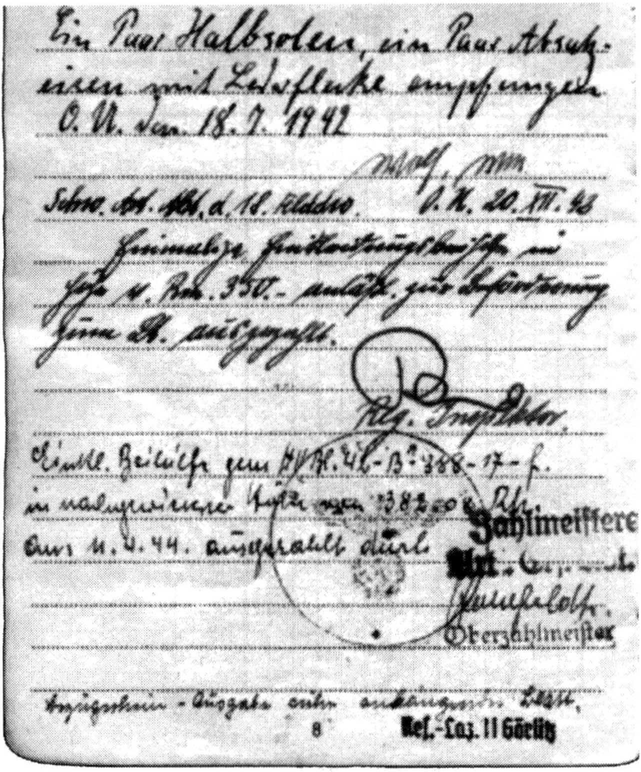
Ein Paar Halbsolen, ein Paar Absatzeisen mit Lederflecke empfangen O.U. den 18.7.1942

Zahlmeister

Oberzahlmeister

8

Res.-Laz. II Görlitz

ich am 9. Mai 1940 80 g Einheitsseife, 50 g Rasierseife und 100 g Kernseife und damit die Ration bis zum 31.3.1941 empfangen habe. Am 18.7.1942 habe ich *„Ein Paar Halbsolen"* (Schreibweise des Originals), ein Paar Absatzeisen mit Lederflecken erhalten und am 20.12.1943 wurden mir 350,--Mark einmalige Einkleidungsbeihilfe *„anläßlich der Beförderung zum Lt."* ausgezahlt. Als Offizier war man verpflichtet eine eigene Uniform zu tragen. Dafür erhielten wir monatlich 30,--Mark.

Auch der Wehrsold ist eingetragen, zumindest gelegentlich. Vom 11. 8. bis 20. 8. 41: 14,--Mark, vom 1. 9. bis 10. 9. 41: 17,50 Mark und vom 11. 8. 41 bis 20. 8. 41 Frontzulage, aber ohne Summe. Vom 11. 3. 42 bis 20. 3. 42 war der Wehrsold immerhin schon auf 22,50 Mark gestiegen.

Auch für Januar 1945 ist der Empfang von Einheitsseife, Rasierseife und Rauchermarken registriert; zu der Zeit lag ich bereits im Lazarett. Dort wurde auch das *„Führergeschenk"* ausgehändigt, wobei die Berechtigung zum Empfang, sowie der Empfang als solcher getrennt aufgeführt sind. Das war ein Paket mit Lebensmitteln, Schokolade und mit einer Flasche französischem Sekt, das Verwundete erhielten. Übrigens habe ich am 11. 4. 44 eine „eiserne Ration" erhalten, sie wurde „ausgefolgt" wie das Soldbuch vermerkt.

Zur weiteren Ausbildung von Soldaten oder Offizieren waren Lehrgänge üblich und so wurde ich eines Tages, nach Oblt. Schiffers Rückkehr - nun als Batterie-CHEF - zu einem Schießlehrgang an die Artillerieschießschule Jüterbog beordert; Jüterbog liegt südlich von Berlin und bot Gelegenheit zu Hause vorbeizufahren. - Der Lehrgang selbst war ziemlich uninformativ. Das Schießen auf bewegliche Ziele im dreidimensionalen Luftraum war man als Flaksoldat gewohnt, so daß das Schießen auf feste Ziele nichts Neues brachte. Bei einem abendlichen Spaziergang mit Kursteilnehmern und zwei Offizieren der Schießschule kam es zu einem interessanten Gespräch, bei dem die Jüterboger, die oft wenig oder keine Fronterfahrung hatten, von uns über unsere Erlebnisse hören wollten. Nach kurzem Meinungsaustausch fragte einer der Ausbilder, was wir denn davon hielten, daß man

Menschen auch außerhalb von direkten Kampfhandlungen umbringen würde. Diese Frage empörte mich, denn davon hatte ich weder etwas gehört, noch gesehen. Ich antwortete daher, indem ich sagte: „Dafür gibt sich doch kein deutscher Soldat her“. Gerüchte dieser Art wurden als Feindpropaganda aufgefaßt.

Bei den Offizieren der Schule herrschte ein sehr konservatives Kastendenken. Zu den Teilnehmern des Kurses gehörte ein alter Bekannter aus Bernau und Mourmelon, der zur Zeit des Lehrgangs noch nicht zum Offizier befördert worden war. Er war später ROA geworden und hatte deshalb ein späteres Rangdienstalter erhalten; in Jüterbog war er noch Wachtmeister. An freien Abenden gingen wir öfter zusammen spazieren und auch mal ein Bier trinken. Einer der Lehrgangsleiter sprach mich darauf an, daß es nicht üblich wäre, daß Offiziere mit einem Unteroffiziersdienstgrad Kontakte pflegten, ich sollte mir besser einen anderen Umgang suchen.

Als Antwort bin ich dann mit Wachtmeister Pingel, so hieß er, demonstrativ durch das Lager marschiert und wir sind in mehreren Kneipen eingekehrt um je ein Bierchen zu uns zu nehmen. Dabei wußte Pingel natürlich nicht, warum ich nach einer Kneipe noch immer in die nächste wollte. Ich habe ihm das auch später nicht erzählt. Ob diese Demonstration registriert worden ist, habe ich nicht in Erfahrung gebracht; ich hoffte es. Ich bin auch später nie mehr in dieser Richtung angesprochen worden. Gerd Pingel ist einige Wochen später ebenfalls befördert worden. Er hat den Krieg überlebt aber er hat ein Auge verloren.

Mit einem Abstecher in die Hektorstraße ging dann der Lehrgang zu Ende und ich war wieder auf dem Weg nach Dünkirchen. Hier erlebte ich bald eine weitere Demonstration der Einstellung unseres Kommandeurs, aktiver Offizier und ebenso arrogant wie dumm. Zur Zeit, als im Herbst 43 die massiven Luftangriffe auf unsere Städte erfolgten, und viele Soldaten, insbesondere die Großstädter, in ständiger Sorge um ihre Familien lebten, hatte er nichts weiter im Sinn, als zum 4. Dezember, dem Barbarafest (Barbara ist die Schutzpatronin der Artilleristen) ein großes Reiterfest zu veranstalten. Durch Nachrichten über Radio und vor allem Feldpost wußten wir, daß unsere Luftabwehr immer brüchiger wurde und jetzt das Pendel zu unseren Ungunsten ausschlug, das durch Hitler in Gang gesetzt worden war, als er im Jahre 1940 tönte: „Wir werden ihre Städte coventrieren!" Das bezog sich auf den Luftangriff auf die englische Stadt Coventry, den die Engländer mit einigen Angriffen auf deutsche Städte beantwortet hatten. In dieser Zeit waren auf des Kommandeurs Befehl Dutzende von Soldaten abgestellt um auf einem Wiesengelände bei Dünkirchen eine Reitbahn zu errichten mit allem was dazu gehört, wie Hindernisse für Springreiten usw. Dazu wurde viel Material verbraucht, das zum Stellungsausbau dringend nötig war, abgesehen von den vielen Arbeitstagen, die für den Stellungsausbau verloren gingen. Mir war der Stellungsausbau deswegen wichtig, weil eine gut ausgebaute Stellung Schutz bei Angriffen oder vor Fliegern bot. Die Bunker waren zwar schußsicher angelegt, aber im Fall eines Angriffs hielt sich die Mannschaft ja nicht im Schlafbunker auf.

Fast alle Soldaten unserer Batterie kamen aus der Flakartillerie und wir hatten viele Spezialisten, die in monatelanger Schulung für bestimmte Funktionen ausgebildet worden waren und nun sahen, daß sie ihre Fertigkeiten nicht einsetzen konnten. Und sie sahen, daß unsere Städte kaputt gingen. Der Zweifel an der Weisheit unserer Führung war in unserer Truppe deshalb allgemein verbreitet. Ein Offiziers-Reitfest war sicher nicht das richtige Mittel dagegen.

Die allgemeine Unlust bewog mich auch zum Herbst 1943 wieder einen Antrag für Studienurlaub zu stellen. Urlaub für andere Fächer als Medizin gab es zu der Zeit nicht mehr, deswegen bewarb ich mich also für Medizin. Ein paar Semester Medizin konnten mir als Chemiker nur nützlich sein, denn an meinem Plan, Chemiker zu werden, hielt ich nach wie vor fest. Der Antrag mußte über unseren Divisionsarzt laufen, ein zum Glück vernünftiger Mann. Ich sagte ihm, - ziemlich wörtlich zitiert - ich bin jetzt seit fünf Jahren Soldat, nun sollten mal andere den Krieg gewinnen. - Er hatte Verständnis und mit seiner Befürwortung ging der Antrag auf den Dienstweg. Nach mehreren Wochen erhielt ich die Antwort, daß der Reichsmarschall (Göring) entschieden habe, in dieser Phase des Krieges könne man keinen Offizier entbehren und ich solle mit dem Studium gefälligst warten bis der Krieg vorbei sei, dann könne ich studieren wie ich wolle. Daran war richtig, daß langgediente Soldaten für die gesamte Dauer eines Studiums von Gebühren befreit waren. Aber mein Studium lief dann später doch ganz anders ab, als Herr Göring sich das vorgestellt hat.

Das Reiterfest in Dünkirchen ist mit dem üblichen Tam-tam verlaufen und da aus Sicherheitsgründen immer je ein Offizier in der Batteriestellung verbleiben mußte, war ich froh, daß die Wahl auf mich fiel und ich diesen Unfug nicht mitmachen mußte.

In diesem Spätsommer und Herbst hatten wir eine ganze Menge personellen Ersatz erhalten, blutjunge, blasse, schlecht ernährte Rekruten, die gerade erst eingezogen und nach einer Grundausbildung nun auf die Truppenteile verteilt wurden. Beim morgendlichen Inspizieren der Stellung und der Unterkünfte war mir mehrfach aufgefallen, daß gerade die jungen Soldaten, kaum aus dem Bett gestiegen und der stickigen Luft der fensterlosen Bunker entronnen, ohne sich zu waschen und ohne Frühstück, nichts Eiligeres zu tun hatten, als aus vollen Zügen eine Zigarette zu rauchen. Das war ganz gewiß nicht in ihrem gesundheitlichen Interesse und auch nicht im Interesse der Truppe, die junge Leute brauchte, die durch die Ausbildung kräftig und leistungsfähig wurden. Daher entschied ich mich, als Batteriebefehl, ein allgemeines Rauchverbot zu erlassen, das bis nach dem Mittagessen für alle Batterieangehörigen galt. Das war gerade in der Zeit, als Oblt. Schiffer zum Lehrgang und ich daher Disziplinarvorgesetzter war. Dieses Verbot war ein Eingriff in die Privatsphäre, darüber war ich mir klar. Es ist trotzdem relativ gut befolgt worden, denn ich hatte nach Verkündigung den älteren Unteroffizieren meine Gründe erläutert und um Verständnis gebeten. Es war im preußischen Heer sehr unüblich, daß die Gründe eines Befehls erläutert wurden.

In diesem Herbst war ich außerdem noch gezwungen, einen jungen Soldaten vor das Kriegsgericht zu bringen, was mir sehr leid tat, aber durch die Umstände unumgänglich war. In unserer B-Stelle an der Küste saß ständig ein Posten in einem kleinen Rundturm, etwas oberhalb des Aufenthaltsbunkers, in dem die Besatzung wohnte und lebte, aber durch eine kleine Treppe von vier oder fünf Stufen direkt mit dem Aufenthaltsraum verbunden. Am Abend kam ich mit dem Fahrrad von der Batteriestellung zur B-Stelle, die nachts mit einem Offizier besetzt sein mußte. Dann informierte ich die Besatzung über die Neuigkeiten und gab auch die Befehle bekannt, die sich auf unsere Beobachtungsfunktion bezogen. Bestehende Befehle wurden häufig ergänzt, und den veränderten Verhältnissen (z. B. Wetter) angepaßt. Die Tür zum Turm blieb dann offen, so daß der Soldat auf Posten, der mit dem Scherenfernrohr ständig die Horizontlinie im Wasser beobachten mußte, mithören konnte. Durch gelegentliche Rückfragen war gesichert, daß alles gehört und verstanden worden war oder bei Unklarheiten habe ich dann Passagen wiederholt und den Posten einzeln nach seiner Ablösung noch auf diesen oder jenen Punkt hingewiesen.

So auch an diesem Abend. Aber als ich nach einigen Minuten fragte, ob alles verstanden sei, erfolgte keine Antwort. Im Turm oben fand ich dann meinen Posten fest schlafend. Er schreckte hoch und auf meine Frage, ob er krank sei und abgelöst werden wolle, verneinte er das vehement und schwor, daß er völlig fit sei und nun weiter gut aufpassen würde. Nach kaum fünf Minuten wiederholte sich das Spiel. Jetzt fragte ich ihn erneut, ob er müde sei oder sich vielleicht doch krank fühle und ob er nicht doch abgelöst werden wolle. Das wollte er auf keinen Fall und er würde unbedingt seine Pflicht erfüllen und da ich ihn nicht vor seinen Kameraden diskreditieren wollte, habe ich ihn nach erneuter Ermahnung weiter beobachten lassen. Die zwangsweise Ablösung geschah dann, als er nach wieder nur wenigen Minuten erneut auf Fragen nicht reagierte und wieder schlief. Jetzt konnte ich das Abfassen einer schriftlichen Meldung nicht mehr vermeiden, nach mehrfacher Ermahnung und dem zweimaligen Angebot zur Ablösung - die ohne irgendeine Konsequenz geblieben wäre - gab es keine Wahl. Mehrfaches Schlafen auf Posten 'vor dem Feind' war ein sehr übles Vergehen, das in keinem Fall noch durch den direkten Dienstvorgesetzten disziplinar erledigt werden konnte. Der Soldat war einer der jungen Rekruten, ein sehr diensteifriger und anständiger Mann und mir ist nie klar geworden, warum er nicht wenigstens beim zweiten Mal mein Angebot, sich ablösen zu lassen, annahm. Falsch verstandenes Pflichtbewußtsein?

Die Kriegsgerichtsverhandlung fand einige Wochen später in Dünkirchen statt und ich tat alles um ihn als normalerweise pflichtbewußten und guten Soldaten zu schildern. Dabei mußte ich nicht mein Gewissen strapazieren, denn das entsprach der Wahrheit. Er erhielt, nach meiner Erinnerung, eine Strafe von vier Wochen Militärgefängnis und kam dann wieder zur Truppe zurück. Was für ihn gravierender als die Strafe als solche schien, war folgendes. Er war der Sohn und damit potentieller Erbe eines Erbhofbauern. Erbbauernhöfe und Erbhofbauern unterlagen besonderen Bedingungen. So durfte ein Erbhof nicht von einem Vorbestraften übernommen werden. Und mit vier Wochen Militärgefängnis galt er als vorbestraft und hatte damit sein Erbe verspielt, wie ihm der Richter expressis verbis erläuterte. Das traf ihn besonders hart. Da ich die Einheit einige Zeit später verließ, kenne ich sein weiteres Schicksal nicht, aber es ist zu hoffen, daß er die Zeit bis Kriegsende überstanden hat und dann galten keine Bestimmungen mehr aus der Nazizeit über die Erbberechtigung von Bauern.

Gelegentlich fanden Übungsschießen statt, bei denen wahrscheinlich immer einige Fische dran glauben mußten. Aber die Einsatzbereitschaft sollte aufrechterhalten werden, die Kommunikation zwischen Geschützstellung und B-Stelle geprüft werden und vor allem die Beobachter im Errechnen und Formulieren des Schießkommandos geschult werden. Schießende waren, neben den Unteroffizieren der B-Stellen, das Offizierskorps. Deshalb war es üblich, daß sich das gesamte Offizierskorps auf einer B-Stelle versammelte und einer nach dem anderen an der Reihe war, seine Schießkünste zu demonstrieren.

Zur Bildung des Kommandos war es nötig mit Karte, Lineal und Winkelmesser das angenommene Ziel auf der Karte zu fixieren und diese Werte in eine Art Code zu übersetzen. Gute räumliche Vorstellung war von Nutzen, die einem deutlich machte, wie weit das Ziel von der Batteriestellung entfernt war, die ja nur der Karte nach bekannt war, - sie war von der B-Stelle aus nie zu sehen - unter welchem Winkel die Geschütze schießen mußten usw. Geübte Beobachter schafften es mit dem ersten Schuß nahe am Ziel zu liegen und mit der anschließenden Korrektur, aber sicher mit dem dritten Schuß, das Ziel zu treffen.

Als bei einem Schießen sich auch unser Kommandeur versuchte, schaffte er es immerhin mit dem siebten Schuß wenigstens in der Nähe des Ziels zu landen. Das war gar nicht beschämend, denn er hatte keine Übung, obgleich wir alle das Grinsen nicht verbergen konnten. Typischer für die Haltung der Offiziere seines Typs war, daß er gar nicht bereit und in der Lage war, sich Rat oder Unterstützung zu holen, sondern in maßlos arroganter Haltung agierte, obgleich sein Versagen offensichtlich war.

Wenig später erhielt ich - ab März 1944 - meine Versetzung zu einer Heeres-Artillerieeinheit im Osten. Oblt. Schiffer ließ mich äußerst ungern gehen. Ich hatte durch einige Baumaßnahmen unsere Stellung vorbildlich herrichten lassen; z. B. dadurch, daß ich die ganzen Telefonleitungen, die durch unsere Stellung gingen, in einem Kabelgraben verschwinden ließ. Diese Leitungen waren vorher Freileitungen und durch eine kleine Fliegerbombe oder durch heftigen Sturm hätten wir plötzlich keine Verbindung untereinander und nach außen gehabt. Aber die Aufrechterhaltung der Alarmbereitschaft wurde als wichtig angesehen und sollte nicht durch kleinere Einflüsse gefährdet werden können. Einige Anordnungen, die der Alarmbereitschaft dienten, hatten groteske Züge. War nur ein Offizier in der Stellung, mußte man sich in der Telefonzentrale abmelden, um ungestört einem menschlichen Rühren nachzugeben und nach vollendetem Werk erfolgte die Rückmeldung.

So verließ ich also Dünkirchen wieder und meldete mich im März 1944 beim Ersatz-Truppenteil in Bautzen. Dort wurden mir zuerst einige Tage gewährt, um mich vom Luftwaffenblau auf Feldgrau umzurüsten. Für einige Zeit lief ich in abenteuerlichem Uniform-Mix herum, blau und grau gemischt. Diese Umstellung mochte ich gar nicht, denn das Blau war viel kleidsamer und meine blaue Uniform war von viel besserer Qualität, als das, was im Jahre 1944 noch zu haben war. Ein alter Schneidermeister erhielt Bezugsscheine für Uniformstoff und schneiderte mir mehr schlecht als recht eine feldgraue Kluft.

In der Bautzener Kaserne wohnte ich mit einigen Offizierskollegen zusammen, die wie ich auf ihre weitere

Verwendung warteten und einer der Ratschläge die unter uns kursierten war der, mehr auf das eigene Kreuz als auf das Ritterkreuz zu achten. Dieser Rat war in dieser Phase des Krieges schon nicht mehr nötig, denn eine Begeisterung zu Heldentaten war äußerst selten geworden und der Weg an die Front im Osten wurde nur in dem Bewußtsein gegangen, daß man unsere Heimat vor den Schäden schützen wollte, die wir als alte Soldaten in den besetzten Ländern gesehen hatten.

Auch ein Urlaub wurde noch gewährt, den ich in Berlin verbrachte. Die entsetzliche Situation der Zivilbevölkerung in den Luftschutzkellern lernte ich während dieser Tage kennen. Schon während des Anflugs der 'Feind'verbände wurde im Radio, oder im eigens dafür eingerichteten Drahtfunk, bekanntgegeben, ob ein Angriff auf Berlin zu erwarten war. Dann konnte man sich rechtzeitig fertig machen, die Sachen zusammenpacken und war dann schnell im Keller. Papiere, Bekleidung und evtl. Wertsachen bildeten das Luftschutzgepäck, das in den meisten Haushalten immer neben der Wohnungstür bereit stand, denn mit Angriffen mußte jederzeit, nicht nur in der Nacht, gerechnet werden. Bei uns kam dann immer noch die Geige meiner Mutter dazu, die meist von meiner Frau getragen wurde.

Zu dieser Zeit änderte sich das Verhalten der Bevölkerung, denn ursprünglich ging man mit alten Kleidungsstücken in den Keller, aber man hatte inzwischen eingesehen, daß das grundfalsch war, denn trat ein Schaden ein, so verbrannten oben die guten Sachen und man blieb mit den alten Klamotten sitzen. Deshalb kamen die meisten nun in guter Garderobe nach unten, den Pelzmantel auf dem Arm. So kam auch an einem Nachmittag Alarm und der Drahtfunk hatte 'starke feindliche Verbände' angekündigt. Wir marschierten in den Keller und saßen zu vielleicht 40 der 50 Personen und warteten. Diesmal war anscheinend Wilmersdorf an der Reihe, denn die Bombeneinschläge waren sehr deutlich hörbar. Nach mehreren einzelnen schweren Detonationen folgte mehrmals eine eng aufeinanderfolgende Reihe mittlerer Bomben. Bevor das Detonationsgeräusch einer Bombe verklungen war, fiel schon die nächste, so daß der Klang sich addierte und man jedesmal den Eindruck gewann, daß die Bombenreihe direkt auf das eigene Haus gerichtet war. Das war ein Erlebnis, was auch mich als alten und kriegserfahrenen Soldaten in Angst und Unruhe versetzte. Kurz bevor die Stimmung eskalierte, es war deutlich, daß die Kellergemeinschaft kurz vor einer Panik stand, ergriff ein im Haus wohnender Pfarrer das Wort, sprach ein lautes Gebet und schaffte es, die Menge von panischen Reaktionen zurückzuhalten. Und als die Einschläge auch wieder etwas weiter entfernt schienen und bald ganz aufhörten, war für uns auch dieser Angriff überstanden. Es war nur noch das unregelmäßige Schießen der Flakartillerie zu hören, das die ganze Zeit über den Bombenlärm noch verstärkt hatte. Mit Schrecken und mit Bewunderung stellte ich mir vor, wie Millionen von Berlinern diese Situation schon jahrelang auszuhalten hatten. Deswegen waren meine Frau und ich froh, Berlin zu verlassen und in der ruhigeren Provinz, in Bautzen, noch einige Tage zu verbringen. Denn nach Ablauf meines Urlaubs fuhren wir für einige Zeit in die Bautzener Kaserne, um dort auf meinen endgültigen Marschbefehl zu warten. Mit Soldaten, die auf ihre Überstellung zum Fronttruppenteil im Osten warteten, ging man freundlich um. Wir waren in einer ehemaligen Unteroffizierswohnung untergebracht, die aus Schlafraum, einem Waschraum mit Toilette und einem kleinen Flur bestand. Meine Frau konnte ihre Lebensmittelkarten abgeben und so am gemeinsamen Essen im Offizierskasino teilnehmen.

Zum Osterfest am 9. April wurde im Stadttheater „Faust“ gegeben. Zum „Faust“ hatte ich immer eine geistige Beziehung. In meinem Gepäck führte ich seit Jahren eine Taschenbuchausgabe des „Faust“ bei mir, in der ich ab und zu blätterte. Sie ist auch jetzt noch ganz gut erhalten und eine ‘Einmalige Sonderausgabe der Zentrale der Frontbuchhandlungen Paris’. Es war mehr das Bewußtsein ein Buch bei sich zu haben, das einen auf andere Gedanken bringen konnte, als die ständige Lektüre.

Zu Ostern war es schwierig noch Karten zu erhalten, denn Kino und Theater waren als einzige geistige Freiräume geblieben und Theaterkarten daher äußerst gefragt. Eine Karte für den ersten und eine für den zweiten Rang hatten wir ergattert und kurz vor Beginn der Vorstellung sprach ich einen Unteroffizier an, der seinen Platz neben unserem Platz im zweiten Rang hatte, ob er nicht in den ersten Rang wechseln wolle. Wir tauschten die Karten und so konnten wir wenigstens beisammen sitzen. Eine Aufführung des „Faust“ im vorletzten Kriegsjahr und in der Provinz; im Endeffekt waren wir zufrieden und hatten etwas für unsere Bildung getan.

Aber die Idylle ging bald zu Ende, denn ich erhielt meinen Marschbefehl zum neuen Truppenteil. Wir haben dann noch einen Tag in Dresden verbracht und am nächsten Morgen fuhr ich ab Dresden-Hauptbahnhof nach Osten. Die jeweiligen Standorte von Einheiten an der Front waren natürlich nur ungefähr bekannt. Deshalb bekam man einen Marschbefehl immer nur bis zur nächsten größeren Kommandantur und mußte sich auf der Transportkommandantur das nächste Reiseziel anweisen lassen. Bis Krakau gelangte ich am Nachmittag, stieg aus und fand nach Erkundigung einen Zug, der am nächsten Morgen weiterfuhr. Es gab noch Gelegenheit Krakau etwas anzusehen, eine architektonisch bemerkenswerte Stadt. An einigen Bäumen hingen Anschläge in Deutsch und Polnisch auf denen bekanntgemacht wurde, daß für jeden deutschen Soldaten, der durch Partisanen ums Leben kam, zehn polnische Inhaftierte erschossen werden würden. Die Namen der jeweils nächsten zehn Opfer waren aufgeführt. Für einen Schutz unserer Soldaten vor Überfällen mußte gesorgt werden, dafür hatte ich Verständnis, aber warum eins zu zehn und was konnten zehn Verhaftete dafür, wenn irgendwo Partisanen auf deutsche Soldaten schossen? Die Partisanentätigkeit war zu dieser Zeit schon rege. Es ging mir - und anderen - durch den Kopf, daß Partisanen ihre Heimat verteidigten und daß wir die Besatzer waren.

Die Weiterfahrt führte dann nach Lemberg und dort begann das gleiche Spiel, Quartier für die Nacht suchen und die Weiterfahrt erkunden. Zwischendurch erfolgte noch ein Bombenangriff auf die Gegend am Bahnhof, wo ich gerade Bahnsteig und genaue Abfahrt feststellen wollte. Die Russen waren also damals durchaus in der Lage, Bombenangriffe zu fliegen; vermutlich durch die Hilfe der Amerikaner.

Der Zug fuhr am nächsten Morgen pünktlich ab, mußte aber wegen eines Bombenschadens auf der Strecke eine andere Route wählen auf der es dann schließlich nach ein paar Stunden auch nicht mehr weiterging, so daß ich am Abend nach sinnloser Fahrt wieder in Lemberg eintraf. Im gleichen Offiziersheim stieg ich dann für die zweite Nacht ab. Lemberg ist/war eine wunderschöne Stadt mit ausgesprochen österreichischem k. und k. Flair. Es war Frühling, milde Luft und ein Wetter zum Flanieren geeignet, wenn nicht in Rundfunkmeldungen gerade bekannt gemacht worden wäre, daß am vergangenen Abend ein sehr schwerer Luftangriff auf Berlin stattgefunden hätte. Bei einer großen Armee-Vermittlungsstelle versuchte ich zu erkunden ob und wie man in Berlin anrufen könnte. Ein verständnisvoller Gefreiter bestellte mich für den nächsten Morgen um fünf Uhr und sagte, er wolle es dann versuchen. Pünktlich um fünf war ich dort und stellte zu meinem Erstauen fest, daß der Gefreite, dem ich die Telefonnummer gab, einen Hörer abnahm, die fünfstellige Nummer wählte und ich hatte meinen verschlafenen Vater am Apparat. Es gab eine direkte Leitung von Lemberg in das Berliner Ortsnetz. Mein Vater rief dann noch meine Frau an den Apparat und wir wechselten einige belanglose Sätze. Wesentlich zu erfahren war, daß Familie und Wohnung unversehrt geblieben waren, zumindest bis zu diesem Tag.

Von Lemberg ging die Reise am selben Tag weiter in Richtung Osten. Diese Fahrten quer durch Europa waren gut organisiert. Der Marschbefehl öffnete viele Türen, in Soldatenheimen zum Essen oder zur Übernachtung. Man mußte nur einigermaßen den zeitlichen und räumlichen Rahmen der Reise einhalten, dann hatte man gewisse Freiräume um Land und Leute zu sehen. Das gelang auch während der weiteren Reise in nicht vorhergesehener Weise. Plötzlich wurden zwei junge Leutnants und ich mit der Aufgabe betraut in einem kleinen Dorf für einige

Tage Quartier zu beziehen und von dort aus nach deutschen Fahnenflüchtigen zu fahnden. Wir wurden beim Pfarrer einquartiert, von Rot-Kreuz-Helferinnen betreut und bekamen Gewehre und fuhren mit einem kleinen 'Panjewagen' von Bauernhof zu Bauernhof, die wir durchsuchen sollten. Diese Aufgabe war nun wirklich nicht nach unserem Geschmack, denn wir waren als Artilleristen nicht für einen Polizei-Einsatz geschult. Der Pfarrer war uns behilflich beim Festlegen der Reiseziele - kleine Dörfer oder Weiler oder Einzelgehöfte - in der Umgebung. Nach einer Art Einarbeitungszeit spielte sich die Fahndung so ab, daß wir von Haus zu Haus fuhren, in den großen Wohnraum eintraten und dort dann keinen Soldaten fanden. Dann wurde gefragt, ob ein deutscher Soldat in der Nähe sei, das verneinten die Bewohner regelmäßig und drückten uns dann als Zeichen der Freundschaft ein paar Eier in die Hand und wir zogen wieder weiter. Keiner von uns Dreien hat irgendwo auch nur eine Spur eines Deserteurs gefunden. Aber wir hatten nach einigen Tagen an die dreihundert Eier gesammelt.

Gelegentlich ging die Fahrt auch durch recht einsames Gebiet und so sehr wohl haben wir uns in unserer Haut nicht gefühlt. Deutsche Desertierte interessierten uns nicht so sehr, aber wir waren in Sorge, in dem unwegsamen Busch- und Waldgelände ein gutes Ziel für Partisanen zu sein. Wir verhielten uns nach dem Motto: Tu du mir nichts, dann tue ich auch dir nichts!

Eine angenehme Erinnerung habe ich an eine 'Durchsuchung' eines größeren Gutshofes. Der Gutsherr empfing uns, bewirtete uns mit einem Schnaps und Tee und Kuchen. Wir saßen in einem gepflegten Wohnzimmer und unterhielten uns. Seinerseits war ihm die Spannung anzumerken, die unsere Anwesenheit sicher hervorrief. Aber er merkte bald, daß wir nichts Böses im Sinn hatten und wir sprachen über deutsche Literatur. Er entpuppte sich als kulturell Interessierter. Das war in dieser Gegend, bei einem gutsituierten Gutsbesitzer nicht erstaunlich, sondern eher die Regel; deutscher Einfluß war im Osten immer stark und die Orientierung nach Westen war selbstverständlich. Deutsche Literatur, Musik und sonstige Kunst wurde der regionalen vorgezogen. Deshalb war es für diese Menschen wohl auch so schwer zu verstehen, was sich in der Nazizeit mit den Deutschen ereignet hatte. Deserteure haben wir dann auch nicht gefunden.

Diese Episode endete, wir sagten dem Pfarrer Dank, daß er uns beherbergt hatte. Wir hatten auf Stroh in einem Zimmer seines Hauses geschlafen und in der Küche uns unsere Mahlzeiten zubereiten können. Meist war eine Rot-Kreuz-Schwester da, die in der Küche wirtschaftete, als sei es ihre eigene. Einige Maßnahmen der Partei (NSDAP) zielten darauf ab, diese Gegend zu 'Germanisieren'. Es gab Lehrer, die die wenigen deutschen Kinder unterrichteten die Parteigenossen gehörten, die als Funktionäre tätig waren. Von diesem Personenkreis hatten wir einen sehr schlechten Eindruck. Sie verhielten sich ungeheuer arrogant der ortsansässigen Bevölkerung gegenüber. Das führte aber dazu, daß die Schwester Angst hatte abends aus dem Haus zu gehen und bei Dunkelheit mußte einer von uns sie nach Hause begleiten, nachdem sie von unseren Eiern Eierkuchen und sonstige Eiergerichte gekocht, gebraten oder gebacken hatte. Sie wäre am liebsten wieder nach Deutschland versetzt worden und machte Anstrengungen, sich bei meinen Kollegen, beide waren unverheiratet, anzubiedern. Diese kleine Kolonie deutscher Zivilisten, die für Eisenbahn und kleine Industriebetriebe tätig waren und das Land aussogen, waren äußerst unbeliebt und die Bevölkerung zeigte ihnen das auch. Mit arrogant zur Schau gestellter brauner Uniform waren sie meist Kleingeister, die sich mal aufspielen konnten und ihre Macht zeigen.

Aber nach Ablauf dieser Aktion konnte ich weiterfahren und war schließlich am Ziel und meldete mich bei meiner neuen Einheit; ich wurde gleich einer Batterie zugeteilt. Der Batteriechef hieß mich willkommen und während der Einführung entschuldigte er sich quasi für seine Geschütz-Ausrüstung. Ich würde ja wohl moderne deutsche Haubitzen erwarten, aber sie hätten nur alte französische Geschütze aus dem ersten Weltkrieg. Als ich ihm lachend erklärte, daß ich diese gut kennen würde, war er erleichtert und erfreut, weil nun eine Anlernzeit für seinen neuen B-Offizier entfiel. Im Laufe der Zeit stellte sich heraus, daß ich - dank unserer Erfahrung in Dünkirchen - besser Bescheid wußte, als die meisten anderen Angehörigen der Batterie. Das lag auch daran, daß ich als Einziger in der Lage war, das schriftliche Material das großenteils in Französisch abgefaßt war (mit ganz unzureichender deutscher Übersetzung) voll zu verstehen. Manche andere Soldaten hatten die üblichen Schulkenntnisse, aber ich hatte in den Jahren in Frankreich mir eine gute Sprachkompetenz erworben. - Unser alter Klassenlehrer in Berlin hatte uns Schüler beim Sprachunterricht zum Fleiß ermuntert, indem er sagte, es würde für jeden im Leben eine Situation eintreten, in der Sprachkenntnisse nützlich wären. Diese Form hatte er dabei aber sicher nicht gemeint.

Unsere Aufgabe in der nächsten Zeit bestand darin, etwa alle paar Tage Geschütze und Stellung abzubauen und nach rückwärts zu verlegen, denn die Zeit der Eroberungsfeldzüge war längst vorbei. Das hieß dann allerdings nicht Rückzug, sondern 'Frontbegradigung'. Wir waren immer so weit hinter der HKL (Hauptkampflinie), daß wir einerseits ins Kampfgeschehen eingreifen konnten, aber andererseits bei einem russischen Angriff so viel Zeit blieb, Geschütze, Munition und alle Geräte, Mannschaften und Pferde soweit zurückzubringen, daß sie in einer neuen Stellung feuerbereit gemacht werden konnten, um den Rückzug der Infanterie zu decken.

Wir waren jetzt in der Ukraine, wurden hin und wieder von russischer Artillerie beschossen, ohne wesentliche Schäden, und auch wir schossen häufig zurück. Einmal traf eine russische Granate das Gespann unserer Feldküche. Der Koch mußte beide Tiere notschlachten und wir konnten eine ganze Reihe von Tagen wieder große Fleischportionen austeilen. Das Essen war auch für die Fronttruppen schon ziemlich kläglich geworden.

Diese Form des langsamen Rückzugs war im Lehrplan der Kriegsschule nicht vorgesehen; außerdem hätte mir das auch wenig genutzt, denn zwischen dem Marsch einer motorisierten Flak-Batterie und dem Marsch einer bespannten Haubitzen-Batterie bestanden erhebliche Unterschiede. Eines unserer Zugpferde brachte eines Tages ein Fohlen zur Welt. Eine natürliche Vermehrung einer Zugmaschine oder eines Pkw stand aber nicht zu erwarten.

Als ständiges Reitpferd hatte ich ein braves Tier erhalten und dazu einen Pferdepfleger, der die Pflicht hatte, für mein Tier zu sorgen. Wenn wir eine neue Stellung bezogen hatten und die B-Stelle eingerichtet war, so ritt ich mit meinem Pferdeburschen in die Umgebung um Kontakt zu benachbarten Infanterie- oder Artillerieeinheiten aufzunehmen. Der war außerordentlich wichtig, um zu vermeiden, daß eine Bewegung im Gelände sofort als feindliche Aktion mißverstanden wurde und Beschuß auslöste. Für Artilleristen war eine Gefahr, vor der man höllischen Respekt hatte: eigene Truppen zu beschießen. Diese Reitausflüge waren auch ein Mittel um dem Grübeln zu entgehen, das sich unweigerlich einstellte, wenn man Zeit und nichts zu tun hatte. Die fröhliche Zeit eines vorwärts gehenden Feldzuges, wie in Frankreich, war schon sehr lange vorbei. Es ging nur noch rückwärts und eine Umkehr war nicht zu sehen, aber es gab keine Lösung der Fragen, die man sich im stillen stellte; wo sollte das hinführen.

Unsere Nachhut war in den kommenden Wochen und Monaten von den nachdrängenden Russen nur wenige hundert Meter entfernt und im Scherenfernrohr waren die Stellungen der Russen nicht von den unseren zu unterscheiden. Das Beziehen einer Stellung bedeutete umfangreiche Erdarbeiten, zuerst für die Geschützstellungen, dann für Deckungslöcher, Laufgräben und als Schutz für Zelte oder Unterkünfte. Man wußte aus Erfahrung, daß die Buddelei nur für wenige Tage galt, dann ging es ja wieder weiter nach dem Motto: Vorwärts Kameraden, wir müssen zurück! Aber je mehr geschanzt wurde, desto sicherer war man im Fall eines feindlichen Artillerieangriffs.

Die Märsche erfolgten jetzt auch meist in der Nacht. Bei Tag war die Gefahr von Fliegerangriffen zu groß. Hatte man sich irgendwo mit Schaufel und Spaten eine

Wohnhöhle geschaffen, mußte sie wieder verlassen werden und es ging weiter. Die Leistung unserer Soldaten war enorm, denn sie mußten den ganzen Weg zu Fuß zurücklegen. Nur für das Gepäck gab es Wagen. Als Offizier hatte man wenigstens sein Pferd. Manche Nacht habe ich auf dem Pferd verbracht und gelegentlich sogar regelrecht geschlafen. Wenn man richtig im Sattel sitzt, hat man feste Fühlung mit Schenkel und Knie und wie bei einem Vogel auf dem Ast blieb der Kontakt auch wenn mir die Augen zufielen. Es war dunkel wenn die Müdigkeit mich übermannte und wenn ich dann durch Stolpern des Pferdes plötzlich wach wurde, war es schon hell. Aber wir haben als Offiziere auch häufig den Sattel verlassen, sind mit den Landsern marschiert und haben einem müden Soldaten das Reiten überlassen. Zwischen Mannschaft und Offizier bestand ein kollegiales Verhältnis. Neid auf den Burschen, der sich um Pferd und um das Gepäck kümmerte, gab es nicht. Wir bemühten uns nach Kräften das Leben für alle erträglich zu machen.

Ein unendlicher Papierkrieg war zu erledigen, meist am Abend, wenn die Soldaten sich zu schlafen bemühten. Wege und eventuelle Stellungen oder Quartiere waren zu erkunden und für die Verpflegung war unter allen Umständen zu sorgen, auch unter Beschuß.

Während des Marsches war es Soldaten verboten sich auf die Kanonen zu setzen, die Gefahr war zu groß herunterzufallen und von der Lafette überrollt zu werden. In einer Nacht, die ungewöhnlich dunkel war und bei strömendem Regen rutschte eine Haubitze vom Weg ab und einen Hang von etwa vier Meter Höhe herunter. Die Pferde wurden teilweise mitgerissen bis die Bespannung sich löste und die Tiere kamen mit dem Schrecken davon. Die ganze Batterie machte Halt und es dauerte einige Zeit bis festgestellt wurde, was passiert war. Dann wurden Pferde und Soldaten mit Tauen angestellt, um das Geschütz, das mit den Rädern nach oben auf einem Acker lag, wieder aufzurichten. Das gelang nach einiger Zeit. In der völligen Dunkelheit, die nur durch wenige Taschenlampen erhellt war, stand das Geschütz nach einigen Minuten wieder auf den Rädern und dann kam die entsetzliche Entdeckung, daß unter der schweren Kanone ein Soldat gelegen hatte. Um Kräfte zu sparen hatte er rittlings auf dem Rohr gesessen und war mit in die Tiefe gerissen worden. Der Sanitäter konnte, nach einem Wiederbelebungsversuch, nur den Tod feststellen. Soldaten legten ihn auf einen in der Nähe haltenden Bagage-Wagen, der Kartoffeln geladen hatte und in der nächsten Stellung ist er mit militärischen Ehren dann beigesetzt worden. Gefallen für Führer, Volk und Vaterland?

Wir befanden uns auf unserem Rückmarsch nun schon seit einiger Zeit in der Ukraine. An Häuserwänden stand oft mit kyrillischen Buchstaben gemalt, eine Schrift bei der die Namen „Hitler“ (statt des „H“ mit dem kyrillischen „G“) und „Stalin“ zu lesen waren, der Rest war nur verständlich, wenn man die Sprache beherrschte. Ein Sprachkundiger übersetzte uns eines Tages: Nieder mit Hitler, nieder mit Stalin!

Die Bevölkerung war indifferent und natürlich ängstlich. Der Einmarsch der roten Armee war offensichtlich zu erwarten, der Zeitpunkt noch nicht sicher, aber das hieß für die Ukrainer nur der Austausch des einen Besatzers durch einen anderen. Wir verabschiedeten uns in wenig freundlicher Weise, es war die Zeit der „Verbrannten Erde“. Dem Gegner durfte nichts Brauchbares in die

Hände fallen, alles sollte dem Erdboden gleichgemacht werden. Wir waren als kämpfende Truppe nicht direkt daran beteiligt, aber ich habe in Erinnerung, wie ein SS-Mann (oder SD) durch ein Stallgebäude ging, in dem noch einige wenige Tiere standen, und diese mit Schüssen aus einer Maschinenpistole erlegte, besser gesagt erledigte. Teile der Bevölkerung flohen vor den kommenden Russen, andere blieben auf ihren Bauernhöfen verängstigt zurück. Die Trecks, die sich bildeten, verstopften die Straßen und strandeten häufig wegen Mangels an Futter, an Lebensmitteln und Getränken nach kurzer Zeit. Es waren Deutschstämmige oder deutsch Sprechende, aber auch denen konnten in dem allgemeinen Tohuwabohu nicht geholfen werden. Sie blieben in den allmählich sichtbaren Auflösungserscheinungen nur ein störendes Hindernis auf überlasteten Straßen.

In dieser Zeit hatten wir wegen der allgemeinen Personalknappheit als Ersatz-Personal einige deutsch sprechende Hilfskräfte bekommen, die in eine Uniform ohne Rangabzeichen und ohne Hoheitsabzeichen gesteckt wurden. Sie waren als Hilfskräfte für deutsche Truppen eingezogen worden; bei uns hießen sie „Beutedeutsche", ein ihre Stellung gut charakterisierender Spitzname. Die offizielle Bezeichnung war Hilfswillige. Als Fahrer für Bagage- oder Munitionswagen waren sie sehr gut zu verwenden, denn sie konnten mit Pferd und Wagen umgehen. Über ihre Loyalität kann ich mir kein Bild machen.

Der Rückzug wickelte sich so ab, daß manchmal unsere Truppen in einem Kessel saßen, von russischen Einheiten umgeben, und dann gelang es uns durchzubrechen und russische Verbände zu umzingeln. Es war ein Hin und Her. Wenn wir dann bei einer Verlangsamung der Absetzbewegung in einer Stellung für längere Zeit, d. h. eine Woche oder mehr nur mit Schießen aber ohne zu marschieren bleiben konnten, empfanden wir das schon als Erholung.

Neben deutschen Truppen waren auch ungarische Divisionen im Einsatz und wir wurden für einige Tage in einer Stellung, die benachbart zu ungarischer Artillerie lag, von Ungarn verpflegt. Die hatten noch etwas mehr zu essen als wir, aber das Mittagessen war wegen der für uns unglaublichen Mengen an Paprika in den ersten Tagen kaum genießbar. Daß die deutsche Verpflegung sehr einfach und reizlos war, wurde einem beim Vergleich mit ungarischer Küche klar. Als kalte Verpflegung gab es neben Brot ein großes Stück fetten Speck, dazu auch eine große Menge Paprika. Ich sah mir das bei den Ungarn an, sie schütteten dick Paprika auf eine Speckscheibe und aßen aus der Hand mit offensichtlich großem Appetit. Die Ungarn waren auch findig im Aufbessern ihrer Rationen. Sie holten sich Schafe in der Nachbarschaft, denn die Bevölkerung war zum großen Teil auf ihren Höfen geblieben. Dabei fragten sie nicht viel nach Recht und Eigentum; das nennt man, glaube ich, marodieren.

Auf den Kirschbäumen, die am Wege standen, luden schöne rote Weichselkirschen zum Essen ein. Da aber ständig weitermarschiert wurde, gab es keine Rast zur Kirschenernte, sondern die Landser rissen ganze Zweige vom Baum und verzehrten die Kirschen während des Marsches; Marschverpflegung!

Wir hatten keine exakte Orientierung, wo wir uns im Lande genau befanden. Unsere Landkarten dienten als Grundlage zum Schießen und waren meist im Maßstab

1:100.000. Karten, die größere Gebiete darstellten, hatten wir kaum. Aber darüber, daß es langsam aber unaufhaltsam nach Westen, nach Polen ging, bestand kein Zweifel. Daß das gleichzeitig hieß in Richtung Heimat, war kein Trost.

Wir hatten einen Rechentruppführer, ein intelligenter Unteroffizier, der im Zivilberuf (glaube ich) bei einer Versicherung tätig war; etwas älter als ich. Mit ihm konnte ich mich während des meist langweiligen Marsches gut unterhalten. Seine Ansicht über den Ausgang des Krieges äußerte er vorsichtig, indem er sagte: „Der Krieg kann meiner Meinung nach nur noch politisch beendet werden". Er wagte sich damit weit vor für die Gepflogenheiten der Zeit, denn das hieß ja, daß der Krieg militärisch verloren war. Ich setzte meine Meinung dagegen, daß ich auf die „neuen Waffen" vertraue. Es war viel von neuen Waffen die Rede in der offiziellen Goebbelschen Publizistik. Nicht, daß ich wollte oder hoffte wir würden den Krieg auf jeden Fall gewinnen. Das hätte für meine Generation bedeutet, nie mehr aus der Uniform herauszukommen. Aber es war auch klar, was im anderen Fall geschehen würde. Der „Morgenthau-Plan", der Deutschland zum Agrarland machen wollte, war ja auch keine rosige Aussicht. Nicht vergeblich wurde diesem Plan des amerikanischen Außenministers, der Deutschlands Entmilitarisierung, Entindustrialisierung und Aufteilung in Kleinstaaten zum Ziel hatte, in unseren Medien breiter Raum gegeben; Goebbels als PR-Mann der Amerikaner.

Die Dörfer, die wir jetzt berührten und durchquerten lagen in blühenden Landstrichen. Saubere Häuser, saubere Menschen, Mädchen, in Frühlings- oder Sommerkleidern, es war wie auf einem Frühlingsausflug mit Pferd und Wagen in Deutschland. Nur kamen ab und zu russische Tiefflieger mit Bomben und Maschinengewehren, die störten die Idylle erheblich. Aber die Bevölkerung schien gewillt zu bleiben und von Panik war nichts zu spüren.

Im Juni begann dann die Invasion der Alliierten in Frankreich und da ich die Küstenbefestigungen der Atlantikküste kannte, habe ich darzustellen versucht, wie ich mir den Ausgang der Invasion vorstellte. Das hatte mit der Wirklichkeit nicht sehr viel zu tun, aber ich wollte ja auch nicht als Defätist vor einem Erschießungskommando der SS enden. Daß man mit gewissen Bemerkungen zurückhaltend zu sein habe, wußte ich schon aus meiner Schulzeit. Um so erfreulicher waren dann für mich die offenen Gespräche mit unserem Rechentruppführer.

Unser Rückzug hatte jetzt über die Weichsel geführt, wir waren auf der Westseite und die Russen schon auf der Ostseite, man konnte sie im Scherenfernrohr oder im Doppelglas erkennen. Auf einer Insel in der Weichsel hatten die Russen eine B-Stelle etabliert, die eine große Gefahr für uns darstellte. Deshalb wurde sie artilleristisch bekämpft. Dafür mußten wir Schießerlaubnis einholen, denn die Munition war sehr knapp geworden und selbst die üblichen drei Schuß, die reichen sollten um ein Ziel zu treffen, wurden bei höheren Stellen erst angefordert und dann hoffentlich genehmigt. Gleichzeitig wurden aber in einer anderen Stellung Dutzende von Granaten gesprengt, weil sie nicht mehr nach rückwärts transportiert werden konnten.

Diese B-Stelle gelang es uns dann außer Gefecht zu setzen, doch zwei Tage später begannen die Russen einen Großangriff. Unsere B-Stelle war auf einem flachen

Acker; mit Schaufel und Spaten hatten wir uns einen Laufgraben und ein großes Loch gebuddelt, das uns etwas Schutz gegen gelegentliches Artilleriefeuer gewährte, und durch den Laufgraben kamen wir einigermaßen geschützt bis an unseren Beobachtungsposten. Darin war das Scherenfernrohr aufgestellt und eine Telefonverbindung zur Batteriestellung. Eines Mittags ging ein riesiger Artillerieüberfall los, der deutlich machte, daß die Russen jetzt die Absicht hatten, die Weichsel zu überqueren. Mit vielen kleinen Booten kamen jeweils ca. acht bis zehn Mann über den Fluß. Selbst mit vielen Kanonen wäre es nicht möglich gewesen, diese Menge wirksam zurückzuhalten. Es war ein Tag am Anfang August, praller Sonnenschein, brütende Hitze und auf dem ausgetrockneten Boden entstand Staub, der nach dem etwa halbstündigen intensiven Beschuß undurchdringlich war, so daß wir - wie im dicksten Nebel - kaum die Hand vor Augen sehen konnten, abgesehen von den Schwierigkeiten beim Atmen. Dieser Tag, ich glaube es war der 4. August, brachte für mich noch ein gravierendes Ereignis, doch dazu möchte ich später kommen. Es muß noch die Stimmung und die Situation geschildert werden.

In Frankreich lief die Invasion, am 20. Juli war das Attentat auf Hitler misslungen und der Krieg im Osten ging mit aller Härte weiter. Als wir von dem Attentat hörten, verstanden wir die Welt nicht mehr. Wir waren an der Front mit der Abwehr der Russen beschäftigt und hatten Sorgen um Familie, Wohnung oder Haus. Wie und warum konnte man uns da in den Rücken fallen? Wenige Tage nach dem Attentat war der militärische Gruß, Hand an die Kopfbedeckung abgeschafft worden und wurde durch den sogenannten „deutschen Gruß“ ersetzt. Das war etwas, was von der Mehrzahl der Soldaten abgelehnt wurde und wir haben noch hinterher oft unsern alten Gruß benutzt; wir wollten keine Parteisoldaten sein. Aber das konnte wieder als Gegnerschaft ausgelegt werden und so wurde langsam aber stetig der alte Gruß, sprich Ehrenbezeigung, abgeschafft, nicht ohne Murren. Als Grund der Ablehnung wurde relativ offen gesagt, daß dann Soldaten nicht mehr von Parteibonzen zu unterscheiden wären. Parteileute, die sich hinter der Front, aber immer im notwendigen Abstand aufhielten, waren äußerst unbeliebt. Ihre Bezeichnung war 'Goldfasan' wegen ihrer vielen Tressen und Schnüre. Diese Typen sorgten für den schlechten Ruf, der dann langsam auf alle überging. Aber schon in Frankreich waren die Frontsoldaten angesehen, während die Parteisoldaten gefürchtet wurden. In dieser Situation begann jetzt der Großangriff der Russen. Wir waren bestrebt unsere Funktion zu erfüllen, wir glaubten noch lange, wir kämpfen für unsere Heimat. Aber wir wollten ja auch die Heimat, die wir verteidigten, wiedersehen. So ist verständlich, daß wir unsere Sachen zusammenpackten und uns nach hinten absetzten. Die Telefonverbindung war ohnehin zerstört.

Damit bin ich wieder bei den Ereignissen des 4. August. Durch Staub und Nebel erkannte man Soldaten, die alle in der gleichen Richtung liefen, nicht im Laufschritt aber in beschleunigtem Gehtempo. Bei den anderen Soldaten war nicht immer mit Sicherheit zu erkennen, ob es sich um Deutsche oder schon um Russen handelte. Es gab mit Sicherheit schon einige Gruppen russischer Soldaten, die in gleicher Richtung marschierten und sich erfreulicherweise nicht um uns, so wie wir uns auch nicht um sie kümmerten. Zwischen den zu Fuß Marschierenden bestand gewissermaßen ein „Gentlemen agreement“. Doch die Artillerie schoß gelegentlich weiter Störfeuer. Einige deutsche Infanteristen näherten sich unserer kleinen Gruppe der B-Stellenbesatzung, die aus vier Personen bestand, weil sie glaubten in einer Gruppe mit einem Offizier besser aufgehoben zu sein. Als sich auf diese Weise ein Trupp von fast 20 Personen gebildet hatte, die mehr oder weniger aus Angst dicht zusammenblieben, forderte ich alle auf, sich breit zu zerstreuen, um kein Punktziel für einen Artilleriekollegen der anderen Seite zu bilden. Dies war kaum geschehen, als dicht hinter der Mitte der Gruppe eine Granate einschlug. Mit einem gewaltigen Ruck und Knall wurde ich auf die Erde geschleudert, war einige Sekunden benommen und versuchte dann wieder aufzustehen. Als ich mich mit meinem linken Arm, der unter meinem Leib lag, aufrichten wollte, merkte ich wie sich der Knochen im Gelenk bewegte, aber ohne, daß der Arm mitkam. Dann spürte ich auch an beiden Beinen Feuchtigkeit und schockartig wurde mir klar, daß ich getroffen war.

Als junger Soldat hatte man gelernt bei einer Beschädigung zuerst nach dem Sanitäter zu rufen. Das war in dieser Situation eine sinnlose Bemühung, aber es war irgendwie von der Grundausbildung hängengeblieben. Was mich später noch verwundert hat war, daß ich überhaupt keine Schmerzen empfand. Jetzt machte sich bezahlt, daß der Trupp weit auseinandergezogen marschierte, denn von den anderen war, soviel ich das mitbekommen konnte, nur ein Wachtmeister der B-Stelle am Bein leicht lädiert, aber so, daß er aus eigener Kraft noch hinkend laufen konnte. Die Soldaten kamen zu mir und fragten, wo sie mich denn zum Tragen anfassen sollten oder könnten. Darauf konnte ich wohl keine richtige Antwort geben und so ergriffen sie mich denn an Arm und Bein und trugen mich treu durch die Gegend in Richtung Westen und irgendwann fanden sie ein herrenloses Pferd, legten mich der Verwundung entsprechend mit dem Bauch auf den Pferderücken, so daß ich mein Gesicht über dem Pferdeschwanz hatte und an beiden Beinen hielten sie mich fest. Irgendwann landeten wir dann auf dem Truppenverbandsplatz und ich habe nun doch keine rechte Vorstellung mehr, wie lange der Transport gedauert hat. Der Verbandsplatz war eine grasbewachsene Lichtung in einem Wäldchen. Überall lagen Verwundete stöhnend und blutend herum, der Arzt war weinend fast am Nervenzusammenbruch, denn es stellte sich heraus, daß das Verbandsmaterial zu Ende ging und ständig kamen neue Verwundete.

Auf dem Verbandsplatz gewann ich wieder volles Bewußtsein und kam langsam zu der Einsicht, daß außer meinem rechten Arm überall am oder im Körper Granatsplitter ihr Werk getan hatten. Aber zum Glück noch kaum Schmerzen. Da ich nun an beiden Beinen und am Rücken und linken Arm getroffen war, wurde ich vorrangig versorgt und erhielt auch Spritzen, wahrscheinlich Tetanus und auch ein Schmerzmittel, denn nun machte sich doch Schmerz bemerkbar. Mit einem Sanitätskraftwagen wurde ich, mit anderen Leidensgenossen zusammen zu einem Lazarettzug gefahren und dann wird meine Erinnerung lückenhaft. Der Zug fuhr bald ab und ich weiß noch, daß diskutiert wurde, ob wir zu der Zeit in einem Kessel saßen und vielleicht nicht herauskommen würden, oder ob der Weg frei war. Dann kam wohl eine Nacht und die nächste Erinnerung ist der folgende Tag. Es war brütend heiß in dem Bett und ich war mit einer Decke zugedeckt und schwitzte. Meinen Uniformrock hatte ich noch an, aufgeschnitten an den Stellen wo zu verbinden war, und ich bat mir den Rock auszuziehen oder ihn einfach wegzuschneiden. Der Sanitätssoldat erklärte mir, das dürfe er nicht. Später bat ich noch ein weiteres Mal darum und es wurde wieder abgelehnt. Nach einem Versuch zu schlafen, hörte ich plötzlich jemanden laut nach dem Sanitäter rufen, mit der Bemerkung: „Der reißt sich die Verbände ab“! Nach kurzer Zeit wurde mir bewußt, daß mit diesem Notruf ich gemeint war. Die Hitze war unerträglich und ich versuchte die Reste der Jacke zu entfernen. Der Sanitäter kam schnell und meinte jetzt müsse er sich eben über die Bestimmungen hinwegsetzen, nahm eine große Schere und verschaffte mir Luft. Dann begann eine Art Dämmerschlaf und ich wurde wieder richtig wach, als der Zug in einer Stadt angekommen war, von der wir mit Erleichterung feststellten, daß es eine deutsche war, nämlich Görlitz. Mit Sanitätskraftwagen wurden dann die Verwundeten in ein Lazarett gebracht. Dort war die erste Amtshandlung, daß alle duschen sollten, was als Vorsichtsmaßnahme gegen Ungeziefer verständlich war aber bei mir nicht gut funktionieren konnte, denn ich konnte weder stehen noch wegen der vielen Wunden und Verbände mich waschen. So legten mich denn die Sanitäter auf den Holzrost im Vorraum der Duschen und ließen mich dort liegen. Eine Zeitlang kam ich mir völlig verlassen vor. Als Kopfkissen hatte ich einen meiner schönen Reitstiefel, der andere war früher schon zerschnitten worden; in dem Stiefelschaft steckte ein Taschentuch, mein Soldbuch und einige Kleinigkeiten, die man eben so bei sich hatte. Dazu zählte ein kleiner Kalender, der noch aus

Frankreich stammte, ein Büchlein in Kleinformat und deswegen mit sehr vielen Seiten und mein Militärführerschein. Dieser Kalender war durch einen kleinen Splitter zu zwei Drittel durchschlagen, aber der Splitter hatte mich nicht mehr erreicht. Da ich diesen Kalender in der Hosentasche getragen habe, hat er verhindert, daß der Splitter in meinen Unterbauch eindrang.

Dem zerschnittenen Stiefel habe ich lange nachgetrauert, denn die Stiefel waren eine hervorragende Maßarbeit, die ich in einer renommierten Werkstatt in Brüssel hatte anfertigen lassen müssen. Unserem Kommandeur in Dünkirchen gefielen meine Stiefel nicht, die noch aus Berlin stammten; möglicherweise aus der HJ-Zeit. So schickte er mich eines Tages nach Brüssel, wo sich ein Atelier befand, welches sich auf die Fabrikation für die deutsche Wehrmacht eingerichtet hatte und eine hervorragende Maßarbeit leistete. In dieser Situation, in der ich mich befand, hatte ich nichts anderes im Sinn, als diesen allerdings wirklich schönen Stiefeln nachzutrauern. Doch ich stand unter dem Einfluß von Schmerzmitteln und war wohl auch noch nicht in der Lage die Schwere meiner Situation zu erkennen.

Schließlich befreite man mich aus dieser Lage, es kam irgend jemand und stellte fest, daß man mich dort vergessen hatte. Ich wurde jetzt in ein Bett gebracht in einem Vierbettzimmer. Es war die Offiziersabteilung, denn selbst im Lazarett, wo wir doch eigentlich alle arme zerschossene Kerle waren, blieb die strenge Trennung der Offiziere von den anderen Soldaten bestehen. Das Lazarett war ein großes mehrstöckiges Gebäude, vor den Fenstern war ein Garten, den ich später, als ich wieder laufen konnte, auch manchmal besucht habe.

Nach der ersten Visite und dem ersten Verbandanlegen - bis dahin hatte ich ja nur die Verbände vom Verbandsplatz und vom Lazarettzug - dämmerte mir langsam, daß der Krieg für mich nun endgültig vorbei sei. Ich kann nicht sagen, daß diese Erkenntnis mich sehr gefreut hätte, denn das bedeutete ganz richtig ja auch, daß ich nun auf lange Zeit den linken Arm nicht benutzen konnte, daß ich wegen der Verletzungen der Beine vielleicht auch später Schwierigkeiten beim Laufen haben würde. Das ging mir in etwas wirrer Weise durch den Kopf und der Arzt konnte dabei nicht helfen.

Die Behandlung und Versorgung in diesem Hause war vorbildlich, katholische Schwestern leiteten das Lazarett und sorgten in einer wirklich aufopfernden Weise für ihre Patienten. Sehr schnell wurde ich in den Operationssaal gebracht und erhielt einen als „Stuka" bezeichneten Verband, der den Arm rechtwinklig vom Körper fixierte und dadurch sehr störend war. Um den Rumpf trug ich ein Korsett aus Gips mit dem ein Drahtgestell befestigt war, das den Arm in seiner abgewinkelten Lage festhielt. Die durch den Splitter zertrümmerten Knochenteile wurden entfernt, der Knochen so gerichtet, wie er wieder zusammenwachsen sollte. Damit war die erste Operation beendet. Denn diese ganzen Maßnahmen wurden unter Vollnarkose vorgenommen. Als ich nach einigen Stunden in meinem Bett wieder erwachte, fand ich auf meinem Nachttisch eine Reihe von Knochensplittern, der längste ca. 8 bis 10 cm lang und den Granatsplitter von fast Briefmarkengröße, dabei ziemlich dick; die Führungsrillen des Geschützrohres sind noch deutlich sichtbar. Das sind Gegenstände, die man als eine Art Trophäen aufbewahrt. Die Ausrichtung des Knochens gelang nicht völlig, er wuchs in der Folgezeit unter einem kleinen Winkel zusammen, was mich in meinem weiteren Leben aber nur wenig behinderte, ich konnte den linken Arm nicht mehr völlig frei bewegen, sondern habe von da eine Schulterversteifung. Wesentlicher für mich war aber, daß er erhalten blieb.

Mit Schrecken sah man nämlich im Laufe der Lazarettzeit, daß bei vielen anderen Kameraden mit ähnlicher Verletzung - Oberarmschußbruch - wegen einsetzender Sepsis letzten Endes der Arm amputiert wurde. Denn die heute selbstverständlichen Antibiotika oder Penicillin gab es noch nicht. Dazu muß ich allerdings später noch berichten. Jetzt lag ich also mit meinem Stuka-Verband im Bett außerdem noch an beiden Beinen verbunden und konnte mir kaum selbst helfen. Was besonders schwierig für mich war, da ich von Natur aus Linkshänder bin bzw. war, bis zu der Zeit der Verwundung. Ich wurde zwar in der Schulzeit gezwungen mit der rechten Hand zu schreiben, deswegen habe ich aber immer eine schlechte Handschrift gehabt; linkshändig zu schreiben war in den Jahren meiner Grundschulzeit eben noch nicht 'in'. Noch störender war natürlich, daß man jede Bewegung die man noch ausüben konnte, Zähneputzen, Waschen, Rasieren, Schreiben nun nur noch mit einer Hand ausführen konnte. Wenn nicht die verständig helfenden Schwestern zur Verfügung gestanden hätten, weiß ich nicht, wie das zu meistern gewesen wäre. Am schlimmsten hatte es einen anderen Offizier getroffen, der an beiden Oberarmen einen Schußbruch erlitten hatte und deshalb waren beide Arme weit abgespreizt und die Hände gebrauchsunfähig. Er hatte überhaupt keine Möglichkeit irgend etwas zu tun. Weder trinken, noch essen, noch andere Bedürfnisse konnte er ohne Hilfe verrichten. Wir haben öfter bei ihm gesessen und mit ihm gesprochen um ihn etwas abzulenken. Das war aber erst in der Zeit, als ich schon wieder laufen konnte. Gegenwärtig lag ich noch fest im Bett, versuchte mich mit meiner Lage abzufinden und beobachtete mit Sorge, daß der Arm anfing zu eitern und zwar von Tag zu Tag mehr. Durch den Splitter und Kleidungsreste waren ja Fremdkörper eingedrungen, die eine Entzündung hervorriefen. Das war an und für sich ein normaler Vorgang, der aber in den Fällen der schweren Knochenverletzungen immer zu Eiterungen und letztlich zu Sepsis führen konnte. Mit sogenannter Drainage wurden die Säfte durch Schläuche abgeführt, die in den Wunden steckten. Diese Menge an Eiter, es wurde täglich mehr, war das wahre Problem, denn wenn der Körper sich nicht selbst half, blieb oft eben nur die Amputation, bevor es zum Herzversagen kam. Diese ständige Schwächung durch große Sekretmengen hatte zur Folge, daß ich am Ende unfähig war, den Kopf aus den Kissen zu heben und gefüttert werden mußte. Aber ich hatte auch keinen Appetit. Die Vereiterung - es wurden schließlich pro Tag dreimal meine Verbände gewechselt - war mit starker Geruchsbelästigung verbunden und es war ein Dahinvegetieren.

Meine Eltern und meine Frau besuchten mich gelegentlich; die Zugverbindung mit Berlin funktionierte noch. Je später im Jahr diese Besuche erfolgten, desto kritischer beurteilte die Familie meine Situation. Denn die Schwächung, verbunden mit Abmagern, Appetitlosigkeit und letztlich Apathie, machte sich langsam fortschreitend bemerkbar. Bei einem der letzten Besuche meines Vaters erzählte er mir, daß er über einen Professor Auler von der Berliner Charité ein neuartiges Medikament besorgen wollte, daß die herannahende Sepsis wirkungsvoll bekämpfen würde; das Mittel hieß Pyrimal und war wohl eines der ersten in Deutschland hergestellten Sulfonamide. Es war noch nicht klinisch erprobt. Dessen war man sich bewußt, aber es war nur noch eine Frage der Zeit, wann eine Amputation anstand. Zu dieser Zeit wog ich weit unter 50 Kilo und hatte lichte Momente, in denen ich rational denken und sprechen konnte, nur gelegentlich, z. B. bei Anregung durch Besuch. Mein Vater ging auch zum Stationsarzt um ihm das Pyrimal vorzuschlagen und der Arzt war voll einverstanden.

An einem Freitag kam mit der Post ein Paket für mich und ich fing gleich mit der Einnahme an. Seit Wochen hatte ich mit hohem Fieber, meist um ca. 40°C gelegen. Das Fieber war auch ein Indikator für die Situation in der man sich befand, denn hohes Fieber hatten viele. Es war dann wie ein Wunder, so habe ich es zumindest empfunden. Schon am Sonntag war das Fieber sehr deutlich gesunken und ab Montag früh war ich fieberfrei.

Später war mir die Schwere meiner Lage noch dadurch deutlich, daß mich die Schwestern oft fragten, was ich denn essen wolle, denn das gute aber deftige Lazarettessen konnte ich nicht mehr vertragen. Das wurde nun schnell besser. Mit dem Ende der schweren Eiterung und dem Absinken der Temperatur nahm ich wieder Anteil an der Welt. Diese Welt war jetzt sehr klein. Im Zimmer lagen weitere drei Patienten. Ich entsinne mich deutlich an einen Münchner Dermatologen, der als Stabsarzt eine Knieverletzung von Granatsplittern zu kurieren hatte und einen weit weniger angenehmen Marineoberleutnant, der Beinverletzungen davongetragen hatte. Als er eingeliefert wurde - zusammen mit seiner Seekiste - war eine erste

Sorge, daß er einen Pfleger zu seinem Gepäck schickte mit der Bitte bzw. dem Befehl, ihm von seiner Uniform, die in der Kiste war, das goldene Parteiabzeichen zu bringen. Ein goldenes Parteiabzeichen erhielten alle Parteigenossen der NSDAP, die am 9. November 1923 an der Feldherrnhalle mitmarschiert waren. Der Dermatologe fragte etwas später spöttisch ob er das Abzeichen wohl am Nachthemd tragen wolle; diese Frage aber vorsichtig als der Parteigenosse wegen einer Untersuchung nicht im Zimmer war. Der Arzt hatte einen Gips, der das gesamte beschädigte Bein vom Fuß bis zum Bauch schiente und darin vermutete er eine Laus. Es juckte ihn unaufhörlich aber er konnte nicht kratzen. Die Schwestern brachten ihm daraufhin Äther, den er in den Gips schüttete um die Laus zu massakrieren. Nach einigen vergeblichen Versuchen muß es aber schließlich gelungen sein.

Der Parteigenosse, er war Bierbrauer von Beruf, hat uns viel Sorge und Ärger gemacht. Als er erfuhr, daß mein Vater Chemiker war, behauptete er, daß er als Bierbrauer ja auch Chemiker und Physiker sei und er meinte das ganz ernsthaft, so als hätte er in beiden Fächern ein volles Studium hinter sich. Er war ein exzessiver Raucher. Als er zu uns kam hatte er noch beide Knie und einen kompletten Unterschenkel, ein Fuß fehlte bereits, aber die Verletzungen waren keinesfalls so schwerwiegend, daß sie nicht ausgeheilt wären. Durch sein Rauchen brachte er seinen Kreislauf und Blutdruck so durcheinander, daß im Laufe weniger Wochen er nur noch ein Knie behielt. Vorher hatte er noch bei Übungen wie Kniebeugen, die er uns als Demonstration vorführte, seine Stärke und Beweglichkeit beweisen wollen. Dr. Werr, das war der Dermatologe, sprach ein Machtwort und veranlaßte, daß ihm, dem Dr. Werr, die Zigarettenration ausgehändigt wurde und er teilte ihm morgens, mittags und abends je einen Glimmstengel zu. Aber damit war er zwar unzufrieden und wollte ständig mehr, doch Werr blieb fest und hatte die Unterstützung von Ärzten und Schwestern. Das tragische Endergebnis war, daß der Bierbrauer am Ende zwar ein Knie behielt, aber das andere Bein war inzwischen bis zum Oberschenkel amputiert. Nach Amputationen war ein schwieriger Prozeß das Abheilen des Stumpfes. Eines Abends war es merkwürdig still im Zimmer geworden. Unser Oberleutnant Lorenz, der Bierbrauer, hatte sich lange nicht mehr gemeldet. Als ein Pfleger dann festgestellt hatte, daß unter dem Bett von Lorenz ein großer Blutfleck entstanden war, wurde er sofort in den OP überführt und erhielt Bluttransfusionen. Der Stumpf war aufgegangen und daher der Blutverlust. Im buchstäblich letzten Augenblick ist ihm das Leben gerettet worden. Es ist nicht meine Meinung, die ich hier wiedergebe, sondern das wurde von den behandelnden Ärzten geäußert. Da ich dann später aber in eine andere Abteilung kam, ist mir das weitere Schicksal von Lorenz nicht mehr bekannt. Für mein weiteres Leben ist mir das eine Warnung geworden.

Eine weitere Warnung entstand, als ich zu einer Nachoperation für den OP vorbereitet wurde. Man bekam vor schweren Eingriffen bei der Fahrt in den OP eine Beruhigungsspritze, die bewirkte, daß man ohne Streß und Sorge blieb; die Spritze war natürlich auch ein Opiat. Das geschah mir vor der zweiten Operation, ich wurde auf einer fahrbaren Bahre zum OP gebracht. Diese Fahrt ist mir so deutlich in Erinnerung geblieben, weil ich das Gefühl hatte, ich schwebe durch die langen Korridore ohne jeden Schmerz und es wäre herrliches Wetter und Sonnenschein und eine euphorische Stimmung bemächtigte sich meiner. Das war für mich später so eindrucksvoll und erschreckend, daß ich für mein ganzes weiteres Leben vor Drogen, die abhängig machen, gefeit bin.

Meine körperliche Verfassung besserte sich ständig. Als ich das erste Mal das Bett verließ um zu stehen, dauerte das zwar nur fünf Sekunden, dann verließen mich die Kräfte, aber am nächsten Tag waren es schon fast 40 Sekunden und so steigerte sich die Leistungsfähigkeit langsam, bis ich die ersten Schritte am Arm meiner Frau gehen konnte. Die Lazarettinsassen machten sich gegenseitig Mut und spornten sich an zu besseren Leistungen. Eine Leistung war es, ohne Hilfe einige Schritte im Zimmer zurückzulegen. Dazu stand immer ein Helfer oder eben der Besuch bereit. Patienten waren bestrebt, ihre Verfassung durch eigene Leistung zu bessern. Es gab auch einige, die von einer Verwundung betroffen, sich resignativ verhielten und glaubten das Leben in der bisherigen Form sei nun vorbei.

Die ersten Schritte über Treppenstufen wurden so zu einem Erlebnis. Doch bevor ich überhaupt das Bett verlassen konnte, hatte ich noch einiges zu überstehen. Durch das viele Wochen lange Liegen im Bett waren meine Beine ganz krumm geworden. Durch den schweren „Stuka“ rutschte ich vom Kopfkissen immer nach unten und konnte die Beine nicht ausstrecken, so daß die Knie erheblich krumm waren und in dieser Stellung fast fixiert. Deswegen war vorläufig an normales Laufen nicht zu denken und ich klagte beim Arzt darüber. Daraufhin kam ein Masseur, legte mich auf einen Massagetisch und sah die krummen Beine. Ohne Vorwarnung legte er sich mit allem Gewicht auf die Knie und bog mit einemmal die Beine bis zur Geraden durch. Ich habe so geschrien, daß das ganze Krankenhaus nachfragte, was denn passiert sei. Aber er hatte mir gezeigt, daß mit Anstrengung und Schmerz wieder eine normale Beinhaltung möglich war. Durch sehr gekonnte Massage und viele Übungen schaffte er es in kurzer Zeit meine Beine wieder zu normalisieren. Damit war dann langsam die Beweglichkeit wieder hergestellt, aber die Kraft war noch nicht wieder vorhanden. Wenn der gute Masseur zuerst als brutal erschien, wußte er doch genau, was er tat. Leider habe ich ihm vor Verlassen des Krankenhauses nicht mehr danken können, denn meine ursprüngliche Ablehnung seiner Behandlung wandelte sich schnell in rückhaltlose Anerkennung. Die Wiederherstellung der Beweglichkeit von verwundeten Gliedmaßen war sein Hauptarbeitsfeld. Er hat mit scheinbar brutalem Verhalten vielen Soldaten wesentlich geholfen.

Wie kraftlos ich nach diesen schlimmen Wochen war, zeigte sich durch die extreme Magerkeit der Beine. Ich blickte nach dem ersten Aufsitzen im Bett auf meine Beine und fand als Knie einen großen runden Teller und unterhalb und oberhalb einen nur kinderarmdicken Ober- und Unterschenkel. Da ich noch stark unter Sedativa stand, weiß ich noch daß ich mich fragte, ob das früher nicht anders ausgesehen hätte. Aber mit der zunehmend segensreichen Wirkung des Pyrimal hörten auch solche Zustände auf und mein ganzes Augenmerk war auf die Wiedergewinnung der Beweglichkeit gerichtet.

Auch die gute Ernährung trug dazu bei, daß ich langsam wieder anfing zu leben; denn so möchte ich es bezeichnen, nachdem in den vielen Wochen und nun schon

Monaten vorher, ich das Gefühl hatte, nur vor mich hin zu vegetieren ohne Ziel und Zweck. Wie schön war es im herbstlichen Wetter in den Garten zu gehen, um die Beine wieder an das Laufen zu gewöhnen. Ich mußte richtig wieder von vorn an das Laufen lernen. Ich kann nicht angeben woran das lag, daß ich das Gefühl hatte anders zu laufen als früher. Jeder hat wohl unbewußt eine bestimmte Technik die Füße aufzusetzen und abzurollen, die Schrittlänge zu wählen usw. Das war anders als früher; ich kann nicht sagen was.

Als mich eines Tages meine Frau wieder besuchen konnte, sind wir sogar gemeinsam in die Stadt Görlitz gefahren. Von den architektonischen Schönheiten ist mir nichts mehr, d. h. fast nichts mehr in Erinnerung. Nur von mittelalterlich wirkenden Arkaden habe ich noch eine dunkle Vorstellung. Aber auch diese Phase der offensichtlichen Genesung war für einige Zeit unterbrochen durch eine Diphtherie die ich irgendwo aufgegabelt hatte. Das war für die weitere Behandlung nun ein ganz großes Problem. Den riesigen Stuka-Verband trug ich nach wie vor und der wurde ab und zu gewechselt, auch um das Fortschreiten der Heilung zu beobachten. Mit der Diphtherie wurde ich aber zur Quarantäne in der Isolierabteilung untergebracht. Da war ich nun in einem Nebenhaus, einer Art Bungalow, in dem auch andere Patienten mit ansteckenden Krankheiten lagen. Behandelt werden mußte ich jetzt also von den Chirurgen, wegen der Granatsplitterverletzungen und auch von den Ärzten der Isolier-Station. Als eines Tages wieder eine Untersuchung der Schulter anstand, wurde ich in das Haupthaus gebracht mit einer Art Gesichtsmaske, die verhinderte, daß Bakterien aus der Atemluft in die Umgebung gelangten und die behandelnden Ärzte und Schwestern trugen auch alle einen Mundschutz um sich nicht anzustecken. Trotzdem ging meine Genesung aber weiter und ich fühlte mich relativ wohl, wenn man sich überhaupt im Lazarett wohl fühlen kann.

Am Kriegsgeschehen nahm man allmählich auch wieder etwas Anteil. Dazu ist zu sagen, daß es offensichtlich war, daß die Ostfront immer näher rückte. Wie der Krieg weitergehen würde, stand in den Sternen, wie er nach Meinung der Nazi-Führung weitergehen sollte, war klar. Goebbels tönte lautstark von den neuen Waffen und den neuen Divisionen, die nun endlich die Wende bringen würden. Nur wegen des völligen Fehlens einer Vorstellung, wie ein Kriegsende bei unserer Niederlage sich abspielen würde, war eine gewisse Hoffnung bei uns vorhanden, daß alles nicht so schlimm enden würde. Im Osten hatte man sicher stärker als im Westen die Sorge, daß die Russen nicht allzu glimpflich mit uns - vor allem mit den Frauen - umgehen würden.

Meine Diphtherie klang langsam ab, aber zur Weihnachtszeit lag ich noch fest in der Isolier-Station. Meine Frau durfte mich besuchen. Sie saß in weiter Entfernung von meinem Bett auf einem Stuhl am geöffneten Fenster und wir haben uns unterhalten können und waren beschränkt wenigstens zusammen. Aus Berlin hörte ich, daß die Luftangriffe munter weitergingen und etliche Häuser auch in unserer Umgebung beschädigt bzw. abgebrannt waren. Wir waren noch verschont geblieben, bis auf eine Brandbombe, die in das Schlafzimmer meiner Eltern gefallen war und auf dem Dielenboden ein großes Loch gebrannt hatte, bevor sie dann zum Glück mit einer Schaufel aus dem Fenster geworfen werden konnte.

Meine Frau hatte sich für die Fahrt in bitterer Kälte den Pelzmantel meiner Mutter geliehen. Der war zwar viel zu weit aber doch ein wirksamerer Wärmeschutz als die Mäntel, die man gegen Kriegsende noch im Schrank hatte. Trotz offenen Fensters hat sich meine Frau aber doch infiziert und unser alter Hausarzt in Berlin verordnete ihr Gurgeln mit extrem kochsalzhaltigem Wasser. Das sollte bei Beginn einer Infektion noch helfen. Die Prozedur war sehr hart hat aber gewirkt.

Etwas später wurde ich dann, von der Diphtherie geheilt, wieder in die Chirurgische Abteilung verlegt. Dort war ich nicht mehr sehr lange, denn unser Heimat-Lazarett Görlitz wurde zum Front-Lazarett erklärt, was bedeutete, daß alle einigermaßen transportfähigen Patienten in die Heimat-Lazarette überwiesen werden mußten. Heimat war eine herrliche Aussicht, nur getrübt von der Vorstellung, daß die Heimat Berlin unter ständigen Luftangriffen zu leiden hatte. Von meinen ehemaligen Stubengenossen war keiner mehr da. Dr. Werr war entlassen und sollte in Bad Reichenhall ein Heimatlazarett übernehmen.

Der Stationsarzt sagte mir, daß der Stuka entfernt werden könnte; ich mußte mit einem Kissen unter der linken Schulter verhindern, daß der Arm am Körper anlag, das tat noch sehr weh. Die Bewegungsfähigkeit in der Schulter war noch sehr eingeschränkt und den Ellenbogen konnte ich überhaupt noch nicht bewegen. Der Arzt versprach mich durch einen Soldaten bis zum Bahnhof bringen zu lassen und in den Zug zu setzen; alles weitere müßte ich dann selber erledigen. Ich hatte sowieso keine Wahl, als diesen Vorschlag anzunehmen. Der Stationsarzt war ein sehr tüchtiger Chirurg. Die nicht völlig gelungene Ausrichtung meiner zusammengewachsenen Knochen kann ich ihm keinesfalls als Fehler anrechnen. Das permanente Operieren, Kürzen oder Abnehmen von Gliedmaßen am laufenden Band, war ein entsetzlicher Streß. Wenn die neu Eingelieferten versorgt waren, standen sehr schnell schon wieder weitere stöhnende und blutende Soldaten auf Tragen oder Liegen auf den Fluren, die auf Behandlung warteten. Eine apokalyptische Situation. Er hat so lange operiert, bis er eines Tages am Operationstisch vor Erschöpfung zusammenbrach. Wir haben als Patienten lange darüber diskutiert ob das richtig war oder ob er nicht vorher hätte eine Pause einlegen sollen. Ich war und bin der Meinung, daß ein Arzt, der seinen Beruf ernst nimmt gar nicht anders kann, als unter diesem Druck weiterzumachen bis zum Umfallen. Jedes Aufhören hätte schlimmste Folgen für die armen Kerle, die auf Behandlung warteten. Es mußte jemand schon sehr dickfellig sein, wenn er in dieser Situation als Arzt hätte sagen können, „jetzt ist Schluß und ich muß schlafen“.

In Görlitz wurde gewissermaßen mein bisheriger Lebensabschnitt beendet, der durch Militärdienst, Krieg, Offizierslaufbahn und schließlich durch die Verwundung geprägt war und ich konnte von einem Studium träumen; durch meine Frau immer noch etwas am Fortgang der Chemie und ihres Studiums orientiert. Daß aber das weitere Leben sehr viel anders verlaufen würde, wurde mir langsam klar.

Als ich erst einige Wochen in Görlitz lag, erhielt ich einen Brief meines Batterie-Chefs der inzwischen Kommandeur geworden war. Er wünschte mir gute Genesung und sagte, daß er für mich eine Stelle als sein Adjutant freihalten würde und ich sollte nur schnell wieder gesund werden und zurückkommen. Im Herbst 1944 hatte ein

Offizier der mittleren Ebene noch die Hoffnung den Krieg weiterführen zu können, bis zum Sieg und er wollte sich Leute beschaffen, mit denen er gut zusammenarbeiten konnte. Das war mit Sicherheit der Fall bei mir, denn wir haben uns ausgezeichnet verstanden, ganz im Gegensatz zu dem letzten Kommandeur in Dünkirchen. Ich war ziemlich traurig als ich diese Nachricht erhielt, denn ich war schon überzeugt, daß das Soldatenleben für mich ein für alle Mal beendet war. Aber in der letzten Zeit hatte ich mich in der Heeres-Artillerie ganz wohl gefühlt.

Es war ein gedanklicher Abschied von dem Leben der letzten acht Jahre. Das was uns und mich erwartete, stand in den Sternen und meine Phantasie setzte aus, wenn ich mir versuchte das vorzustellen. Wie es Studenten ging, wußte ich von meiner Frau. Aber wie würde es einem ehemaligen Offizier gehen, der noch dazu durch die Verwundung nicht unerheblich behindert war, und der außer Artillerist zu sein, nichts gelernt hatte. Daß ich noch keinen Beruf hatte beschäftigte mich in Gedanken schon. Denn an ein Einkommen irgendwelcher Art war vorläufig nicht zu denken. Ich war aber schon nahezu dreißig Jahre alt, ein Alter, in dem man den Eltern nicht mehr auf der Tasche liegen will.

Nun hatte ich also die Chance wieder nach Hause zu fahren. Ein Soldat begleitete mich, half mir meinen Koffer zu tragen und wir fuhren mit der Straßenbahn zum Bahnhof und ich setzte mich in einen Zug, der direkt nach Berlin fahren sollte. Irgendwann am Abend fuhr er los und nachdem wir ca. drei Stunden unterwegs waren, mußten wir den Zug verlassen, weil aus irgendeinem Grund er nicht weiterfahren konnte. In einem kleinen

Bahnhof, noch in Schlesien oder schon in Sachsen mußten wir in den Wartesaal und warten. Der Saal war sehr voll, ich hatte Schwierigkeiten mich irgendwo hinzusetzen wegen meiner Arm- und Beinverletzungen. Im Endeffekt setzte ich mich auf die Theke mit dem Rücken in das leere Waschbecken, wo ich einige Stunden schlafend zubrachte. Dann fuhr ein Zug wieder weiter und wir stiegen ein und kamen am frühen Morgen nach Berlin. Dort haben mir einige Jungen geholfen, den Koffer vom Fernzug in einen Stadtbahnzug zu bringen und gegen sieben oder acht Uhr früh landete ich am Bahnhof Charlottenburg und fuhr mit einer Taxe bis zur Hektorstraße. Am Morgen klingelte ich meine Familie aus dem Bett und es spielte sich ein Wiedersehen ab mit Freude und Sorge.

Als erstes wurden Lebensmittelmarken besorgt. Die weitere Behandlung erfolgte im Jüdischen Krankenhaus'. Das war ein Lazarett in Berlin-Reinickendorf. Der Name war auch 1945 noch so eingeführt, daß gar nicht gefragt wurde, warum 'jüdisches' Krankenhaus. Aber in unserer näheren Wohngegend - Wilmersdorf oder Charlottenburg - waren Krankenhäuser nicht mehr in der Lage zusätzliche Patienten aufzunehmen.

An einigen Tagen mußte ich per S-Bahn dorthin fahren, der Verband wurde gewechselt und ich fuhr wieder nach Hause. Zum Glück war ich aber so weit, daß ich fast ohne fremde Hilfe mich in der Stadt wieder mit der S-Bahn bewegen konnte. Ich ging am Stock und hatte meinen linken Arm in der Binde. Abends oder nachts marschierte man in den Keller wenn die Sirenen ertönten oder schon wenn im Drahtfunk der Angriff auf Berlin angekündigt wurde. In Berlin legte ich jetzt meine sogenannten Orden und Ehrenzeichen an. Dazu muß ich nachtragen, daß in Görlitz, nicht lange nach meiner Einlieferung, der Stabsarzt an mein Bett trat, mir ein Eisernes Kreuz und ein Verwundetenabzeichen auf die Bettdecke legte und mir zur Ordensverleihung gratulierte. Mit etwas gemischten Gefühlen habe ich diese 'Ehrung' in Empfang genommen, denn ein unversehrter Körper ohne Dekoration wäre mir damals lieber gewesen. Aber in Berlin waren Dekorationen ganz brauchbar, denn die Berliner hatten keine gute Meinung von Soldaten, denen man ansah, daß sie sich nur in der Heimat aufgehalten hatten. Der Berliner war an und für sich nicht sehr militärisch, das paßte nicht zu seinem Naturell. Aber Drückeberger mochte man nun mal nicht. Dabei muß man sicher einigen der 'Drückeberger' konzedieren, daß sie Gründe für ihr Verhalten hatten; und im letzten Kriegsjahr war es eigentlich auch ziemlich gleich, wo man in Deutschland sich aufhielt; besonders in Großstädten war es unruhiger als an manchen Abschnitten der Front. Davon habe ich mich in diesen Wochen auch überzeugen können. Besonders als Flaksoldat war man frustriert unten im Keller zu sitzen und die Angriffe über sich ergehen lassen zu müssen.

Für einige Wochen lebte ich zu Hause. Man war damit beschäftigt zu leben, daß heißt man mußte zu Essen besorgen mit Marken und langem Anstehen. Wir haben vielleicht nicht richtig gehungert, aber man kaufte das was da war, nicht das, was man vielleicht haben wollte. Als einzige Ablenkung waren die Kinos noch offen. Vielfach waren die Vorstellungen durch Stromsperre unterbrochen. Dann blieb man einfach sitzen und wartete eine oder zwei Stunden bis plötzlich der Film weiterging. Besonderes Pech war, wenn während einer Vorstellung oder während der Zwangspause Fliegeralarm kam. Dann mußte man das Theater verlassen und einen Keller aufsuchen. Deshalb gingen wir aber meist am Nachmittag, da war die Chance einer Störung kleiner als am Abend. Im Kino waren noch andere Menschen, es war also nicht langweilig und es war warm durch menschliche Wärme und kostete keine Kohlen. Dabei waren wir in der Hektorstraße noch gut dran, denn die Häuser hatten fast alle Zentralheizung. Nur die Kohlen mußten von den Mietern abgeladen und in den Keller transportiert werden. Die Hausgemeinschaft lernte sich in dieser Zeit der gemeinsamen Kelleraufenthalte und gemeinschaftlichen Arbeiten enger kennen als in Jahrzehnten zuvor. Dabei lernte meine Frau auch einen alten Juden kennen, ein Herr Stern, ein 'Herr' im echten Sinne dieses Wortes, der noch im Hause wohnte. Vielleicht war meiner Frau gar nicht recht bewußt, daß es sich um einen Juden handelte, denn sie war von Haus alles andere als tolerant gegenüber Juden erzogen. Aber die Persönlichkeit Herrn Sterns überzeugte; der Hauswart, ein Mensch den ich immer vor Augen hatte, wenn von Untermenschen die Rede war, versuchte Stern beim Alarm am Aufsuchen des Luftschutzkellers zu hindern, aber einige Beherzte - zu denen auch meine Frau gehörte - sorgten dafür, daß er im Keller seine Ecke erhielt. Sein Schicksal ist uns unbekannt; er verschwand eines Tages aus unserem Gesichtskreis.

Durch die Luftangriffe wurden häufig die Scheiben beschädigt. Deshalb ging man dazu über von den Doppelfenstern nur noch einen Flügel im Fenster zu lassen. Die Wohnung war dadurch zwar noch kälter als ohnehin, denn die Kohlelieferungen reichten nur für ein Minimum, aber die Außenluft war abgeschlossen. Ging dann während des Luftangriffs ein Fenster kaputt, so wurde der

Reserveflügel eingesetzt und das zerbrochene Fenster zum Glaser gebracht. Diese Aufgabe übernahm meine Frau und gab die Fenster immer mit dem Hinweis: Von Dr. Wolf! ab. Das war sachlich richtig, erweckte aber beim Glaser möglicherweise den Eindruck, es handele sich um einen Arzt. Jedenfalls haben wir die Fenster immer wieder bekommen; vielleicht etwas schneller als wären sie für Herrn Wolf gewesen.

In dieser Zeit der unruhigen Nächte ist sehr viel gelesen worden. Meine Frau hatte ihre Freude an unserem recht großen und gut assortierten Bücherschrank. Damit hatte sie eine Ablenkung von dem Streß und der Angst die zwangsläufig im Keller entstand. Beim Runtergehen wusste man ja nie, ob man nach dem Angriff noch eine Wohnung vorfinden würde und ob man noch in der Lage sein würde, den Keller zu verlassen. An ein Arbeiten für das Studium war im Keller natürlich auch nicht zu denken.

Für mich hielt auch diese Zeit nicht lange an, weil eines Tages meine Schulter wieder stationärer Behandlung bedurfte. Ich landete also wieder in einem Lazarett, in einer umgebauten Schule in Zehlendorf, es war die Zinnowwaldschule. Eigentlich war es erstaunlich, wie die Wehrmacht es geschafft hat, jetzt im letzten Kriegsjahr, wenige Monate vor dem wirklichen Ende des Krieges, immer wieder Behandlungsplätze zu schaffen, in denen man menschenwürdig untergebracht war, zu essen bekam und auch ärztliche Versorgung erhielt. Dort bin ich mehrfach operiert worden, meist um Knochensplitter zu entfernen; Sequester mit dem Fachausdruck. Die behandelnden Ärzte verstanden ihr Geschäft, das meistens ein chirurgisches war. Andere Arten von Krankheiten waren, so wie meine Diphtherie in Görlitz, selten. Aber als einmal in Zehlendorf einen oder zwei Tage nach meiner Operation die Verbände gewechselt werden sollten, kam ein Anfänger um die mit Leukoplast angeklebten Verbände zu entfernen. Er zog ganz vorsichtig mit dem Erfolg, daß ich zu stöhnen anfing vor Schmerzen. Darauf kam wütend - auf den jungen Kollegen - der Chirurg, riß mit einem kräftigen Ruck den Verband ab und ich spürte nur einen heftigen aber nur ganz kurzen Schmerz.

Nach einer weiteren Operation, als ich gerade wieder nach der Narkose wach wurde, hörte ich die Radiomeldung, daß Berlin zur Festung erklärt sei, und deshalb alle *liegenden* Patienten aus Berlin herauszubringen seien. Das war Ende Februar 1945. Ich weiß nicht mehr, ob ich darüber froh war, denn damit war ja für mich vermutlich der Bombenkrieg, der jetzt sich Nacht für Nacht und auch am Tag abspielte, vorbei. Aber die Trennung von meiner Familie war mir weniger lieb. Doch man hatte selbst keine Entscheidungsmöglichkeit, wahrscheinlich wäre ich lieber in Berlin geblieben.

Als die Folgen der letzten Operation einigermaßen überwunden waren, wurde ich mit vielen Leidensgenossen zum S-Bahnhof Charlottenburg transportiert und wir wurden in einen Zug gesetzt, in Dritter-Klasse-Wagen auf Holzbänke und warteten auf die Abfahrt. Zum Glück hatte ich vom Lazarett aus noch meine Frau verständigen können, die zum Bahnhof kam und mir einige Privatsachen brachte. Bei einigen der Abteilgenossen ließen die Verbände schon Blut oder Wundsekret durch. Sanitätspersonal war kaum vorhanden aber wir hatten etwas Verbandsmaterial. Damit haben wir uns dann gegenseitig mit Unterstützung meiner Frau geholfen. Aber wir, die *Liegenden*, saßen in einem vollen Abteil auf Holzbänken und die einzige Bevorzugung als Offizier war die, daß wir eben alle Offiziere waren; ein fragwürdiger Vorteil.

Die Fahrt führte uns in einigen Tagen, die wir recht und schlecht durchstanden, nach Niedersachsen. In Sulingen, einem kleinen Ort westlich der Lüneburger Heide, wurden wir in einer zum Lazarett umgestalteten Schule untergebracht. Die Betten waren sehr einfache Holzliegen, etwa wie in einer Jugendherberge. Doch die Bettwäsche war in Ordnung und die meisten von uns schon wieder einigermaßen in Form; der Transport hatte keine negativen Wirkungen gehabt. Dort freundete ich mich mit einem etwa gleichaltrigen Leutnant Colausich an, auch Berliner und auch aus Zehlendorf kommend. Er war oberschenkelamputiert, lief aber schon ganz behende an zwei Krücken und sollte in Berlin eine Prothese bekommen.

In Sulingen ging meine persönliche Genesung weiter und ich konnte sogar aufstehen, mich anziehen und einige Schritte vor die Tür tun. Für den nachhaltigsten Eindruck sorgten die Amerikaner. Sie flogen in Riesen-Pulks am hellichten Tage über Sulingen. Die Flughöhe war so, daß sie fast nicht mehr von der Flak erreicht werden konnten. Auch unsere Jäger hatten keine Chance, dazu flogen die großen viermotorigen Flugzeuge, 'fliegende Festungen' hießen sie oft, zu dicht und waren mit Abwehrwaffen stark bestückt, Angriffe auf so einen Pulk von vielen Hunderten waren selbstmörderisch. Das Geräusch der vielen Motoren am Himmel, dumpf dröhnend, bedrohlich und viele Minuten lang vorher und hinterher noch zu hören, wenn sie schon längst außer Sichtweite waren, war eine Demonstration der Stärke, die einen ungeheuren Eindruck hinterließ und uns als Berliner besonders in Sorge versetzte, denn das Ziel, als Ort meist Berlin. In der Nähe der Schule war eine Telefonzelle und es war beruhigend, wenn sich nach einem Angriff am Telefon die Stimme eines Familienangehörigen meldete.

Unsere Stimmung - der Genesenden - war eigentlich recht naiv. Wir lebten vor uns hin. Wir bekamen zu essen, wir hatten ein Bett und leidliche ärztliche Betreuung, abends gingen wir öfter in ein Kino. Dort liefen die seichten Unterhaltungsfilme der letzten Kriegsjahre. Zarah Leander, Johannes Heesters, Marika Röck und manch andere waren die Stars, politische Filme mied man. Über der Sorge für die eigene Zukunft und die größere Sorge um das Wohlergehen der Familie gingen Überlegungen über den Verlauf des Krieges unter. Noch immer war für mich nicht vorstellbar, wie das Kriegsgeschehen sich weiter entwickeln könnte. Für eine Niederlage waren wir gedanklich noch nicht gerüstet.

In dieser Zeit habe ich an Möglichkeiten zum Krankwerden nicht viel ausgelassen. Als ich eines Morgens beim Rasieren in den Spiegel blickte, stelle ich eine Gelbfärbung fest, die sich nach ein bis zwei Tagen zur handfesten Gelbsucht entwickelte. Mit irgendwelchen Medikamenten wurde sie dann behandelt und ging vorbei, so wie sie gekommen war.

Meine Frau konnte ich am Telefon nicht überreden, Berlin zu verlassen und zu mir zu kommen. Sie war so fest mit ihrem Studium in der letzten Phase beschäftigt, daß mein Überredungsversuch scheiterte. Außerdem wäre es auch schon schwer gewesen Berlin verlassen zu dürfen. Aber dann entwickelten sich die Dinge doch wieder anders als geplant. Das Institut, in dem meine Frau ihren Arbeits- und Studienplatz hatte, wurde ausgebombt (Chemische Institute der Berliner Universität in der Hessischen Straße), die Professoren verließen Berlin und der Institutsdirektor Professor Tiede floh nach Niedersachsen. Damit war auch die Möglichkeit zu einem Abschluß zu kommen vorbei.

Einen Vorwurf Berlin verlassen zu haben, kann man auf keinen Fall erheben; Berlin war ein Trümmerhaufen und jeder konnte froh sein, das nackte Leben zu retten. Dann kam ein weiterer Umstand uns zu Hilfe. Leutnant Colausich erhielt die Nachricht, daß seine Prothese in Berlin fertig war und abgeholt werden konnte. Darauf verabschiedete er sich und ich sagte ihm, er solle auf jeden Fall versuchen meine Frau aus Berlin rauszubringen und mit ihr nach Sulingen zu kommen. Zu der Zeit überwog wohl schon die Auffassung, daß das Kriegsende nahe war und wir wollten auf keinen Fall dabei getrennt sein. Deprimiert über die Bomben im Institut und die fehlende Möglichkeit weiter zu arbeiten, willigte meine Frau ein und war jetzt doch bereit nach Sulingen zu kommen. Dabei fand sie auch Unterstützung durch meine Eltern, die einerseits ihre Schwiegertochter lieber in Sicherheit sahen und andererseits wohl auch der Meinung waren, daß ich als Behinderter eine Betreuung gebrauchen könnte.

Colausich tauchte eines Tages in der Hektorstraße auf, fuhr mit meiner Frau zum Berliner Polizeipräsidium am Alexanderplatz und beantragte für Frau Ingeborg Wolf als Begleiterin und Helferin beim Prothesentransport die Ausreisegenehmigung. Die erhielt meine Frau und war sehr erstaunt, als sie sich mit Colausich verabreden wollte um ihm zu helfen, daß er lachend verzichtete und sagte, er hätte ja einen Burschen als Hilfe bei sich. Davon wußte weder ich etwas noch meine Frau, aber vor allem nicht die genehmigende Stelle. So konnte also meine

Frau zu Hause ihre Sachen packen. Dabei waren eine Reihe von Büchern, alte Sachen zum Anziehen, man wollte die 'guten' Sachen nicht unter diesen Umständen mit auf die Reise nehmen. Und dann war noch der Fahrtweg zu wählen. Es gab zwei Möglichkeiten: über Hannover oder über Hamburg. Es wurde natürlich viel über die Verbindungen und ihre Unterbrechung durch Bombenangriffe auf die Bahnstrecke diskutiert. Allgemein wurde behauptet, die Strecke über Hamburg sei weniger gefährdet; aber trotzdem wählte meine Frau den Weg über Hannover. Der war der kürzere und Angriffe konnten überall erfolgen. Colausich, mit dem meine Frau in Telefonverbindung blieb, wollte mit seinem Burschen und der Prothese lieber über Hamburg fahren. Eines Tages kam meine Frau jedenfalls in Sulingen an und war erstaunt, daß von Colausich noch nichts zu sehen war. Der kam erst zwei oder drei Tage später. Seine Fahrt war öfter unterbrochen worden als die direkte und angeblich so gefährdete Strecke.

Es war ein unbeschreibliches Gefühl, daß ich auf einmal wieder mit meiner Frau zusammen sein konnte. Ich hatte ein Zimmer besorgt bei einem Arbeitsdienstführer und die Lazarettärzte hatten nichts dagegen, daß ich mit meiner Frau außerhalb des Lazaretts wohnte. Behandlung und Verpflegung bekam ich natürlich im Lazarett. Aber meine Verfassung war so, daß ich kleinere Wege gehen konnte, und wir wohnten bei dem RAD-Führer wie die Feriengäste. Nur die Stimmung war gedrückt. Denn von Westen näherten sich jetzt die Engländer und es war abzusehen, daß, so wie in Görlitz, das Lazarett schnell Frontlazarett werden würde. Mit sehr dicken Köpfen saßen die Arbeitsdienstleute zusammen und beratschlagten was zu tun sei, denn sie hatten einen Gestellungsbefehl für den 'Volkssturm' bekommen. Ganz offen wurde auch in Gegenwart von uns Fremden darüber gesprochen, ob es denn vernünftig sei, diesem Gestellungsbefehl zu folgen. „Wir haben ja nicht einmal alle ein Gewehr"; das war ein Grund um dem Befehl nicht zu folgen. Diese Entwicklung haben wir dann nicht mehr erlebt und wir wissen nicht, ob die tapferen Arbeitsdienstler noch an der Verteidigung des Vaterlandes mitgewirkt haben. Denn wir bekamen tatsächlich den Marschbefehl. Es hatte sich jetzt eine Gruppe von etwa 20 Offizieren gebildet, die sich zusammen auf den Weg nach Bremen machen mußten. Diesen Verlegungsanordnungen war strikt zu gehorchen. Wir waren ja alle noch Soldaten und Zuwiderhandlungen wurden leicht als Fahnenflucht ausgelegt.

Meine Frau mußte einige Zeit in unserem Quartier alleine bleiben und bereitete schon den Abmarsch vor. Es war eine hektische Atmosphäre; ich wußte nicht ob ich sie noch rechtzeitig verständigen konnte und sie wußte nicht was mit uns passieren würde. Im Endeffekt konnte ich sie dann vom Abmarsch in Kenntnis setzten und in aller Eile wurde der Koffer gepackt. Leider in der Aufregung so wenig ordentlich, daß ein Buch und zwei leichte Kleider zurückbleiben mußten. Wir baten die Wirtsleute sie aufzuheben und hatten die naive Vorstellung, man würde sie bald wieder abholen können.

Dann zogen wir beide zum Bahnhof, wo die anderen schon am Zug warteten und wir uns dann zu der Truppe gesellten. Meine Frau wurde als Reisebegleitung allgemein akzeptiert. Daß mir eine Pflegeperson zustand wurde auch von den Ärzten zugestanden, denn meine gesundheitliche Situation war schließlich noch nicht wieder so, daß ich ganz alleine für mich sorgen konnte. Im weiteren Verlauf der Reise wurde meine Frau dann als mitreisende Pflegeperson für die ganze Gruppe geführt. Sie bekam Reisepapiere, Verpflegung und war ein offizielles Mitglied einer Gruppe verwundeter Offiziere. Daß einer diese Offiziere ihr Mann war, spielte keine Rolle. Unsere Reise führte uns dann nach Bremen, wo wir in Bremen-Oberneuland, am 2. April einquartiert wurden. Bremen-Oberneuland ist ein Villen- und Prominenten-Viertel.

Unsere Unterbringung war gut, aber sie dauerte nur sehr wenige Tage. Während eines kleinen Spazierganges sahen wir vor der Tür der Ortsgruppe der NSDAP den Ortsgruppenleiter, der vor dem Haus ein Feuer mit irgendwelchen Papieren entfacht hatte. Er war dabei belastendes Material zu vernichten, dabei auch einige Hakenkreuzarmbinden, Abzeichen und ähnliches. Er wußte, daß es Dinge gab, die besser den Engländern nicht in die Hände fallen sollten.

Vom Westen her näherten sich jetzt schnell englische Truppen und es wäre vernünftig gewesen, das Kriegsende dort abzuwarten. Aber das war nicht möglich; wir erhielten einen weiteren Marschbefehl Richtung Ost, weg von der näherrückenden Front nach Hamburg. Wieder eine kleine Reise durch Norddeutschland, diesmal in Viehwaggons, die allerdings mit strohbedeckten Liegen ausgestattet waren, so daß man eine Schlafstätte hatte. Reiseteilnehmer waren einige Leutnants, ein älterer Generalarzt, der auch als Patient mitfuhr, ein Major vom Generalstab und einige andere und eben auch unser Freund Colausich. Etwa auf halber Strecke zwischen Bremen und Hamburg kam der Zug zum Stehen wegen eines gerade erfolgenden massiven Luftangriffs auf die Umgebung. Es war ein kleiner Bahnhof mit mehreren Gleisen nebeneinander. Unser Zug hatte große rote Kreuze auf die Dächer gemalt und war so als Lazarettzug erkennbar. Auf dem Nebengleis stand ein Munitionszug, eine reizende Nachbarschaft, auf dem dritten Gleis standen nach oben offene Viehwaggons, die durch SS bewacht wurden. Einem der Insassen wurde gestattet, bis zu unserem Zug zu kommen. Und wir haben bei dieser Gelegenheit das erste Mal einen KZ'ler gesehen. Er war scheinbar ein ehemaliger Zauberkünstler. Er hatte Karten und führte uns Kunststücke vor und bettelte um Brot. Wir sahen dann auch den dritten Zug etwas aufmerksamer an und erkannten, daß in diesen Waggons Hunderte von Menschen aufs engste zusammengepfercht standen, die erbärmlich aussahen, wie auch der Zauberkünstler, dem man anmerkte unter welchem Druck er stand. Es war ein Wunder, daß die SS ihm gestattete um Brot zu betteln. Einige der SS-Leute schlugen unbarmherzig mit Gewehrkolben in die Menge als eine Unruhe entstanden war, deren Ursache uns nicht klar war. Vielleicht ging in diesem Moment manchen von uns ein Licht auf. Wir haben darüber nicht gesprochen; das war aber auch nicht nötig um das Abscheuliche der Situation zu registrieren.

Schon die Tatsache, daß man Lazarettzug, Munitionszug und Transport mit KZ-Häftlingen nebeneinander stellte, war ein deutlicher Hinweis auf die Endzeit-Situation. Dann erfolgte ein sehr schwerer Luftangriff auf ein Ziel ca. 2 bis 3 km entfernt. Wir sahen die Bombenabwürfe und von der Einschlagstelle ging ein optisches Phänomen aus; wie eine riesenhafte Käseglocke verbreitete sich eine Art Luftbrechung, die sich unserem Standort näherte. Als sie uns erreicht hatte, war ein gewitterartiges Donnern und Dröhnen überlautstark zu hören. Gedanken an Weltuntergang lagen nahe. Wir standen noch einige Zeit, bis ein Zug nach dem anderen weiterfuhr. Bei der Weiterfahrt herrschte recht bedrückte Stimmung. Der Generalarzt der sah, wie wenig ich meinen Arm noch bewegen konnte, versuchte meiner Frau einige Methoden zur Massage versteifter Gliedmaßen zu zeigen, die sie dann später mit Erfolg bei mir angewendet hat. Im Laufe der Zeit lernte ich den Arm von mir aus wieder beweglicher zu machen. Eine nicht immer schmerzfreie Prozedur, aber von Tag zu Tag war doch eine Verbesserung zu registrieren. Das konnten wir ganz objektiv messen. Ich mußte vor einer Wand stehen und mit den Fingern der Hand an der Wand sozusagen hochkrabbeln, jeden Tag einen Zentimeter mehr, solange bis der Schmerz zu groß wurde. Das war recht erfolgreich. Eine weitere Übung gegen die Versteifung der Schulter war das Schwenken einer anfangs leeren Flasche vor dem Körper. Mit der Zeit wurde die Flasche mit Wasser gefüllt. Mit diesen einfachen Übungen wurde langsam wieder der normale Gebrauch des linken Armes möglich, allein die mechanische Kraft fehlte noch sehr. Beim Schlafen mußte ich immer noch ein Kissen zwischen Arm und Körper schieben, sonst tat mir die Schulter weh.

Meine Frau erlebte noch eine besondere Belästigung in Form einer Laus, die wohl aus dem Stroh stammte und ihr das Leben schwer machte. Die Mitreisenden drehten sich rücksichtsvoll zur Seite, als sie die Bluse ausziehen mußte, um das liebe Tierchen zu jagen. Das allerdings ohne Erfolg. Erst später, als wir noch einmal mit einem anderen Zug weiterfuhren, der Abteile und eine Toilette hatte, war die Jagd erfolgreich. Während der Fahrt mit den Viehwagen waren Toiletten immer nur erreichbar, wenn der Zug auf einer Station anhielt. Das erfolgte dann allerdings auch ziemlich häufig, denn ein Verwundetentransport war ja nicht kriegswichtig und konnte daher immer warten. Mit der Laus hatte dann meine Frau auch die volle Gleichberechtigung erworben; jeder richtige Soldat mußte schließlich einmal verlaust gewesen sein.

Die Fahrt führte uns schließlich bis Hamburg, wo wir in irgendeinem Lazarett ankamen und sofort zu hören bekamen, daß an eine Aufnahme wegen Überfüllung überhaupt nicht zu denken sei. Angesichts der massiven Bombenangriffe auf Hamburg schien uns das nicht so schrecklich, aber wohin sonst? Der untersuchende Arzt, der wenigstens in den Fällen, wo es nötig war, die Verbände wechselte, sagte, er würde uns jeden Marschbefehl zum Heimatlazarett geben, wo wir auch hin wollten. Als ich ihm erklärte, daß einige von uns Berliner seien, die gerade erst aus Berlin rausgeflogen waren, war er momentan ratlos und empfahl uns dann aber irgendeinen Ort unserer Wahl anzugeben, wir würden in jedem Fall Marschpapiere von ihm bekommen.

Da fiel mir ein, daß ich in Görlitz mit Dr. Werr zusammengelegen hatte, der bei seiner Entlassung erzählte, daß er in Bayern ein Lazarett übernehmen würde. Aber in welcher Stadt? Das war mir entfallen. Die Station bei der wir uns hatten melden müssen und die uns abwies war im vierten Stock. Im Hof saß meine Frau auf unseren beiden Koffern und wartete was nun geschehen sollte. Durchs Fenster rief ich zu ihr herunter: Wohin ging Dr. Werr? Nach kurzer Schaltpause rief mir meine Frau über die vier Stockwerke zu: Bad Reichenhall! Das wurde nun also unter nächstes Ziel und meine Frau erhielt, so wie alle anderen, richtige Marschpapiere und wir zogen mit unserer Gruppe, die inzwischen schon kleiner geworden war, wieder auf den Bahnhof. Jetzt begann eine Odyssee von zehn bis zwölf Tagen, quer durch Deutschland. Die Fahrt erfolgte mit unterschiedlichsten Zügen, mal schnell, mal langsam. Aber man hatte gar keine Wahl.

Trotz allgemeiner Unordnung, die durch die vielen Angriffe unausbleiblich blieb, haben wir auf der Fahrt immer irgendwo ein warmes Essen bekommen; auf den Bahnhöfen waren Stände vom Roten Kreuz oder der NSV (NS-Volkswohlfahrt), die eine ähnliche Funktion wie das Rote Kreuz hatte. Auch kalte Verpflegung gab es, deren Ausgabe immer auf den Marschpapieren vermerkt wurde. Als Getränk haben wir bei einem Aufenthalt auf freier Strecke von der Lokomotive warmes Wasser abzapfen können. Für Tee oder auch morgens zum Rasieren und Zähneputzen. Nach jedem Aufenthalt fuhr der Zug ohne Vorwarnung - meist mehrfaches Tuten der Maschine - nicht ab. Die Passagiere waren zum größten Teil Soldaten, nicht nur Verwundete, denn es waren normale Personen- oder D-Züge. Aufenthalte waren durch Angriffe, durch andere Störungen der Strecke oder bahntechnische Probleme häufig. Eine gewisse Einstellung auf diese Situation war hilfreich, wir entwickelten so eine Art Pfadfinder-Mentalität.

Es kam auch vor, daß die Strecke durch Bombenschäden längerfristig nicht mehr benutzt werden konnte. Dann standen am Anfang der Störung Lkws bereit und in unbequemer Fahrt wurden wir dann zur Strecke zurückgebracht zu einer Stelle, an der ein anderer Zug auf uns wartete. Manchmal mußte man auch einige hundert Meter auf dem Bahndamm laufen an Bombentrichtern vorbei. Das war besonders für meine Frau beschwerlich, denn beim Koffertragen war ich noch keine Hilfe. In dieser ganzen Zeit blieben wir vor allem mit Leutnant Colausich zusammen, denn wir fühlten uns ihm gegenüber doch etwas verpflichtet; ohne ihn würde meine Frau noch in Berlin sein.

In Mitteldeutschland hielt eines Tages der Zug plötzlich auf offener Strecke und wir wurden aufgefordert auszusteigen und uns im nahegelegenen Busch- und Waldgelände zu verbergen. Es dauerte auch nur kurze Zeit, bis zwei englische Kampfbomber den Zug überflogen und mit Bordwaffen beschossen. Sie hatten es hauptsächlich auf die Maschine abgesehen und mußten auch den Kessel beschädigt haben, denn es dampfte aus vielen Löchern. Weil es auf offener Strecke keinen Bahnsteig gab, konnte Colausich nicht aussteigen und blieb im Zug, wo er sich bei Beschuß auf den Abteilboden legte und zum Glück nicht getroffen wurde.

Wir hatten mit etwas Mühe den Zug verlassen und waren beim Herannahen der Flugzeuge panisch fliehend hinter einen großen dicken Baum geflüchtet, wo wir uns ins Gras warfen. Meine Frau lag zuunterst. Einige Soldaten und ich oben drüber. Als der Angriff vorbei war und die'Spitfires' weiterflogen, standen wir auf und meine Frau stellte fest, daß hinter diesem Baum schon einmal jemand Schutz gesucht hatte und im Gras eine Hinterlassenschaft lag; und meine Frau mitten drin. Sie hat das als Glücksboten aufgefaßt aber trotzdem versucht das sorgfältig zu entfernen. Dabei halfen ihr die Soldaten, die dem Haufen entgangen waren. Meiner Frau wurde fast schlecht, was ich ihr nicht verdenken konnte. Ich wußte nicht recht ob ich lachen oder sie bedauern sollte; ich glaube, ich tat beides. Die weitere Fahrt lief ohne weitere gravierende Zwischenfälle ab. Dabei muß man davon absehen, daß häufig Luftangriffe stattfanden, daß der Zug oft anhielt um dann irgendwann wieder weiterzufahren. Nicht immer war erkennbar, warum gehalten wurde. Die Zahl unserer verwundeten Kollegen, mit denen wir in Hamburg die Reise angetreten hatten, wurde merklich kleiner. Wahrscheinlich hat jeder die Nähe zu seiner Heimat ausgenutzt um nach Hause zu kommen.

Wir entfernten uns immer weiter von Berlin und als wir uns Oberbayern näherten, waren schließlich nur noch Colausich und wir beide zurückgeblieben. Zum Glück war meine Verfassung stabil; gelegentlich mußte meine Frau die Verbände an meiner Schultern wechseln. Colausich kam auch von Tag zu Tag besser mit seiner Prothese zurecht. Endlich kamen wir in Reichenhall an und erfuhren, daß man uns im Lazarett nicht behalten wollte. Colausich setzte dann durch, daß er als Prothesenträger bleiben konnte, aber mich wollte man zu meinem Ersatztruppenteil schicken. Bei der Ausfertigung der Papiere geschah dann eine Verwechslung, ich bekam die Einweisung in eine Klinik und Colausich sollte weiterfahren. Dagegen hat er dann massiv protestiert mit dem Hinweis, daß der Arzt ja ihm die Einweisung gegeben hätte. Wir wollten natürlich auch nicht wieder auf die Reise gehen und irgendwie ist dann durch die Verwechslung gelungen, für uns beide Patienten eine Lazaretteinweisung zu bekommen. Das Lazarett war das „Hotel am Forst“ ein schön oberhalb der Stadt gelegenes Haus mit Blick auf die Bergketten, wie zum Urlaubmachen geschaffen. Für meine Frau besorgten wir ein Doppelzimmer in Bayrisch-Gmain, das war oberhalb von Reichenhall und nicht sehr weit von dem Lazarett entfernt. Nach einer Untersuchung hatte ich geschildert, wie wir nach Reichenhall gekommen waren und konnte dann außerhalb des Lazaretts wohnen und kam nur zur gelegentlichen Untersuchung und zum Verbinden. Dort haben wir dann ganz leidlich gewohnt. Dr. Werr, der der eigentliche Grund war nach Reichenhall zu kommen, war inzwischen längst wieder in München. So konnten wir in Ruhe auf das Ende des Krieges warten.

Eine Klippe war noch zu umschiffen. Ich war kaum im Lazarett angekommen, da stand schon wieder mein gesundheitlicher Zustand zur Debatte und man meinte, ich könnte eigentlich doch im Ersatztruppenteil schon wieder Dienst tun; aber man suchte auch einen NS-Führungsoffizier, das sollten möglichst linientreue Parteigenossen sein. So stand ich vor der Situation mich zum Parteifunktionär machen zu lassen, oder die Reise zum Ersatztruppenteil anzutreten, von dem ich gar nicht wußte, wo der war. Das hätte dann außerdem bedeutet, daß meine Frau allein in Reichenhall zurückgeblieben wäre. So war die Wahl nicht schwer. Als ich als '*PARTEI-KARRIERE*' nur darauf hinweisen konnte, daß ich mal Mitglied der Hitler-Jugend gewesen sei, wurde das als eigentlich nicht ausreichend bewertet, aber man hatte wohl keinen anderen gefunden. Kein Wunder, kurz vor Kriegsende. Als ich mich dann im Lazarett als neuer NS-Führungsoffizier vorstellte, stieß ich auf Mißtrauen bis Ablehnung, aber als ich andeutete, wie ich dazu gekommen war und daß ich nicht beabsichtigte, politischen Unterricht bei Lazarett-Patienten zu beginnen, sondern daß ich daran dachte, eine sinnvolle Freizeitbeschäftigung zu organisieren, wurde die Stimmung etwas freundlicher. Die Ärzte machten damals schon keinen Hehl mehr daraus, wie sie über das Regime und den Krieg dachten; das war für mich neu, aber angesichts der Lage und der Situation im Lazarettbereich nur zu verständlich. So konnten wir dann unser Leben in unserer Unterkunft in Bayrisch-Gmain fortsetzen; ich war in Verpflegung und ich erhielt Wehrsold, damit war für das Notwendigste gesorgt. Wir machten kleine Spaziergänge, sahen eines Tages eine größere Formation von Bombenflugzeugen, die Ziele in der Umgebung bombardierten, während meine Frau und ich ein einer Gebirgsschlucht saßen und Angst hatten. Uns ist bei dieser Gelegenheit nichts passiert, aber als wir zu unserem Quartier zurückkamen berichtete der Wirt, daß der Obersalzberg bombardiert worden sei. Es war der 25. April 1945; alliierte Bomber warfen über 1200 Tonnen. Nach der Dauer des Angriffs und der Menge der Flugzeuge, konnte dabei kein Stein mehr auf dem anderen geblieben sein. Das stellte sich dann auch als richtig heraus. Der Obersalzberg war ja ein Feriendomizil von Hitler und dort hatte er einige Verhandlungen mit ausländischen Politikern geführt, zur Zeit, als noch verhandelt wurde. Jetzt sahen wir eines Tages in Bad Reichenhall die Reste der 'stolzen' Wehrmacht durch die Stadt marschieren. Dabei ist marschieren der falsche Ausdruck, es war ein trauriger Haufen, erbärmlich aussehend was Uniform und Ausstattung anging. Sie gingen durch die Ludwigstraße und erklärten auf Anfrage, sie kämen direkt von der Front. Am nächsten Tag marschierte ein ähnlicher Haufen, der auch behauptete, 'direkt von der Front' zu kommen. Nur bewegte sich dieser Haufen in entgegengesetzter Richtung. Vielleicht hatten sogar beide Recht. Die Auflösungserscheinungen waren offensichtlich.

Einige Tage später, das Datum steht in jedem Geschichtsbuch, erschienen die beiden Reichenhaller Tageszeitungen mit unterschiedlicher Schlagzeile. Die eine lautete: DER FÜHRER IST GEFALLEN! Und eine pathetische Darstellung wie er im heldenhaften Kampf an der Spitze seiner Soldaten den Heldentod gefunden hatte, die andere Schlagzeile war nur: „Adolf Hitler ist tot". An den folgenden Text erinnere ich mich nicht mehr. Damit war dann eigentlich klar, daß nun der Krieg wohl vorbei sei. In welcher Form sich das Kriegsende abspielen würde, war uns völlig unklar. Die Sorge um das weitere Leben war groß. Würde ich weiter Wehrsold erhalten? Wenn nicht, wovon sollten wir leben. An eine Rückkehr nach Berlin war auch nicht zu denken. Wir hatten keinerlei Kontakt seit langer Zeit mit meinen Eltern und wußten nicht lebten sie noch, stand die Wohnung Hektorstraße noch? Nach Wilhelmshaven zu fahren war auch keine Lösung. Die Wohnung war so klein, daß ein längeres Zusammenleben nicht gelingen konnte. Außerdem hatten wir unsere ganzen Sachen schließlich in Berlin. Meine Frau war inzwischen auch Berlinerin geworden und fühlte sich in Berlin schon mehr zu Hause als in Wilhelmshaven und bei ihrer Stiefmutter. Wir mußten einfach die Dinge auf uns zukommen lassen.

Die Dinge kamen dann auch in Form von amerikanischen Truppen. Diese besetzten die Gegend um Reichenhall kurzfristig, um dann von einem französischen Kontingent in amerikanischen Uniformen abgelöst zu werden.

Ein kleines Radio war unsere Nachrichtenquelle, das stand auf dem Nachttisch. Es war ein französisches Fabrikat, das ich in Frankreich besorgt hatte und das wir wegen seiner Größe bequem mitnehmen konnten. Nachrichten waren eine ständige Quelle des Meinungsaustauschs. Jeder hatte irgendwo etwas anderes gehört, man glaubte niemandem oder jedem. Aber die Gesamtlage war klar. Beim Einmarsch der Amerikaner kamen meine Frau und ich gerade aus dem „Hotel am Forst“ zurück zu unserem Quartier. Wir wurden plötzlich von einigen motorisierten Fahrzeugen überholt, die sich dann als die ‘Feinde’ herausstellten. Sorge hatte ich natürlich, denn ich war ja in voller Offiziersuniform, allerdings ging ich am Stock und hatte meinen Arm in der Binde. Aber kein Mensch hat sich um uns gekümmert und so sind wir dann weiter zu unserem Quartier gegangen. Dort empfing uns die Nachricht, daß gerade ein Ehepaar von den Amerikanern auf offener Straße erschossen worden sei. Nach der genaueren Schilderung konnte es sich dabei nur um uns handeln.

Im Quartier saßen unser Wirt, seine Tochter und ihr Freund, beide in unserem Alter und brachen einer Flasche Cointreau den Hals, den der Wirt für das Kriegsende aufbewahrt hatte. Es war nicht erkennbar, ob er dieses Ende gemeint hatte, aber jedenfalls hatten wir eine alkoholische Stärkung. Das Ende des Krieges hat uns zwar bewegt, aber mehr oder weniger hat man es zur Kenntnis genommen und es erhob sich für jeden die bange Frage: wie geht es weiter?

Die Ortsansässigen waren da in einer viel besseren Position. Wir wurden jetzt vom Lazarettpatient zum Flüchtling, noch dazu aus Preußen. Das war damals in Bayern gar nicht so angenehm. Wenn ich mir meine Situation klar machte, kam ich zu der Auffassung, daß als preußischer Leutnant, noch dazu Protestant und durch eine Kriegsverletzung erheblich behindert, meine Zukunft in Bayern dunkel aussehen könnte.

Am nächsten Tag kamen französische Truppen und besetzten das Gebiet um Reichenhall. Wir waren in unserem Zimmer als die Tür aufgerissen wurde und ein Soldat hereinkam, sich umsah und als erstes unser kleines Radio beschlagnahmte. Dann sah er meinen Waffenrock auf einem Stuhl hängen und warf ihn prompt aus dem Fenster. Als er dann von uns Papiere haben wollte, konnte ich ihm zum Glück in leidlichem Französisch sagen, daß er die gerade aus dem Fenster geworfen habe, denn meine Brieftasche war in der Jackentasche. „Vous les avez jeté en dehors". Als er Französisch hörte, wurde er etwas freundlicher und meine Frau ging dann in den Garten und holte den Uniformrock wieder und ich zeigte ihm meinen Ausweis.

Er durchsuchte noch unsere Sachen, auch die Handtasche meiner Frau und verschwand dann wieder. Noch am gleichen Tag oder am nächsten Morgen mußten alle Soldaten, die Patienten waren, sich in Lazaretten in Reichenhall melden. Das Haus in Bayrisch-Gmain, in dem wir wohnten, wurde beschlagnahmt und meine Frau zog mit ein oder zwei anderen Mädchen oder jungen Frauen in das Dachgeschoß und verbarg sich dort so gut es ging. Im Haus selbst wohnten dann für einige Tage die Franzosen. Ich wurde in einem Haus in Reichenhall in der Nähe des Kurparks einquartiert, das auch als Lazarett in Betrieb war. Meine Frau mußte das Haus in Bayrisch-Gmain aber auch verlassen und stand eines Tages in dem Lazarett in Reichenhall mit unseren wenigen Habseligkeiten. Eine Krankenschwester, der ich unser Leid geklagt hatte, besorgte für sie ein Zimmer in einem Haus in dem einige Schwestern wohnten. Die Bereitschaft zu gegenseitiger Hilfe war damals groß. Das galt insbesondere unter den nach Oberbayern verschlagenen Nichtbayern.

Damit wohnte meine Frau in der Nähe des Lazaretts in dem ich untergebracht war mit einer Krankenschwester zusammen und eine eventuelle Freude über das Kriegsende ging völlig unter durch die ganz offene Entwicklung. Unsere Geldquelle - Wehrsold - war versiegt, auf einem Postsparbuch hatten wir noch ca. 300 Mark, davon hatten wir rechtzeitig vor Kriegsende noch etwas abgehoben, das war unser Kapital. Ich brauchte zwar im Lazarett nichts, aber meine Frau, die ich von mir aus nicht besuchen konnte, desto mehr. Wir wußten wirklich nicht, wo wir und wie wir unseren weiteren Lebensunterhalt bestreiten sollten.

Als nächster Schritt erfolgte eine Zusammenfassung vieler Lazarettpatienten in der großen Kaserne von Reichenhall. Mit Lkws wurden wir eingesammelt, in die Kaserne gekarrt und dort untergebracht. Dieser Aufenthalt war eben wie in einer Wehrmachtskaserne. Wir wurden regelmäßig verpflegt und bis auf einen abendlichen Flaggenappell, bei dem wir das Sternenbanner grüßen mußten, war nicht viel zu tun.

Aber eines Tages wurden von den Amerikanern „Driver" gesucht. Der suchende Soldat sprach das „Driver" so amerikanisch aus, daß die meisten von uns, die Englisch konnten, nicht verstanden was er meinte. Mein Englisch der Berlitzschool half mir bei der Entschlüsselung, daß Kraftfahrer gesucht wurden. Es ging um einen Transport von drei Lkws, die in Salzburg Material abholen sollten. Sofort meldete ich mich, drei Kraftfahrer wurden ausgesucht und ich zum Leiter des Transportes bestimmt. Wir fuhren mit den drei Wagen in Kolonne los und mit Dokumenten, mit denen wir uns in Salzburg melden mußten. Der Fahrer meines Wagens war ein als Fahrer unfähiger

Typ. Er konnte kaum die Gänge einlegen und war wohl noch nie in seinem Leben so einen großen Wagen (ca. 5 Tonnen) gefahren. In Salzburg suchten wir uns das amerikanische Warenlager und meldeten uns mit Papieren, die wir in Reichenhall bekommen hatten. Darauf wurde das Material aufgeladen.

Das Vertrauen der Amerikaner war groß, aber was hätten wir denn auch machen sollen? Alle Straßen waren von Streifen bewacht und wir waren sofort als Soldaten zu erkennen. Außerdem waren wir in der Kaserne nicht schlecht untergebracht. Wohin hätte man fliehen sollen und vor wem?

Vor dem Lagerhaus stand ein junger Soldat, der sich die Zeit mit Steppschritten vertrieb und mit dem ich ins Gespräch kam. Er erzählte, daß er als Tänzer am Madison Square Garden in New York angestellt sei und hoffte, bald wieder zurückzukommen. Er war sehr interessiert über den Rußland-Krieg zu hören. In dieser Zeit waren die ersten Differenzen zwischen Sowjets und Amerikanern aufgetreten und daß ein amerikanischer Soldat mich, als kriegsgefangenen deutschen Offizier, über russische Verhältnisse fragte, war bemerkenswert. Wir haben uns relativ freundschaftlich unterhalten; das war zu dieser Zeit noch keineswegs die Regel, denn es galt noch die „No-Fraternization".

Die Wagen waren vollgeladen, ich hatte die Papiere, die ich brauchte, um mit der kleinen Kolonne wieder nach Reichenhall zu kommen und wir wollten abfahren als sich herausstellte, daß mein Fahrer fehlte. Er ist auch nicht wieder aufgetaucht. So setzte ich mich ans Steuer und wir fuhren los. Bei einer Streife der MP (ein Jeep mit drei Soldaten der Militärpolizei) hielten wir an und ich versuchte unseren verlorengegangenen Fahrer aufzutreiben. Aber die MPs sagen: We did not pick him up. So wurde mir allmählich klar, daß dieser brave Soldat die Fahrt nur benutzt hatte, um nach Österreich zu kommen. Denn Grenzen waren ja streng überwacht und Österreich versuchte sich als Opfer des Krieges darzustellen und auf die Seite der Sieger zu schlagen. Diese Politik der österreichischen Regierung war durchaus zu verstehen. Deshalb gab es in Österreich auch sehr viel früher als in Deutschland Artikel wie Obst, Schokolade, Kaffee usw. Wir haben in dem Grenzgebiet bei Reichenhall auch in den kommenden Monaten und Jahren viele Beispiele für illegale Transporte erlebt; in kleinen Mengen zur eigenen Versorgung oder auch in größerer Menge. Die Bayern waren mit ihrer Gegend vertraut und bergerfahren. Sie schmuggelten was das Zeug hielt und der Schwarzmarkt blühte. Die amerikanische Militärpolizei, und das war ja die eigentliche Macht, war nicht in der Lage und wohl auch nicht gewillt, Änderung zu schaffen.

Nun fuhr ich also in Salzburg meinen Lkw selbst und war froh, wieder einmal Auto und dann gleich einen so schönen Lkw fahren zu können. Es ging ohne Zahnsalat im Getriebe und ich brachte unseren kleinen Geleitzug gut wieder zur Kaserne zurück.

Aus heutiger Sicht hört sich das abenteuerlich an, aber die Amerikaner waren sehr pragmatisch. Es kam darauf an, das Material aus Salzburg zu holen; eigene Soldaten wollten sie nicht einsetzen und wir konnten mit unseren deutschen Fahrzeugen am besten umgehen. So kam ich also zu diesem Ausflug. Der fehlende Fahrer wurde zur Kenntnis genommen und nicht weiter kommentiert. Und ich hatte mir deswegen Sorgen gemacht.

Jetzt ging langsam eine Aktion an, deutsche Soldaten in ihre Heimat zu bringen. Die Belegung der Kaserne wurde kleiner und wechselte im übrigen ständig. Es waren sehr viele Heimkehrer aus Italien und Österreich, die auf abenteuerlichen Wegen in das amerikanisch besetzte Gebiet kamen. Nach einiger Zeit wurde hinter der Kaserne, in einer Art Barackenlager, ein weiteres Gefangenenlager eingerichtet. Dorthin wurde ich verlegt und war als eine Art Kompanieführer tätig. Das hing natürlich damit zusammen, daß ich - anders als die meisten anderen - alles daran setzte in Reichenhall zu bleiben. Denn nur so war ja zu erreichen, daß ich bei meiner Frau blieb. Da zwischen Kaserne und Barackenlager nur ein Feldweg existierte und ich zwischen beiden Stationen mich bewegen mußte wegen der Meldungen über Verpflegung, über die Zahl der Gefangenen usw. war ich recht frei. Oft ging ich aus den Baracken weg und meldete mich zur Kaserne ab. Aber ich ging in die Stadt um meine Frau zu sehen oder um Neuigkeiten zu erfahren.

Das Barackenlager war schwach bewacht aber gut versorgt. Wir faßten Verpflegung nach der Zahl der gemeldeten Soldaten. Diese waren aber gelegentlich schon weitertransportiert worden und so blieb die Verpflegung übrig. Die brauchten wir dringend für die über die Berge Geflohenen die häufig tagelang ohne Essen und Trinken und unter schwierigsten Bedingungen nach Bayern kamen und sich gern von den Amerikanern einsperren ließen. Jeder Neuankömmling erhielt meist eine dreifache kalte Ration. Auch sonst ging es im Lager ganz zivilisiert zu. Wir bildeten eine Stamm-Mannschaft, die vielleicht aus ähnlichen Gründen wie ich, bleiben wollten und so zogen wir ein erträgliches Lagerleben auf.

Das Kriegsende und seine Folgen und die Nachrichten über die Untaten der Nazizeit sickerten langsam durch und wurden ungläubig registriert und vielfach als 'Feind'-propaganda verstanden. Nachrichten erhielt man aus dem Radio - soweit vorhanden - und auch aus den Zeitungen, die wieder erschienen. Vielfach waren es die 'Stars and Stripes', eine amerikanische Soldatenzeitung, die neben Nachrichten aus den Streitkräften auch politische Artikel enthielten, die für uns äußerst lesenswert waren. Die Amerikaner bemühten sich auch bald eine deutsche Presse einzurichten, die zwar unter US-Kuratell stand, aber doch ehrlich die Situation behandelte. Später wurde „Die Neue Zeitung" gegründet, die eine amerikanische Zeitung für Deutschland und ein hervorragendes journalistisches Beispiel war. Aber im Sommer 1945 war noch die Zeit der Gerüchte, man konnte versuchen, sich aus der Fülle von Informationen ein Weltbild zusammenzusetzen, doch das war nicht einfach. Die Not der Stunde oder des Tages war zu groß, um Überlegungen über das Weltgeschehen viel Raum zu lassen. Das galt natürlich vor allem für die Zivilbevölkerung, wir, als Noch-Soldaten hatten es da besser.

Um den Aufenthalt im Lager erträglich zu machen, organisierte ich in der Kaserne eine Bibliothek. Mit einigen Soldaten zogen wir in eine verlassene und unbetreute ehemalige Wehrmachts-Bibliothek und schleppten an Büchern, was wir finden konnten, ins Barackenlager. Eine Kontrolle der Bücher erfolgte nicht, wer hätte auch kontrollieren sollen und nach welchen Kriterien? Aber viele Soldaten hat der Lesestoff geholfen über diese Tage hinwegzukommen, das war mir wichtig.

Besonders die Kriegszeit war ja die Zeit des 'Organisierens', wie man es nannte, was wir heute als Stehlen bezeichnen würden. Denn auch scheinbar besitzerlose Gegenstände kann man ja nicht einfach für den Eigenbedarf mitnehmen. So gelang es uns einen Konzertflügel zu organisieren und im Lager aufzustellen. Bei den Soldaten gab es jederlei Berufe, unter anderem einen Klavierstimmer, der den Flügel in spielbaren Zustand versetzte. Ein Küster entpuppte sich als versierter Pianist und ein Zahnarzt konnte Operetten-Melodien zu Gehör bringen. Damit entstand die Idee, eines Sonntags eine Morgenfeier zu veranstalten. Mit einem Pfarrer arbeiteten wir ein Programm für eine Morgenfeier aus, bei der Musik und Rezitationen geboten werden sollten.

Es ist immer wieder erstaunlich für mich gewesen, was für Talente in Soldaten schlummern, bzw. welche Berufe man antrifft. Von den Rezitationen ist mir nur noch Kleists „Neujahrswunsch eines Feuerwerkers an seinen Hauptmann aus dem siebenjährigen Kriege“ in Erinnerung geblieben. Aber es stand sehr viel Ernstes und auch Heiteres auf dem Programm. Es war ein gelungener Überblick über die deutsche Musik und Literatur. Die einzelnen Kompanien wurden schriftlich eingeladen, sich am Sonntag um 10 Uhr mit Sitzgelegenheit im Zentrum des Lagers zu versammeln, der Flügel war aufgestellt, das Wetter trocken und sonnig. Die Kompanien rückten mit ihren Schemeln an und bildeten ein offenes Viereck um den Flügel; es waren vielleicht drei- bis vierhundert Soldaten. Ich richtete einige einführende Worte an die Versammlung, die aus den unterschiedlichsten Dienstgraden sich zusammensetzte. Vom Gefreiten bis zu einem Veterinär im Generalsrang war alles vertreten. Die für die Auswahl der Literatur Zuständigen bewiesen eine außerordentlich glückliche Hand. Ebenso die für die Musik

Zuständigen. Die ganze Feier dauerte über eine Stunde, die Amerikaner hörten interessiert zu aber intervenierten nicht, obgleich sie nicht informiert waren.

Meine Idee, den Soldaten mit einem Blick auf deutsche Kultur wieder etwas Mut zu machen, war ein voller Erfolg. Ich hatte zwar den ursprünglichen Gedanken gehabt, aber die Auswahl der Texte, die hervorragend deklamiert wurden und der Musik war das Werk von drei oder vier Leuten, die sich im Lager zufällig zusammengefunden hatten. Den Soldaten standen nach der Feier die Tränen in den Augen und ich habe viele Dankesworte erhalten. Geschickt blieben politisch fragwürdige Texte ausgespart. Die Erschütterung der Zuhörer war durch diese unerwartete Konfrontation mit deutschem Kulturgut zu verstehen. Eine Wiederholung hat nicht mehr stattgefunden. Das ganze Lager war ja ein Provisorium und die Belegung, bis auf einiges Stammpersonal wechselte unaufhörlich. Die Amerikaner strebten auch an, die Soldaten so schnell wie möglich nach Hause zu entlassen. Denn wie sollte sonst ein Wiederaufbau vonstatten gehen? Warum sollten sie sich auch mit deutschen Kriegsgefangenen belasten?

Politisch spielte wohl der sogenannten „Morgenthau-Plan“ noch eine Rolle, doch es war deutlich an Nachrichten und am Verhalten der Besatzer zu erkennen, daß die Idee Morgenthaus, Deutschland in ein Agrarland zu verwandeln, nicht mehr auf Verständnis stieß. Die Amerikaner waren wohl die ersten, die ein Gespür dafür entwickelten, daß ein Industrieland nicht zu einem Agrarstaat gemacht werden konnte. Vor allem aber glaubte man wohl auch, daß man die Deutschen als Produzenten und vielleicht auch als Soldaten würde gebrauchen können.

Das Gespräch mit dem Stepptänzer ging deutlich in diese Richtung. Auf diese Weise war der Ausblick in die Zukunft auf einmal nicht mehr ganz so schwarz wie bisher. Für mich selbst registrierte ich eine Besserung meiner gesundheitlichen Situation. Ich konnte einigermaßen wieder laufen und die Beweglichkeit meines Armes nahm zu. Es war alles in allem eine zufriedene Zeit: bis auf die Sorge wegen meiner Frau. Im Moment war sie noch untergebracht und hatte auch noch etwas Geld, aber das ging ja eines Tages zu Ende und es war noch nicht zu erkennen, wie wir zu einem Einkommen kommen konnten und wie sich die Wohnfrage regeln würde. Denn auf Dauer war die Unterbringung bei den Krankenschwestern nicht möglich.

Wir hatten es uns im Barackenlager ganz gemütlich gemacht. Es gab zu essen, wir hatten eine Bibliothek usw. Eines Tages wurde bekannt, daß ein bekannter Zeichner oder Maler in meiner Kompanie war, der schon von einigen Kameraden Porträts gezeichnet hatte. So wurde auch ich von ihm porträtiert. Es war eine schöne Bleistiftzeichnung, sehr geschönt. Vom Künstler war es als Dank für die Morgenfeier gedacht; auch er war von unserer kleinen Feier sehr angetan. Aber diese Zeit ging schneller vorüber als ich das wünschte, und die Sorge vor der Zukunft war unausgesprochen vorhanden. Auch über das Schicksal meiner Eltern, unserer Wohnung in der Hektorstraße konnte man nur spekulieren. Seit Anfang des Jahres hatten wir nur aus Sulingen noch telefonieren können, dann riß die Kommunikationsmöglichkeit ab.

Die Aussicht, nun wieder zum Zivilisten zu werden, hatte einem alten Soldaten, der das Soldatsein nicht zum Beruf machen wollte, lange Jahre als erstrebenswertes

Ziel vor Augen geschwebt. Doch als jetzt in greifbare Nähe gerückt war, der Uniform ade zu sagen, war die Sorge vor der Zukunft größer als die Freude. Das hing ganz sicher damit zusammen, daß nach einem so gründlich verlorenen Krieg nicht zu sehen war, wie sich überhaupt das Leben für uns wieder gestalten würde. Wir hatten beide noch keinen Beruf; mein bisher einziges Studiensemester war nicht der Rede wert. Meiner Frau ging es etwas besser, sie hatte das Studium praktisch abgeschlossen, aber ein Examen war durch die Luftangriffe der Alliierten gründlich verhindert worden. Noch während der Zeit im Lager hatten wir gemeinsam uns um ein Zimmer für meine Frau bemüht. In der „Pension Erika“ fanden wir ein Zimmer mit einem Bett und einer Couch bei einem Wirt mit dem schönen Namen Oberarzbacher. Bevor ich endgültig zum Entlassungslager kam, hatten wir den Umzug getätigt. Es gab ja nicht viel zum Umziehen. Unsere gesamte Habe war in zwei Koffern.

Zur Auflösung des Barackenlagers wurden wir im Bierlokal „Fischerbräukeller“, etwas außerhalb von Reichenhall, zusammengefaßt, das war am 3. Juli 1945. Im „Fischerbräukeller“ fiel mir ein Buch in die Hände, zerfleddert, ohne Einband und ohne die ersten Seiten. Es war ein großer Schinken von fast 1.000 Seiten und ich begann zu lesen um der Langeweile zu entgehen. Es las sich gut, nur wußte ich lange nicht, welches Buch es war. Nach ca. 50 bis 100 Seiten dämmerte es mir, daß es sich wohl um „Der Kampf um Rom“ handeln könne. Das stellte sich dann später auch als richtig heraus. Bis zum Ende bin ich nicht gekommen, das habe ich dann später in der Hektorstraße nachgeholt. Meine Frau konnte mich noch ab und zu besuchen. Es sprach sich schnell herum, wohin die

Soldaten transportiert worden waren, sie hatte keine Mühe mich zu finden. Aber dann erfolgte der Abtransport in ein Gefangenenlager in Bad Aibling. Mit Stacheldraht waren dort riesige Vierecke auf freiem Feld abgegrenzt in die je ca. 1.000 Soldaten gesperrt wurden. Im Innern jedes dieser Vierecke war ein großes Zelt für Verpflegungsausgabe und sonstige Versorgung und am Rande jedes dieser vielen Vierecke waren Latrinen unter freiem Himmel; ein Balken über einer tiefen Grube. Sehr human konnte man diese Form der Unterbringung wirklich nicht nennen. Es gab aber zumindest ausreichend Verpflegung. Viele Soldaten hatten ihre Mäntel und legten sich für die Nacht im Mantel auf die bloße Erde. Bei mir ging das wegen meines Armes nicht, und so habe ich die Nächte auf einem Sitz der Latrine verbracht. Gelegentlich regnete es, zum Glück nur leicht. Die Zeit verging im Dämmerschlaf und es war nicht kalt.

Das war nun das Ende der 'ruhmreichen' Wehrmacht in der ich seit 1937 meine Zwangsheimat gefunden hatte. Weil die Zukunft so völlig unklar war, haben wir als alte Soldaten, glaube ich, sehr unter dieser Ungewißheit gelitten und deshalb vielleicht die zurückliegenden Jahre mit gewisser Verklärung betrachtet. Mit Sicherheit galt das für die jüngeren Soldaten, die wie ich, noch keinen Beruf hatten.

Am nächsten Tag wurde registriert, wo jeder beheimatet war und welchen Ort er als Heimatadresse angeben konnte. Vorher war schon bekannt geworden, daß Entlassungen in die amerikanische Zone und englische sofort erfolgen würden, mit Verzögerung auch in die französische Zone aber nach Berlin ginge es im Moment überhaupt nicht. Das galt möglicherweise für den ganzen

Osten. Für Berliner war jedenfalls klar, daß sie vorläufig im Lager bleiben mußten. Unter diesen Umständen haben viele Berliner irgendeine Adresse angegeben, manchmal zu Verwandten oder auch irgendeinen Ort um einfach nur entlassen zu werden. Berlin kam für mich ohnehin nicht in Frage und so gab ich als Heimatadresse Bad Reichenhall an.

Die Unterbringung im Lager war unbeschreiblich primitiv. Außer dem Verpflegungszelt und den Latrinen gab es keinerlei Gebäude oder Geräte; das Verpflegungszelt diente auch für Zwecke der Verwaltung, in dem die Personalien aufgenommen und später die Entlassungspapiere ausgehändigt wurden. Als Wachmannschaften, die in den Zwischenräumen zwischen den Stacheldrahtkäfigen patrouillierten, waren häufig Schwarze eingesetzt. Mehrfach haben wir beobachtet, daß die Schwarzen freundlich, hilfsbereit und umgänglich waren. Weiße hielten sich zurück und sahen wohl in jedem von uns einen Nazi. Die Schwarzen, im eigenen Land selbst 'underdogs' waren menschlicher.

Mit einer Riesenspritze, mit DDT-Pulver gefüllt, mußten wir an einem Sanitätssoldaten vorbei paradieren, der uns einen kräftigen Schuß Desinfektionsmittel vorne und hinten in die Hose sprühte. Meine Schulterverletzung wurde sehr genau kontrolliert. SS-Leute trugen unter dem Arm eine Markierung, ich glaube mit der Blutgruppe, und haben natürlich versucht, die Mitgliedschaft zur SS auf jede Weise zu verbergen. Die Dauer des Aufenthaltes in Bad Aibling war zum Glück nicht allzu lange und nach drei Tagen wurden Lkws bereitgestellt, die uns in die angegebenen Orte fuhren. Das galt zumindest dann, wenn man als Heimatort eine Adresse in der amerikanischen

Zone angeben konnte. Die Amerikaner waren wahrscheinlich von der großen Menge an Kriegsgefangenen - denn das waren wir ja - überrascht worden und konnten in der Kürze der Zeit keine anderen Maßnahmen treffen. Sie haben aber wenigstens dafür gesorgt, daß wir das Lager wieder schnell verlassen konnten.

Bei der Armkontrolle ging mir einiges durch den Kopf. Als ich in Reichenhall in der Stadt im Lazarett lag, nachdem ich in Bayrisch-Gmain ausziehen mußte, waren wir in einem Zimmer mit ca. sechs Offizieren untergebracht. Unter anderen auch ein Angehöriger der Polizei im Rang eines Hauptmanns. Er war ängstlich und verschlossen und bemühte sich fieberhaft jede mögliche Information über Kriegsende und über Maßnahmen der Alliierten zu erfahren. Er hing ununterbrochen an einem kleinen Radio, das jemand ins Lazarett hatte mitnehmen können. Aber er war sehr zugeknöpft, wenn wir wissen wollten, warum er so ängstlich auf manche Nachricht reagierte. Mit der Zeit bekamen wir mit, daß er wohl bei der Polizei eine Tätigkeit gehabt hatte, die ihn einer Verfolgung durch die Alliierten aussetzte.

Die Entlassungspapiere, die wir im Lager erhielten, waren in Englisch abgefaßt. Neben den Personalien war ein Fingerabdruck vorhanden und die Abfindungssumme aufgeführt: PD 80 Mark, zu deutsch 80 Mark bezahlt. Damit wurden wir dann auf die Wagen verteilt und als ich in Reichenhall ankam, betrat ich das erste Mal wieder den Boden als 'Herr Wolf' und nicht mehr zu einer bevorzugten Kaste gehörig. Ein sehr merkwürdiges Gefühl nach neun Jahren Militärzeit.

Als Papiere und Dokumente hatte ich neben der eben erhaltenen Entlassungsbescheinigung meinen Militärführerschein und das Soldbuch bei mir. Im Soldbuch war noch als Beruf „Schüler“ eingetragen. Eine Korrektur nach dem ersten Studiensemester hatte ich vergessen vornehmen zu lassen. So entschloß ich mich einen Kollegen im Lazarett zu einer Urkundenfälschung zu veranlassen, indem ich ihn bat, auf der Seite der Personalien „Student“ statt „Schüler“ einzutragen. Das mußte auf der nächsten Seite als Veränderung noch dokumentiert werden. Der Eintragende mußte seinen Namen, Rang und Truppenteil nebst Datum der Veränderung angeben. Unser damaliger Adjutant hieß Jäger; mit glaubhafter Schrift verzeichnete ein Lazarettpatient und Mitgefangener, daß im Jahre 1943 aus dem Schüler nun ein Student geworden war. Zum Glück wurde für diese Änderung kein Dienstsiegel verlangt. Ich weiß nicht, ob es mehr für mich oder gegen mich spricht, wenn ich damals vor dieser Änderung, die ja im Inhalt korrekt war, lange noch Skrupel gehabt habe.

Schon im letzten Lager und auf der Rückfahrt versuchte ich ein geistiges Resümee zu ziehen. Was hatte mir die Militärzeit und insbesondere der Krieg gebracht und wie konnte ich jetzt wieder in das Zivilleben zurückfinden? Einige Fähigkeiten hatte ich erworben, die mir helfen konnten, und später auch geholfen haben; z. B. ich konnte Schreibmaschine schreiben im Zehn-Finger-System, zusätzlich zu meinem Pkw-Führerschein hatte ich auch die Fahrerlaubnis für Motorrad und Lkw erworben. Deswegen habe ich auf meinem Militärführerschein auch immer sehr gut aufgepaßt. Mit diesem Führerschein habe ich dann in Bayern einen Zivilführerschein erhalten. Den alten Zivilführerschein habe ich aber auch noch; im Zweifelsfall wäre er noch gültig. Jedoch denke ich nicht daran, ihn zu verwenden. Im Umgang mit Menschen hatte man Erfahrung sammeln können, das war auch nicht gering zu veranschlagen. Der Aufenthalt in Frankreich hatte mich unser Nachbarland kennenlernen lassen und die Beherrschung der Sprache hat mir viel Freude gemacht. Ein guter Artillerie-Beobachter zu sein, würde mir in der Zukunft hoffentlich nicht nutzen müssen.

Aber bei der Rückkehr ins Zivilleben im Sommer 1945 war ich noch sehr guter Dinge, was meine körperliche Verfassung anging. Wieweit alte Soldaten, die aus einer Gemeinschaft gerissen waren und keine neue Gemeinschaft vorfanden, damit zu kämpfen hatten, war mir noch nicht klar. Der gemeinsame Weg zum Chemiestudium schien für meine Frau und mich vorgezeichnet, doch über die Schwierigkeiten der Verwirklichung hatte ich keinerlei Vorstellung. Das Militär hatte mich viele wichtige Jahre meines Lebens gekostet, die unwiederbringlich verloren waren. Es waren neun Jahre durch die reine Dienstzeit und durch spätere (verwundungsbedingte) Krankenhausaufenthalte ergab sich eine Gesamtzeit von zwölf Jahren, denn daß meine Verwundung ohne weitere Folgen gut abheilen würde, stellte sich leider schon in der nächsten Zukunft als eine falsche Hoffnung heraus.

In mancher Beziehung war man als 'alter Soldat' mehr vom fast ein Jahrzehnt langen Soldatenleben geprägt, als man das selbst merkte. Was die äußere Haltung angeht, hat und hatte das sicher ebenso viele Vorteile wie Nachteile. Im Innern konnte ich mich von einer gewissen Disziplin und Ordnung nicht frei machen. Das Gefühl ein „Preuße“ zu sein habe ich immer noch. Preußentum ist Toleranz und Disziplin, keinesfalls Kadavergehorsam.

Sehr lehrreich war für mich der Umgang mit Amerikanern; in Reichenhall in der Kaserne, im Lager und auch noch später. Amerikanische Disziplin und Exerzierordnung unterschieden sich nicht viel von der deutschen. Das war aber nur rein äußerlich. Ein wesentlicher Unterschied zwischen unserer und der amerikanischen Art mit Soldaten, die bestimmte Fachkenntnisse hatten, umzugehen war der, daß das Fachwissen ausschlaggebend war; der Rang spielte dabei keine Rolle. Wir alten Soldaten, die das beobachteten, haben viel darüber diskutiert: War unsere Vorstellung der Pflichterfüllung bis zum äußersten, der unbedingten Unterordnung unter den höheren Dienstgrad sinnvoll, auch gegen den eigenen Willen oder Verstand? War das die militärisch richtige und einzig mögliche Form? Der Sieg der Alliierten schien das Gegenteil zu beweisen.

Von Konzentrationslagern und sonstigen Scheußlichkeiten wußte man noch nichts oder besser fast nichts. Und was man hörte wollte man nicht glauben. Meine Überzeugung, die ich in Jüterborg äußerte: Ein deutscher Soldat tut so etwas nicht, war noch nicht nachhaltig erschüttert.

Mit dieser Fahrt von Bad Aibling nach Reichenhall endete ein wesentlicher Teil meines Lebensweges. Ich habe versucht, meine Erinnerungen zu Papier zu bringen. Dabei ist eine Ungleichbehandlung von Zeiträumen nicht zu übersehen. Aber für mich sind die Zeiten, in denen der Soldat Tag für Tag die gleichen stupiden Tätigkeiten vollbringen muß, in der Erinnerung zu kurzen Perioden zusammengeschmolzen. Ich habe versucht, die Erinnerung über viele Jahre meines Lebens wiederzugeben, so subjektiv, wie ich es empfinde und erinnere. Wenn mir das wenigstens teilweise gelungen ist, wäre ich froh. Ob die Perfidie der Nazizeit erkennbar wird, muß ich dem Leser überlassen, ich bin dafür ein schlechter Rezensent.

Aufteilung Deutschland von Churchill, Roosevelt und Stalin festgelegt, bei Torgau treffen Amerikaner und Russen zusammen, Himmler versucht Friedensverhandlungen, Hitler lässt Göring verhaften, Mussolini gefangen und erschossen, Hitler begeht Selbstmord, Deutschland kapituliert am 9. Mai = Ende der Kampfhandlungen in Europa, Potsdamer Konferenz teilt Deutschland und Europa auf, Saargebiet wird französisches Protektorat, Gründung der UN, Japan kapituliert nach Atombomben auf Hiroshima und Nagasaki = Ende des Zweiten Weltkrieges am 14. August, 1946 SED gegründet, Italien wird Republik, 1947 Auflösung von Preußen, Blockade Berlins, 1948 Einführung des Franc im Saargebiet, 1949 Gründung der Bundesrepublik und der DDR.

1945-1949

Eines Tages stand ich also als Zivilist vor der "Pension Erika" in der wir ein Zimmer besorgt hatten. Als Zivilist war ich noch nicht zu erkennen, denn die Bekleidung, die man trug - das galt für sehr viele - war die alte Uniform, aber ohne alle militärischen Insignien. Bei dem Pensionsinhaber meldete ich mich mündlich an, das ging noch ohne Schwierigkeiten, jedoch mußte er auch die polizeiliche Anmeldung haben. Damit begannen die Schwierigkeiten erst, als ich mich auch bei den weiteren Stellen anmelden wollte, die notwendig waren. Das war vor allem die Kartenstelle, welche die Lebensmittelkarten ausgab und das Wohnungsamt. Beim Wohnungsamt wurde mir erklärt, daß ich erst eine Bescheinigung des Arbeitsamtes brauchte, bevor ich eine Zuzugsgenehmigung erhalten würde. Das Arbeitsamt erklärte, daß ohne eine Zuzugsgenehmigung keine Arbeit vermittelt oder angetreten werden dürfe. Da Arbeitsamt und Wohnungsamt ziemlich weit auseinander lagen, und ich noch am Stock und mit dem linken Arm in der Binde lief, waren nicht mehr als zwei oder höchsten drei Besuche von Tag zu Tag möglich. Es half nichts, daß ich dem Wohnungsamt erklärte, daß ich keinen zusätzlichen Wohnraum benötige, denn meine Frau hatte in dem Zimmer neben dem Bett ja eine Couch stehen, so daß wir dort bescheiden leben könnten. Erst Arbeitsamt, dann Wohnung! Das gleiche mit umgekehrtem Vorzeichen war die Botschaft des Arbeitsamtes. Erst Wohnung, dann Arbeit! Wenige Jahre später hat Günther Neumann (zu früh verstorbener Berliner Kabarettist) diese Thematik in seinem Film "Berliner Ballade" verarbeitet. Der Antragsteller läuft dort ununterbrochen von Amt zu Amt, bis er einen langen weißen Bart hat.

So lange hatte ich nicht gewartet. Als erstes habe ich in einem Fotogeschäft mir eine Arbeitsstelle besorgt; der leicht gelähmte Besitzer war bereit mich einzustellen, trotz geringer Vorkenntnisse, aber vor allem weil ich Englisch sprach. Das war damals von ungeheurem Vorteil. Die Kenntnisse der Berlitz-School waren nicht Gold, aber Geld wert. Nun ging ich hoffnungsvoll zu den Ämtern. Beim Arbeitsamt glaubte ich auf eine Stelle hinweisen zu können, und dem Wohnungsamt wollte ich klarmachen, daß kein zusätzlicher Raum beansprucht würde. Aber entgegen allen Vorstellungen des gesunden Menschenverstandes war kein Amt bereit zu reagieren. Nicht einmal bestand die Bereitschaft beim jeweils anderen Amt telefonisch zu prüfen, ob meine Angaben stimmten; eine Telefonverbindung zwischen den Ämtern gab es bereits wieder. Als ich am dritten Tag beim Wohnungsamt eindringlich mein Anliegen vortrug und mit unglaublich blöden Ausreden wieder unverrichteter Dinge abziehen sollte, verlor ich Geduld und Beherrschung und ging mit meinem Krückstock, den ich immer noch benutzen mußte, auf den Amtsleiter los und hätte ihm womöglich den Schädel eingeschlagen, als zum Glück jemand dazwischen ging, mir in den Arm fiel und mich beruhigte. Darauf bekam ich eine Bescheinigung, die für vier Wochen meinen Aufenthalt genehmigte. Das war immerhin ein Teilerfolg.

Nun konnte ich die notwendigen Anmeldungen vollziehen, ich erhielt Lebensmittelkarten und dem Hauswirt konnte ich die polizeiliche Anmeldung mit genehmigter Aufenthaltserlaubnis vorlegen. Das Fotogeschäft Kotelmann war nun für einige Zeit mein Arbeitsplatz.

Nach einigen Tagen kam ein amerikanischer Offizier in den Laden und fragte nach Photographien von Nazi-Versammlungen. "Do you have any photographs of Nazi-gatherings?" Ich übersetzte an Herrn Kotelmann, der im Hintergrund des Geschäftes auf einem Rohrstuhl saß. Kotelmann schüttelte den Kopf und ich sagte zu ihm "Wir haben doch wohl solche Aufnahmen nicht gemacht." Darauf drehte sich der Amerikaner blitzschnell um und fragte in scharfem Ton und in bestem und akzentfreiem Deutsch: "Wer hat denn diese Aufnahmen gemacht?" Wir waren beide erstaunt und beinahe erschrokken, aber es war ja von uns nichts gesagt, was beanstandenswert war.

Das Geschäft, das in Fotogeschäften damals betrieben wurde, war die Anfertigung von Paßbildern. Paßbilder wurden für alle möglichen Zwecke benötigt. Das Publikum stand in langen Schlangen an, um Bilder zu erhalten.

Paßbilder und auch Fingerabdrücke waren wichtige Indizien der Identität. Denn zu dieser Zeit gab es viele Versuche, entweder die eigene Identität zu verschleiern oder eine andere anzunehmen. Gerade im Gebiet um Berchtesgaden, Reichenhall und sonstigem Oberbayern war die Vermutung nicht unberechtigt, daß sich ehemalige NS-Führer dort verborgen hielten.

Meine Tätigkeit bei Kotelmann hielt nicht lange an. Nach ca. 14 Tagen wurde mir nach Schmerzen im Arm plötzlich so schlecht, daß meine Frau mich zum nächstgelegenen Krankenhaus schleppte; ich war fast nicht mehr im Stande aus eigener Kraft zu laufen. Im Krankenhaus wurde ich sofort in den OP gebracht und an der Schulter operiert. Einige Zeit, wahrscheinlich zwei bis drei Wochen, verbrachte ich im Krankenhaus bis die Eiterung und die Operationsfolgen überwunden waren, dann wurde ich wieder zur "Pension Erika" entlassen. In dieser Zeit war allerdings etwas Bemerkenswertes geschehen, dessen wir uns erst langsam bewußt wurden. Von der Bayrischen Verwaltung war eine Verordnung erlassen worden, daß zu einem Stichtag - dieser lag innerhalb der Zeit meines Krankenhausaufenthaltes - jeder in Bayern Ansässige und Gemeldete als Bayer zu betrachten sei und auch für Flüchtlinge eine Ausweisung nicht mehr erfolgen würde. Das war eine sehr gute Nachricht für uns, denn nun war nur noch nötig in irgendeiner Form zu Geld zu kommen. Wir waren in Reichenhall nicht gern gesehen. Das galt auch für die aus München oder anderen Großstädten nach Oberbayern Gekommenen, die häufig ausgebombt worden waren und nun im ehemaligen Fremdenverkehrsgebiet glaubten gut unterzukommen. Aber die Reichenhaller empfanden auch alte Bayern als lästige Bürde, denn jeder

Spaziergang in Bad Reichenhall, 1947

Flüchtling nahm ein Bett in Anspruch, das einem Kurgast nicht mehr zu Verfügung stand. Die Bemühung Reichenhaller Behörden war in jeder Beziehung darauf ausgerichtet, so schnell als möglich wieder zur Kurstadt zu werden.

In Reichenhall lebte zur damaligen Zeit ein merkwürdiges Gemisch von Deutschen aus allen Gegenden Deutschlands, dann kamen bald die Vertriebenen aus der

Tschechoslowakei und auch die bayrischen Rückkehrer aus der Gefangenschaft. Für die Verwaltung der Städte gab es ungeheure Aufgaben zu bewältigen. Im Sommer und Herbst 1945 gewann plötzlich das Geld wieder eine gewisse Bedeutung, denn es gab auf einmal wieder einige Waren, die lange verschwunden gewesen waren. Das bezog sich auf Lebensmittel, Gemüse und Artikel, die im Land direkt erzeugt wurden. Für hochwertige Waren war der Bezugsschein unerläßlich, der oft noch wichtiger als Geld wurde. Es begann auch der "Schwarze Markt" und der Tauschhandel. Wichtig für die Versorgung wurden vielfach die Amerikaner. Frauen oder Mädchen hatten oft einen 'Ami' der gelegentlich die ganze Familie versorgte. Am einfachsten ging das mit Zigaretten. Die hatten einen hohen Kurswert und waren leicht zu transportieren und Amerikaner konnten so viel Zigaretten in ihrer 'PX' (ähnlich einer deutschen Wehrmachtskantine) kaufen wie sie wollten oder auch Kaffee und andere Lebensmittel; Butter, Käse, Obst alles was es bei uns im Laden nicht mehr gab. Es geschah, daß kleinere Kinder - zum ersten Mal in ihrem Leben mit einer Banane konfrontiert - nicht wußten, was sie damit anfangen sollten; bei Orangen war es nicht anders.

Trotz der Bemühungen enge Kontakte mit Deutschen zu begrenzen, hielt sich bald kein Soldat mehr an die "No-fraternization-Order" sondern es gab bald sehr enge Beziehungen mit Deutschen, natürlich meist mit Mädchen und Frauen. Ein Witz, der diese Verhältnisse glänzend karikiert, erschien in den "Stars and Stripes". Eine amerikanische Mutter fragt ihren Sohn schriftlich, warum sich denn so viele Soldaten mit deutschen Mädchen abgeben: "What do German girls have different from American girls?" Antwort: "They have nothing different, but they have it here".

Aber über flüchtige Bekanntschaften gab es auch Eheschließungen oder Anträge die deutschen Bräute mit nach Amerika nehmen zu können. Der Film "Ich war eine männliche Kriegsbraut" schildert drastisch aber zutreffend, was einer Amerikanerin widerfuhr, die einen Europäer heiratet und mitnehmen will nach USA.

Der Einfluß der Amerikaner auf das deutsche Leben war nicht zu übersehen, das spürte man allerorten. Amerikanische Filme gab es sehr viele, oft unsynchronisiert und nur mit Untertiteln. Die großzügige amerikanische Lebensweise wurde als Ideal gesehen. Aus der Sicht der in Not und Einschränkung lebenden deutschen Bevölkerung war das begreiflich. Das deutsche Militärische sollte völlig ausgerottet werden. Kleidungsstücke in Wehrmachtsfarbe mußten eingefärbt werden. Meinen Militärmantel mußte ich schwarz färben lassen. Dazu konnte man einen Bezugsschein zum Färben beantragen; andere Kleidungsstücke waren leichter zu ziviler Bekleidung umzuarbeiten.

Die Zeit nach meiner Entlassung aus dem Krankenhaus war für uns noch schwierig, denn ich konnte meines Armes wegen noch nichts arbeiten. Und was sollte ich auch arbeiten, ich hatte ja nichts gelernt. Da kam uns die Kollegialität der Nicht-Bayern zu Hilfe. Es gab viele Nicht-Reichenhaller, die sich vom Sehen her kannten. Schon an der Sprache war leicht die Herkunft zu erkennen. So lernten wir auch einen Berliner Juristen kennen. Während einer Krankenhaus-Betreuung, noch in der Kriegszeit, konnten meine Frau und ich im Lazarett der "Barmherzigen Brüder" unser Mittagessen einnehmen, gemeinsam mit Dr. Kontny, ein Rechtsanwalt, der am Berliner Kammergericht zugelassen und jetzt, wie wir, in Reichenhall hängengeblieben war. Ihn trafen wir im Kurpark bei einem Spaziergang von der "Pension Erika" aus, die nicht weit vom Kurpark entfernt lag. Er hatte jetzt Zukunftspläne und wollte in Reichenhall eine Praxis aufmachen, da an ein Zurückgehen nach Berlin auch für ihn keine Chance bestand. Er erzählte, daß er bewirken wolle, ein Reichenhaller Hotel, das einem ehemaligen Parteigenossen gehörte, für Flüchtlinge freizumachen und er könnte uns ein Zimmer dort anbieten, wenn meine Frau - die ganz gut Stenografieren konnte - ihm als Sekretärin zur Verfügung stehen würde. Das war für uns ein verlockendes Angebot, denn es bedeutete Wohnung und Arbeit. Beides am gleichen Ort, denn die Praxis sollte im Hotel aufgemacht werden. Wir sind dann ziemlich blauäugig darauf eingegangen und zogen von der "Pension Erika" in das Hotel zum "Deutschen Kaiser".

Meine Frau hatte von Mitte Juli bis zu unserem Umzug, der Mitte November stattfand, in der "Pension Erika" gewohnt. Auch ich war nach der Entlassung aus der Wehrmacht dort eingezogen. Wir können nicht sagen, daß wir uns dort sehr wohlgefühlt haben. Ein Stockwerk tiefer wohnte eine Soldatenfrau mit vier kleinen Kindern, die es besonders schwer hatte für die Familie zu sorgen. Ihr Mann war (wie sie uns nach längerer Bekanntschaft gestand) bei der Gestapo gewesen und sie hatte keine Ahnung, wo und wie er sich befand.

Um über die Runden zu kommen hatte sie einen amerikanischen Freund, der sie gut versorgte. Es ist nicht der damaligen Situation angemessen, sie dafür zu verurteilen. Wir waren öfter in ihrem Zimmer und haben Trübsal geblasen, denn sie stammte auch aus den jetzt nicht zugänglichen Gebieten in Ostdeutschland.

Frau Oberarzbacher, die Pensionswirtin, erfuhr eines Tages, daß wir zum Frühstück nur kalte Milch oder sonstige kalte Getränke zu uns nehmen konnten. Das tat ihr sehr leid und sie bot an, daß sie uns jeden Morgen ein Kännchen Kaffee schicken würde. Ich hielt das für einen Akt der Nächstenliebe, bis bei der nächsten Zimmerrechnung für jeden Tag 2,- RM für Kaffee berechnet wurden. Daß es sich dabei um Ersatzkaffee handelte, war sowieso klar. In meiner Naivität hatte ich ihr Angebot für einen mütterlichen Instinkt gehalten. Sicher mußte die Pension ihr Geld einspielen; nur die Methode war in diesem Fall unfein.

Nun zogen wir aber in den "Deutschen Kaiser" als Hauptmieter ein. Mit ordentlicher Zuweisung und Mietvertrag. Unser Zimmer lag im ersten Stock; die Praxis waren die Zimmer daneben und da nicht sehr viele Fälle zu bearbeiten waren, ist meine Frau auch nicht überbeschäftigt gewesen. Nebenbei hatte Kontny eine Vereinbarung mit dem wieder "Krankenhaus zu den barmherzigen Brüdern" gewordenen Haus getroffen. Aus Restbeständen der Wehrmacht hatte er es geschafft, der Krankenhausküche größere Mengen an Verpflegung zukommen zu lassen. Diese Verpflegung konnte er jetzt - kochgeschirrweise - wieder in Anspruch nehmen und meine Frau hatte mehrere Wochen lang die Aufgabe, mittags mit Kochgeschirr zur Krankenhausküche zu marschieren und Essen abzuholen. Da die Portionen reichlich bemessen wurden, haben wir auch davon profitiert. Wie und wo man damals zu Verpflegung kam, war gleich. Die Beschaffung von Essen war die Hauptsache; denn auf eine Unterstützung durch bayrische Volksgenossen konnte man als Zugereister nicht rechnen.

Geradezu luxuriös war aber das Telefon, das ein Rechtsanwalt verhältnismäßig schnell erhielt. Der Apparat stand abends und nachts in unserem Zimmer, damit von der Praxis Tag und Nacht jemand zu erreichen war. Da unsere Bekannten aber alle kein Telefon hatten und Gespräche mit Berlin noch nicht möglich waren, hat uns das zuerst nicht viel genutzt.

Bei der Vereinbarung mit Kontny stellten sich mit der Zeit zwar auch Schwierigkeiten heraus, aber im Prinzip waren wir versorgt. Da wir beide keinerlei Lebenserfahrung hatten, was Rente, Pension, Altersversorgung anging, waren wir damit einverstanden, daß die Arbeit stundenweise berechnet wurde und daß auch keine Anmeldung mit Steuerkarte beim Arbeitsamt erfolgte. Für medizinische Versorgung war durch meinen Status gesorgt, das schien uns ausreichend. Aber als Schüler und Abiturient war man für die Wechselfälle des Lebens nicht gerüstet und auch nicht als Offizier.

Bei einer Reichenhaller Spedition erfuhren wir, daß ein Transport nach Berlin gehen sollte. Eine Fahrt nach Berlin bedeutete damals nicht nur die Überschreitung der Grenze der amerikanischen Zone, sondern eine Fahrt in den Osten. Eine Postverbindung gab es noch nicht. Post- und Verkehrsverbindungen wurden allerdings ziemlich schnell mit der englischen Zone, später mit der französischen Zone hergestellt, aber eine Fahrt in den Osten war etwas Besonderes. Wir schrieben einen Brief an meine Eltern, mit der Mitteilung, daß wir in Reichenhall untergekommen waren. Der Fahrer hat gewissenhaft diesen Brief überbracht, so daß meine Eltern wenigstens im

Herbst 1945 wußten, daß wir noch lebten. Unsere Adresse war skurril, denn "Hotel Deutscher Kaiser" in Bad Reichenhall klang feudal. Die Kurzform, die wir innerhalb Reichenhalls gelegentlich benutzten, war: Friedrich Wolf, Deutscher Kaiser. Innerhalb Reichenhalls wurde das zugestellt.

Es dauerte längere Zeit (Monate) bis wir aus Berlin eine Gegennachricht erhielten. Die war dann allerdings bestürzend für uns. Die Wohnung stand noch, meine Eltern lebten noch beide, aber in den Wirren des Kriegsendes hatte meine Mutter durch einen Sturz sich einen Oberschenkelhalsbruch zugezogen, war für einige Zeit in einer Klinik gewesen, aber die Belastung durch Kriegsende, Einmarsch der Russen, den Knochenbruch war psychisch zu viel für sie. Der Sturz erfolgte noch während der Kampfhandlungen und Hausbewohner hatten sie auf einem Plättbrett zwischen Keller und Wohnung transportiert. Sie war hinterher in sehr schlechter geistiger Verfassung. Es gab viele lichte Momente in denen sie wie die Alte wirkte, aber sie war zeitweise auch abwesend und nicht mehr recht ansprechbar.

Dies alles stand in dem Brief meines Vaters und wir fanden die Verhältnisse noch genau so vor, als wir einige Jahre später wieder nach Berlin kommen konnten.

Mein Vater war auch nicht mehr als Direktor bei der Auer-Gesellschaft tätig, sondern nur noch in einer lockeren Verbindung. Die Firma hatte ihn kündigen müssen, nachdem er von einer Entnazifizierungskommission als Belasteter eingestuft worden war. Er hatte auf Grund seines guten Gewissens, und um wieder bei Auer in alter Stellung tätig werden zu können, darauf bestanden, daß die Spruchkammer-Verhandlung so schnell wie möglich abgewickelt wurde. Sein Freund, der Jurist Dr. Laegel, hatte ihm davon abgeraten und meinte, daß man erst einmal etwas Zeit verstreichen lassen solle. Er wollte erst einmal beobachten, wie Spruchkammern arbeiten würden.

Die Spruchkammern waren von der Militärverwaltung geforderte Einrichtungen bei denen Deutsche und zwar nicht Juristen, sondern angesehene Bürger, über Verstrikkungen in der zurückliegenden Zeit urteilen sollten. Die Kammern waren in der Lage die Vorgeladenen einzustufen und damit war unter Umständen über das weitere berufliche Schicksal der Vorgeladenen entschieden. Ein Lexikon von 1949 führt unter "Entnazifizierung" aus: "Entfernung der ehemal. aktiven Nationalsozialisten aus einflußreichen Stellungen im polit. und wirtschaftl. Leben." Es gab Hauptschuldige, Belastete, Minderbelastete, Mitläufer und Entlastete. Als Sühnemaßnahmen kamen in Frage: Internierung, Vermögenseinziehung, Berufsverbot, Pensionsverlust, Beiträge zu einem Wiedergutmachungsfond, Aberkennung des Wahlrechts und Kraftfahrzeugverbot. Jugendliche ab Geburtsjahr 1919 unterlagen einer Amnestie, wenn sie nicht zu den Gruppen 1 oder 2 gehörten.

Eine wirkliche Entnazifizierung wäre notwendig gewesen, aber die Zukunft zeigte, daß das Instrument 'Spruchkammer' versagt hat. Nicht das Schicksal meines Vaters bringt mich zu diesem Urteil, sondern das Unvermögen die wirklich Schuldigen und aktiv Tätigen zu belangen. Aber damals war der Spruchkammerbescheid für sehr viele Berufstätige bindend, ohne diesen konnte und durfte man nicht angestellt werden.

Mein Vater, der nun alles andere als ein Nazi war, wurde durch seine Eile ein Opfer der Zeit. Bei seiner Einstufung als Belasteter wurde folgende Argumentation benutzt. Im Jahr 1941 hatte er einen Antrag auf Mitgliedschaft in der NSDAP gestellt, in der naiven Vorstellung, daß er dann weiter sein Auto würde benutzen können. Er sah eine Gefahr, daß bei Benzinverknappung man ihm - als Nichtparteigenossen - das Benzin streichen würde. So lautete die Argumentation, wer noch 1941 der NSDAP beitrat, mußte Nazi sein. Der zweite Grund war eine Aussage des Hausmeisters, der ebenfalls vorgeladen, bezeugte, mein Vater hätte ihn veranlaßt morgens mit "Heil Hitler" zu grüßen. Daran war natürlich keine wahres Wort, aber der Hausmeister hatte plötzlich angefangen meinen Vater morgens provokativ mit "Herr Wolf" anzureden. Es war damals völlig üblich und jahrzehntelang gebräuchlich, daß promovierte Akademiker "Herr Dr. X." tituliert wurden. So hatte mein Vater dann eines Tages gesagt: "Für Sie bitte Herr Dr. Wolf!" Das wurde nun uminterpretiert.

Mein Vater war immer pünktlich und sehr gewissenhaft, was seine Tätigkeit anging. Das ist ihm bei der Auer-Gesellschaft von früheren Mitarbeitern als Unterstützung der Nazi-Wirtschaft ausgelegt worden. Es war ein Feld für Denunzianten; wir wurden immer an die Inquisition erinnert. Meine Frau erhielt in Reichenhall am 28. 11. 1947 einen Bescheid: "Der öffentliche Kläger bei der Spruchkammer" teilte mit, daß meine Frau unter die Jugendamnestie fiel. Ich bin später, in Berlin im Jahre 1950, entnazifiziert worden. Zu der Zeit war das aber nur noch ein formaler Akt, ohne Bedeutung. Man wollte z. B. wissen, ob angehende Studenten belastet waren. Für die

Wirtschaft verlor der Spruchkammerbescheid schon sehr viel früher an Bedeutung. Es war klar zu erkennen, daß die Wirtschaft nicht wieder in Schwung kommen konnte, wenn es nicht möglich war auf Fachkräfte zurückzugreifen. Auch wenn diese ehemalige Parteigenossen und Mitläufer waren. Anders zu behandeln waren nur die wirklich Schuldigen, d. h. Personen die Eigentumsdelikte oder Körperverletzungen begangen hatten. Diese waren aber nur schwer zu fassen. Das gilt leider auch noch bis heute, in die 90er-Jahre.

Wir waren in Reichenhall nur unvollkommen orientiert. Das lag an uns, denn es gab ja wieder Zeitung und Radio. Die Sorge um Gesundheit, Ernährung, Bekleidung, also um die alltäglichen Dinge des Lebens nahm uns die Zeit, auch noch am öffentlichen Geschehen teilzunehmen. Wir hatten ein bescheidenes Radio und lasen die Reichenhaller Zeitungen, hatten aber für Politik keinen Sinn. Große Freude bereitete uns dagegen die Bibliothek eines Ablegers des Amerika-Hauses München. Sie war großzügig ausgestattet und voll von moderner Literatur, die wir ein Jahrzehnt nicht hatten lesen können. Amerikanische Autoren, Thornton Wilder, Herman Melville, Mark Twain, James Thurber, Margaret Mitchell oder den Engländer W. Somerset-Maugham; alle in Original-Fassung. Ein Erlebnis besonderer Art war dann deutsche Literatur in englischer Übertragung zu lesen. Aber Thomas Mann oder andere gab es im Amerika-Haus zuerst nur in Englisch. Bei der Gelegenheit fiel mir eine Übersetzung des "Faust" in die Hände. Wir waren verblüfft, wie großartig sich der Goethe'sche Text in der fremden Sprache las. Mit dieser Literatur haben wir manche trübe Stunde überbrückt.

In den Wochen nach dem Krankenhausaufenthalt waren in die Kasernen Amerikaner eingezogen. Bei meinen Bemühungen auf dem Arbeitsamt eine Arbeit zu finden nahm ich eine große Chance wahr. Zum Verständnis füge ich hinzu, daß wir ja inzwischen im "Deutschen Kaiser" wohnten und "Bayern" geworden waren. Im Arbeitsamt wurde gefragt, wer Englisch spräche und als Klempner bei den Amerikanern arbeiten wolle. Sofort bestätigte ich, daß ich nicht nur Englisch beherrsche, sondern auch ein guter Klempner sei. Darauf erhielt ich eine Zuweisung und meldete mich bei einer Dienststelle, welche die deutschen Zivilangestellten betreute. Ich wurde in das Küchengebäude eingewiesen. Dort befand sich im Keller eine Werkstatt mit Klempnerwerkzeug und ein frustrierter bayrischer Klempner, der als Mitglied der NSDAP von den Amerikanern nicht weiter beschäftigt werden durfte. Diese Tätigkeit erwies sich als segensreich für uns. Eine amerikanische Küche war der Ort, von dem die meisten Deutschen jetzt nur träumten. Es dauerte nicht lange, bis ich regulär dort in Verpflegung war. Als ich einmal über Mittag das Wasser abstellen wollte, aber die Reparatur nicht beenden konnte, weil ich ja in der Stadt in einem Restaurant meine Mittagsmahlzeit einnehmen mußte, wurde ich Kostgänger der Amerikaner; zusammen mit einer Reihe anderer Deutscher, die als Küchenpersonal arbeiteten.

Wir konnten zwar Verpflegung erhalten, aber das Personal versuchte bei den Tellern, die nicht leergegessen waren, die restlichen Fleischstücke einzupacken und mitzunehmen. Manche Soldaten, die das beobachteten, drückten daraufhin ihre Zigaretten auf dem Teller aus. Die bösen Deutschen, die "krauts", sollten nichts erhalten.

Meine Arbeit bestand im gelegentlichen Wechsel von Dichtungen an Wasserhähnen und ähnlichen von Laien zu bewältigenden Tätigkeiten. Meine Frau konnte jetzt meine Lebensmittelkarten für sich verwenden und wir kamen auf diese Weise beide wieder zu Kräften.

Bei meinen Reparaturen kam ich in die verschiedensten Gebäude und hatte viel Kontakt zu den Soldaten. Für einen Gefreiten schrieb ich einen Brief an ein deutsches Mädchen, andere wollten deutsche Abzeichen haben, Eiserne Kreuze oder was auch immer; möglichst mit Hakenkreuz. Als Bezahlung gab es immer mindestens ein Päckchen Zigaretten. Das war die Währung, für die man alles erhalten konnte.

Wenn die Truppenteile wechselten, blieb alles mögliche zurück. Zum Beispiel Bücher oder Seife, gelegentlich auch Leibwäsche oder andere Kleidungsstücke. Wir kamen zu einer kleinen amerikanischen Bibliothek, die zum Teil noch heute existiert.

Abends saßen wir in unserem Zimmer, wir hatten einen großen Kachelofen der Wärme abstrahlte. Er konnte nur abends gut geheizt werden, denn die Holzvorräte waren knapp. Vom Forstamt erhielt man einen Bezugsschein für einige Bäume, die im Reichenhaller Wald standen. Wie man diese Bäume absägte und nach Hause brachte, blieb jedem selbst überlassen. In der Zeit, als die Kaserne von deutschen Truppen verlassen, aber von den Amerikanern noch nicht fest übernommen war, hatte man Zugang zu Werkstätten und Einrichtungen, die ausgeplündert wurden. So gab es in der Hand der Bevölkerung vieles Werkzeug, Kleinmöbel, Geschirr und anderes was für das Überleben brauchbar war; auf diese Weise besaßen wir auch eine große Säge. Im "Deutschen Kaiser" hatten wir als Nachbarn zwei Reichenhaller Ehepaare. Sie waren ausgebombt bei dem einzigen Luftangriff kurz vor Kriegsende und schimpften auf ihre bayrischen Mitbürger, die so gar keine Hilfe leisten wollten für ehemalige Freunde und Nachbarn. Aber was hätten sie denn auch tun sollen, es hatte ja keiner etwas zum Weggeben. Mit unserer Säge hatten wir ein gutes Tauschinstrument, um im gegenseitigen Ausleihen zum Ziel zu kommen. Leider war es dann so, daß ich wieder einmal im Krankenhaus behandelt werden mußte, zum Glück nur ambulant. An ein Fällen unserer Bäume war nicht zu denken.

Als kurz vor Weihnachten mein Zustand wieder stabil war und wir im Wald nach unseren Bäumen suchten, waren diese in der Zwischenzeit dem Flüchtlings-Lager, in dem hauptsächlich ehemalige jüdische KZ-Häftlinge lebten, überschrieben worden. Die amerikanischen Soldaten hatten Reichenhall wieder verlassen und die Kaserne war in ein Flüchtlingslager umgewandelt. Diese Flüchtlinge hatten unsere Bäume bereits gefällt. Sie lagen in Stücken zu ein Meter Länge auf einer Lichtung. Von dort haben wir sie am zweiten Weihnachtsfeiertag mit dem Gepäckwagen des Hotels nach Hause gebracht. Wir haben unsere eigenen Bäume sozusagen den Flüchtlingen im Lager gestohlen. Vorläufig war ich aber noch bei den Amerikanern tätig, holte mir jeden Mittag meine Essensportion und sorgte für Wasser und Spülung und was damit zusammenhängt in der ganzen Kaserne. Mit Lebensmitteln war ich gut versorgt, aber mitnehmen durfte ich nichts. Meine Frau war für Dr. Kontny tätig und lernte die Praxis eines Rechtsanwaltes und seine Tätigkeit kennen. Kontny selbst sprach oft von "Mietscheiß", das wurde damals häufig verhandelt. Nachdem in Reichenhall durch einen Luftangriff viel Wohnraum zerstört worden war und diesen jetzt die entlassenen Soldaten in Anspruch nehmen wollten, war das an der Tagesordnung.

Es begann neben dem schwarzen Markt jetzt ein skurriles Tausch-Geschäft. Jeder Gegenstand, den man über den Krieg gerettet hatte, konnte für jemand anders von Wert sein und in langen Zeitungsseiten wurden merkwürdige Tauschangebote offeriert. Wir hatten zwei Koffer, von denen einer entbehrlich schien. So reagierten wir auf ein Inserat: Tausche Hose gegen Koffer; Jöde, und eine Adresse. Mit Bekleidung waren wir schlecht ausgerüstet, deshalb zogen wir eines Abends mit unserem Pappkoffer zu der angegebenen Adresse, fanden einen seriösen älteren Herrn, der eine graublaue Hose anbot, die etwa meine Größe hatte. In seinem nett eingerichteten Zimmer stand ein sehr schönes kleines Klavier und an der Wand hing eine Faksimile-Darstellung einer altertümlichen Notenschrift. Als ich ihn fragte, ob er denn Klavier spiele, bejahte er das leicht irritiert lächelnd. Da brachte ich ihm noch bei, daß meine Mutter Musikerin sei und wir einen Bechstein-Flügel hätten. Das hörte er sich ohne weiteren Kommentar an. Wir wechselten Hose gegen Koffer und verabschiedeten uns freundlich. - Prof. Jöde war einer der Leiter des Mozarteums in Salzburg und ein wesentlicher Erneuerer der Kirchenmusik in Deutschland; und den hatte ich gefragt, ob er Klavier spiele.

Tauschen wurde bald auch kommerziell betrieben. Eine Tauschzentrale hatte sich mit dem Namen "Taumi" gegründet. Dort konnte man alles hinbringen was noch irgendwie funktionsfähig war. Dann bekam man Punkte gutgeschrieben, für die man dann aus dem Angebot etwas auswählen konnte; es mußte nur die erforderliche Punktzahl vorhanden sein. Diese Tauschfilialen gab es in vielen deutschen Städten. Nach der Währungsreform sind sie sehr schnell wieder verschwunden, wenn die Betreiber nicht verstanden hatten, sie rechtzeitig in ein normales Geschäft umzuwandeln. Wir waren auf diese Weise zu einer kleinen Kochplatte gekommen, unser einziges Gerät um Kaffee, Tee und Essen zu kochen. Da wegen der spartanischen Lebensmittel-Zuteilung ohnehin kein Gedeck zusammenzustellen war, reichte diese eine Platte auch gut aus. Aber häufig gingen wir in ein Restaurant, wo man mit Lebensmittelmarken einfache Gerichte bekam. Abgabe: 100 g Fleischmarken, 10 g Fett und 25 g Zucker; das war die Abgabe für ein Tagesessen mit Nachspeise. Die Lebensmittelmarken mußte die Bedienung von der Karte abschneiden, lose Marken waren nicht erlaubt. So verlangte es das Gesetz. Aber das wurde natürlich oft umgangen. Da wir mit Zigaretten ganz gut versorgt waren, so haben wir Zigaretten gegen Lebensmittelmarken getauscht; in Lokalen, in denen man bekannt war, konnte man die auch einsetzen.

Eines Tages im Herbst ging das Gerücht, daß die Amerikaner nach München verlegt werden würden und an Stelle der Amerikaner sollten DP's (displaced persons, also Vertriebene) in die Kaserne kommen. So geschah es und die Kaserne war plötzlich UNRRA-Lager. UNRRA war eine Organisation der Vereinten Nationen (United nations relief and rehabilitation organization). Viele Menschen waren damals auf der Flucht, aus ihrer Heimat vertrieben, und streunten durch Europa. Aber diese DP's kamen fast alle aus einem KZ. Die meisten trugen eine eintätowierte Nummer auf dem Unterarm. Sie lebten in der Kaserne frei und konnten natürlich auch reisen. Mit ihren Papieren, die sie als Verfolgte auswiesen, hatten sie manche Rechte, welche die deutsche Bevölkerung noch nicht hatte. Deswegen gab es auch eine sehr ablehnende Haltung der eingesessenen Bevölkerung, die sich allerdings nur unterschwellig äußerte. Ich war als Klempner von dem UNRRA-Lager übernommen worden, das von Amerikanern weiter geleitet wurde, aber nicht mehr von Soldaten. Für mich wurde die Beschäftigung jetzt gelegentlich schwierig. Die Lagerinsassen kamen großenteils aus dem Osten, sie sprachen kein Deutsch, Englisch sowieso nicht. Viele waren einfache osteuropäische Kleinbauern, kleine Handwerker oder sonstige Landbewohner. Sie kannten keine Wasserleitung, kein WC, kaum Elektrizität. Die Gebildeteren unter ihnen sprachen Jiddisch. Das war ein Medium, in dem wir uns verständigen konnten.

Das Lager wurde als Durchgangsstation auf dem Wege nach Israel oder nach USA genutzt. Deswegen gingen auch täglich Transporte ab und neue Transporte kamen. Eine Stammbesetzung sorgte für Verpflegung, Heizung und Unterbringung. Mehrere Familien mußten oft in einem Raum wohnen, mit Decken mühsam in zwei Teile abgetrennt. Auf diese Weise sahen wir unser Zimmer im "Deutschen Kaiser" plötzlich mit anderen Augen, wir waren wenigstens allein für uns.

Die Verpflegung hatte sich jetzt erheblich geändert. Bei den Amerikanern gab es viel Fleisch, große Stücke, oft auch mehrere Gänge. Jetzt gab es häufig Nudeln, in unterschiedlichster Weise zubereitet. Von diesen Nudelsuppen konnte ich oft einen Topf abends mit nach Hause nehmen. Wir haben dann immer von der 'jüdischen' Nudelsuppe gesprochen.

Da inzwischen die Postverbindung mit Berlin wieder funktionierte, bat ich meine Eltern mir das englische Lehrbuch der Berlitz-School zu schicken, denn ich versuchte Englisch-Kenntnisse an die Lagerinsassen zu vermitteln, die nach USA wollten. Ich war nicht unbedingt zur Lehrperson in Englisch geeignet, aber unter den Blinden ist der Einäugige König und ich hatte mich bemüht, das tägliche Englisch zu lernen und auch zu vermitteln, deswegen habe ich kein schlechtes Gewissen. Wer das wollte, konnte schon eine ganze Menge bei mir lernen. Das Berlitz-Buch hat mir dabei sehr gute Dienste geleistet. Für eine Lehrstunde verlangte ich 10 Mark, das war ein Preis, der auch für anderen Unterricht üblich war. Es wurde auch jedesmal widerspruchslos gezahlt. Der Schwarzmarktpreis einer Zigarette betrug damals ebenfalls 10 Mark. Mit der Zeit hatte ich so viel Schüler und Schülerinnen, daß ich manchmal Mühe hatte, meine eigentliche Arbeit zu verrichten. Aber es gab keine Behörde, die eine Aufsicht ausübte. Meinen ersten Schüler bzw. Schülerin hatte ich dadurch gewonnen, daß ich während einer Klempnerarbeit beiläufig verlauten ließ, daß ich ja neben der Klempnerei Englisch beherrsche und auch unterrichten würde. Bei der Nachfrage nach eventuellem Unterricht gab ich zu verstehen, daß ich kaum noch Zeit hätte für weitere Schüler. Dann ließ ich mich aber 'überreden', noch für eine Stunde jemand anzunehmen und hatte die Frau des Polizeichefs des Lagers als Schülerin gewonnen. Sie muß dann sehr zufrieden gewesen sein, denn daraufhin mußte ich bald tatsächlich Anfragen ablehnen, aus Zeitmangel.

Dr. Kontny war ein geschickter Organisator. Für sein Büro hatte er eine Schreibmaschine 'organisiert'; ein

Rechtsanwalt ohne Schreibmaschine ist ja auch kaum denkbar. Es war eine noch sehr brauchbare Büromaschine, die jetzt meiner Frau dazu diente, Stenogramme in Klartext zu überschreiben. Damit tat sie sich etwas schwerer als mit dem Stenogramm. Deshalb gab ich ihr Unterricht im Blindschreiben im Zehn-Finger-System. Mit viel Energie ging sie daran sich zur perfekten Sekretärin auszubilden. Es dauerte zwar viele Wochen und Monate, aber etwa im Jahre 1947 war sie soweit, daß sie ein Stenogramm direkt abschreiben konnte wie eine ausgebildete Schreibkraft. Die Amerikaner waren sehr viel lockerer im Umgang mit Arbeit, Stellung oder Ausbildung. Es kam darauf an etwas zu beherrschen und es kam gelegentlich auch nur darauf an einen Job zu finden, gleichgültig was es war. So habe ich eines Tages, als ich noch eine Stellung suchte, ein Gespräch mit einem US-Leutnant geführt, dem ich klagte, daß ich keine Arbeit hätte. Wir waren beide Chemiestudenten, deshalb war es eine sehr freundschaftliche Unterhaltung. Er schickte mich in ein Gebäude, in dem Amerikaner untergebracht waren und wo man einen "janitor" suchte. Wir hatten über Chemie gesprochen und ich wußte nicht, was ein "janitor" ist. Ich fand in dem Haus kein Labor oder ähnliches und war sicher, es handele sich um eine Verwechslung, als ein Deutscher mir sagte, sie brauchten einen Hausmeister. "Janitor" als Beruf hörte sich so exotisch an. Sicher war der Leutnant enttäuscht, daß ich mir für diese Stellung (noch) zu fein vorkam. Erst als ich in einem Lexikon nachlesen konnte, fand ich: Janitor = doorkeeper, caretaker of building. Den Leutnant habe ich dann leider nicht wieder gefunden um ihm meinen Irrtum zu erklären.

In Berlin hatte sich die Situation für meine Eltern dadurch etwas verbessert, daß sie einige Care-Pakete aus USA erhielten. Eine Jugendfreundin und Musikerin war kurz vor dem Ersten Weltkrieg ausgewandert und hatte die erste mögliche Gelegenheit ergriffen um meinen Eltern zu helfen. Care-Pakete enthielten nichtverderbliche Lebensmittel und wurden von der privaten Organisation "Care", die auch heute noch besteht, an Freunde und Bekannte versendet. Von dem Fett, welches im Paket war, haben wir auch etwas erhalten. Mein Vater füllte es in eine Flasche, die mehrfach mit der Post zwischen Berlin und Reichenhall gependelt ist.

Die Post war aber noch nicht in der Lage bestimmte Lieferungen auszuführen. Eine schöne Hose, die ich erbeten hatte, wurde in Berlin aufgeschnitten und Hosenbein für Hosenbein separat versandt. Es war meine lange blaue Uniformhose, der man die militärische Herkunft nicht ohne weiteres ansah. Ein Schneidermeister hat sie dann wieder zusammengesetzt.

Reichenhall begann sich ganz langsam wieder zur Kurstadt zu entwickeln. Es kamen vereinzelt wieder Kurgäste, die vom Klima, vor allem von der guten Luft profitierten. Sie waren an ihrem Verhalten und oft auch ihrer Kleidung deutlich als Gäste zu erkennen. Sie hatten Zeit zum Spazierengehen und saßen auch in den wenigen Kaffees, die wieder geöffnet worden waren. Wir Ortsansässigen konnten das nicht.

Dabei war der Kuchen, der serviert wurde, keinesfalls ein Spitzenprodukt der Bäckerzunft. Es war eine Art graues Brot mit Süßstoff und irgendwelchem Schaum, der nur äußerlich wie Schlagsahne aussah, in Kuchenform gezwängt, gelegentlich einige wenige Apfelstücke oder kleine Mengen anderer Früchte. Aber selbst dieser Ersatz fand reißende Abnahme. Es gab diesen Pseudokuchen gelegentlich ohne Abgabe von Brotmarken.

Verpflegungstips wurden insbesondere unter den Zugewanderten als Geheimtips gehandelt. Eines Tages wurde bekannt, daß es in einer Apotheke ein Öl gäbe, das man hervorragend zum Braten verwenden könne. Dieses Öl hieß "Salusöl" und war eigentlich als Abführmittel gedacht. Man konnte es tatsächlich frei kaufen. Nahm man nur sehr wenig, so gelangen Bratkartoffel recht und schlecht. Aber nahm man eine etwas größere Menge, so entfaltete es die Wirkung, für die es gedacht war.

Die Reichenhaller Behörden unterstützten die Fremden nach Kräften, gelegentlich zum Schaden der Einheimischen. Es begann auch langsam wieder kulturelles Leben sich zu entwickeln. Für uns Berliner war ein Ereignis, daß eines Abends Claire Waldoff, die nahe Reichenhall lebte, eine Veranstaltung ankündigte. Der Zustrom der Zuschauer war bescheiden. In einem kleinen Theatersaal eines Reichenhaller Hotels gab sie ihre Berliner Songs zum besten. Wir kannten sie von Schallplatten und wußten, daß sie sich zu Beginn der Nazizeit langsam aus dem Show-Geschäft zurückgezogen hatte, denn ihre Lieder und ihre Vortragsart waren nicht mehr genehm. Sie trat auf die kleine Bühne, die ohne jede Dekoration war und fesselte vom ersten Augenblick an. Ohne große Geste und in schlichtem langen schwarzen Kleid sang sie ihre Lieder, "Wer schmeißt denn hier mit Lehm", oder "Herrmann heeßt er". Es war beeindruckend, wie sie das Publikum beherrschte, auch ohne großes Tam-tam. Wir gewannen den Eindruck, daß sie eine große Künstlerin war, nachdem man sie früher mehr als etwas zweitklassige Kabarettistin angesehen hatte. Die echten Berliner Töne erweckten in uns Nostalgie. Eine sehr viel ernstere Darbietung war eine Aufführung des Berliner Dramas "Professor Mamlock" von Friedrich Wolf, meinem Namensvetter, der in Berlin als Arzt und Schriftsteller bis 1933 tätig war und dann in die Sowjet-Union emigrierte. Von ihm stammt auch das Drama "Zyankali", mit dem er in der Zeit nach dem Ersten Weltkrieg gegen den § 218 protestierte und damit großes Aufsehen erregte. Von der Leitung des DP-Lagers wurde eine Aufführung im Kursaal organisiert, die vor allem von den Vertriebenen besucht wurde; von Reichenhaller Bürgern waren nur wenige anwesend. "Professor Mamlock" ist die Geschichte um einen angesehenen Berliner Medizin-Professor, der nach 1933 von einem wenig fähigen Arzt, der SA-Mann und glühender Nazi ist, aus dem Amt vertrieben wird. Die Aufführung löste große Betroffenheit bei uns aus. Daß sehr viele äußerst fähige Mediziner in Berlin Juden waren, wußten wir. Auch daß sie nach 1933 langsam einer nach dem anderen verschwanden war bekannt. Aber Friedrich Wolf gebührt die Anerkennung, daß er das in sachlicher Form dargestellt hat. Polemik oder Schwarz-Weiß-Malerei war nicht nötig. Die reine Darstellung der Ereignisse war wirkungsvoller.

Die jüdischen Menschen im Lager waren schwer gezeichnet von der Zeit, in der sie unter der deutschen Besatzung zu leiden gehabt hatten. Vor allem aber die ehemaligen KZ-Insassen fanden nur schwer wieder in das normale Leben zurück. Normal hieß für sie auch erst einmal, nur ohne Angst leben zu können. Die Unterbringung in der Kaserne war alles andere als komfortabel. Sie hatten weniger Bequemlichkeit, als heute in jeder Jugendherberge geboten wird. Als einziges verfügten sie über Barmittel. Deshalb entwickelte sich auch ein reger Handelsverkehr zwischen Österreich und Bayern; sicher nicht immer in legaler Weise. Aber was hieß damals schon legal.

Geldtransfers zwischen dem Lager Reichenhall und Österreich wurden in folgender Weise abgewickelt: In Reichenhall wurde an einen Partner eine bestimmte Summe eingezahlt und dafür ein kleiner Zettel ausgestellt, auf dem in hebräisch einige Zeichen eingetragen wurden. Mit diesem Zettel erhielt der Inhaber dann bei einer entsprechenden Stelle in Österreich eine andere Währung und konnte einkaufen. Diese Zettel, als eine Art Geheimcode, waren für Nichtjuden unlesbar. Die durch die Amerikaner gesicherte Grenze durfte auch von den Lagerinsassen nicht ohne Kontrolle überschritten werden, aber auf diese Weise konnten größere Geldsummen problemlos transferiert werden. Da ich für meine Arbeit als Klempner oft in der Kaserne unterwegs war, habe ich über diese Geschäftsbeziehungen oft meine Beobachtungen machen können. Sehr beliebt waren die Lagerinsassen auch bei den Amerikanern, die den Dienst an der Grenze taten, nicht. Sie waren zum größten Teil Osteuropäer und praktizierten einige in Osteuropa gebräuchliche Verhaltensweisen, die bei uns aber nur auf Unverständnis stießen. Mütter mit Babys stillten ihre Säuglinge auf offener Straße und zeigten dabei keinerlei Hemmungen. In Reichenhall ließen die Frauen und Mädchen sich oft neue Kleider schneidern, nach der neuesten Mode, die sie aus amerikanischen Illustrierten kopierten. Da es teilweise biedere Frauen waren, so liefen sie als Karikatur umher aber waren sich ihrer unfreiwilligen Komik nicht bewußt.

Die Reichenhallerinnen beneideten sie nur um die schönen neuen Stoffe. Woher diese Stoffe kamen war nicht erkennbar, aber die UNRRA mußte ja auch in dieser Beziehung für ihre Lager sorgen.

Um aus der Stadt in das Lager zu kommen, hatte ich mir ein Fahrrad besorgt. Der Rahmen mit Sattel, Lenker und Rädern war einfacher zu erhalten als die Bereifung. Deshalb benutzte ich die Bestände meiner Klempnerwerkstatt, schnitt von einem dicken Schlauch zwei entsprechende Stücke ab, legte sie um die Räder und verband die Enden mit einem dicken Draht. Von Federung konnte man kaum sprechen, aber es gelang wenigstens zu fahren. Mit diesem Vehikel sind wir sogar zu zweit - meine Frau auf der Querstange sitzend - zu einem Badesee in der Nähe von Reichenhall gefahren. Da wir damals noch erhebliches Untergewicht hatten, ging das auch ganz gut. Aber doch hat uns einmal ein Polizist angehalten und auf das Ungesetzliche hingewiesen, und den letzten Teil des Weges mußte meine Frau zu Fuß zurücklegen.

Dieser Badesee, Thumsee, wurde oft unser Ziel an freien Tagen, denn durch das Schwimmen wurde meine linke Schulter immer beweglicher. Diese Ausflüge waren nicht nur Freizeit, sondern dienten auch einem therapeutischen Zweck, und zwar mit recht gutem Erfolg.

Wir hatten bald eingesehen, daß wir ein zweites Fahrrad brauchten. Im Lager gab es im Laufe der Zeit alles mögliche zu kaufen. Es hatten sich auch kleine Läden gebildet, in denen Service-Leistungen wie Haareschneiden, Bügeln und Schneidern und alles mögliche andere angeboten wurden. Jeder Handwerker bemühte sich sein Handwerk wieder auszuüben und vielfach waren es deutsche Handwerker, die mit Werkzeugen aushalfen. Meist für gute Bezahlung in Form von Tabakwaren, Kaffee, Zucker und anderen hochwertigen Waren. Als ich von einem Fahrrad hörte, meldete ich mein Interesse an und es kam zu einem Ringtausch. Jemand suchte dringend eine Uhr und die war bei einem Dritten für 1.700 Mark zu haben. Dafür wollte der Fahrradbesitzer sein Rad hergeben. Der Ringtausch gelang, ohne daß ich alle Partner kannte. Ein zum Glück vertrauenswürdiger älterer Mann nahm meine Geldscheine, verschwand eine Weile und kam mit der Uhr zurück, die dem Fahrradinhaber zum Glück gefiel, so daß wir jetzt also über zwei Räder verfügen konnten. Das zweite Rad war auch ein Herrenrad. Aber was machte das schon. Die Fahrten zum Thumsee unternahmen wir im Sommer 1946 und später auch noch, so oft wir konnten.

Vorläufig waren wir so gut es ging versorgt, meine Frau verdiente bei Dr. Kontny und ich war auf der 'payroll' der Amerikaner. In der ersten Zeit bei den Soldaten kam irgend jemand und drückte mir etwas Geld in die Hand; dann wurde durch eine Reihe von Deutschen eine Verwaltung aufgezogen, die sich allmählich zu einer Dienststelle entwickelte. Das Sagen hatten aber die Amerikaner. Diese Stelle hieß: Besatzungskostenamt Traunstein, bzw. dessen Nebenstelle Reichenhall. Später auch: Lohnstelle für die Angestellten der Besatzungsmacht.

Ab 1. 12. 1945 wurde ich mit Steuerkarte beschäftigt; auch Versicherungsbeiträge wurden abgeführt. Diese Beschäftigung bei Amerikanern war äußerst gefragt. Ich bin oft beneidet worden, "Ja Sie haben es gut, Sie sind bei den Amis" hörte ich öfter. Die Tätigkeit im Lager endete aber abrupt, als im Herbst 1946 meine Schulter wieder anschwoll und ich mit Fieber für eine Woche stationär wieder im Reichenhaller Krankenhaus lag. Anschließend, nach einer erneuten Operation, war ich erst mal wieder für einige Zeit arbeitsunfähig. Aber mein Englisch-Unterricht lief weiter nur nicht mehr in der Kaserne, sondern die Schüler kamen jetzt zu mir nach Hause. Außerdem waren wir beide für ein Übersetzungsbüro tätig, bei dem wir kleine Schriften oder Anträge oder Briefe ins Englische übersetzten oder - viel bequemer - Übersetzungen aus dem Englischen anfertigten. So haben wir einige Wochen verbracht; meine Frau als Sekretärin, die nebenbei jetzt mit meiner direkten Anleitung das Zehn-Finger-System an der Schreibmaschine erlernte und ich als vorübergehend Arbeitsloser. Aber meine Gesundung ging langsam weiter.

Ab Frühjahr 1947 habe ich mich dann wieder um eine Stellung bemüht. Dafür kamen nur die Amerikaner in Frage. Meine Sprachkenntnisse wollte ich einsetzen und etwas anderes als die Amerikaner waren als Arbeitsstelle nicht zu finden. Diese Tätigkeit brachte mich dann noch in das Hotel-Gewerbe. Doch vorher will ich noch das Leben in Reichenhall schildern und erläutern, warum wir vorläufig noch in Reichenhall blieben.

Die Insassen des Lagers wurden laufend ausgetauscht. Das heißt, die Neuankömmlinge aus dem Osten wurden bald wieder in Marsch in Richtung ihres gewählten Auswanderungszieles gesetzt. Diese Transporte wurden von der UNRRA und von jüdischen Organisationen bewältigt. Es war bemerkenswert dabei, daß die amerikanischen Militärbehörden immer weniger orientiert wurden. Das hing wohl damit zusammen, daß viele Juden nach Palästina wollten; Israel wurde zu dieser Zeit erst gegründet. die Engländer ließen keine unkontrollierte Einwanderung in ihr Mandatsgebiet zu. So bekam ich Besuch von Amerikanern, die wissen wollten, ob ich Informationen über diese Transporte hätte. Das war nun allerdings nicht der Fall.

Mein Vater hatte uns inzwischen etwas ausführlicher geschrieben. Das Dienstverhältnis mit der Auer-Gesellschaft ging auf seinen Wunsch zu Ende. Er war bevormundend behandelt worden und nahm das zum Anlaß, um auszuscheiden. Nach jahrzehntelanger Tätigkeit in leitender Stellung hatte er sich einen guten Ruf als Leuchtfarbenchemiker erarbeitet, eine ganze Reihe von Publikationen vorgelegt und eine für die Auer-Gesellschaft unentbehrliche wissenschaftliche und produzierende Abteilung geschaffen. Trotz seiner angeblichen Nazibelastung wollte er aber keine Einsprüche von Kaufleuten in seine wissenschaftlich fundierte Tätigkeit hinnehmen. Mit wehmütigem Stolz erfuhr er einige Jahre nach seinem Ausscheiden, daß die Abteilung, die unter seiner Leitung zur Abteilung mit dem größten Gewinn geworden war, unter der neuen Leitung eingegangen war.

Mit einigen Geldgebern war ein Plan entstanden, in Westdeutschland eine Fabrikation aufzuziehen. Deshalb bat er uns im Westen zu bleiben, weil er uns als Kristallisationspunkt benutzen wollte. Denn es war ja damals noch nicht einfach aus West-Berlin herauszukommen. Deshalb wurden unsere Versuche nach Berlin zu gehen, zurückgestellt. Wir hofften, daß seine Verhandlungen in Berlin schnell zu einem Ergebnis führen würden und wir bald wieder in Sachen Chemie tätig sein könnten. Leider gab es dann Schwierigkeiten, die das Projekt solange verzögerten, bis durch die Währungsreform alle Planungen hinfällig wurden.

Wir mußten unsere Tage in Reichenhall also weiter als Sekretärin und Klempner verbringen. Dabei gab es einige skurrile Begegnungen. Uns war schon öfter eine ältere Dame aufgefallen, die kerzengerade und in auffälliger Kleidung mit Spitzenkragen durch den Kurpark wandelte. Sie schien uns wie eine Generalin aus Potsdam, durch den Krieg nach Bayern verschlagen. Als ich eines Tages aus einem amerikanisch bewohnten Haus kam, stand sie auf der Straße und sprach mich auf Englisch an, ob ich ihr sagen könnte, wo der Reverend wohne. Ich versuchte auf Deutsch zu antworten, aber sie war so auf Englisch fixiert, daß sie nur englisch reagierte und mir vorwurfsvoll sagte: You do not know where your reverend lives! Ich entgegnete: I am no american. Erst dann gelang es mir in deutsch zu sagen, daß ich nur im Hause zu tun gehabt hätte und meine Kleidung, die khakifarben war, nicht auf meine Herkunft schließen ließ. Im weiteren kurzen Gespräch beklagte sie die gegenwärtige Lage und sagte wörtlich, wir hätten es doch unter den Hohenzollern so gut gehabt; warum denn jetzt diese Situation entstanden sei. Die Nazizeit war in ihren Überlegungen verschwunden. Wir haben sie von da an - unter uns - die Hohenzollerntante genannt.

Durch einen jüngeren Bayern, der großartig englisch sprach, weil er in Chicago aufgewachsen war, erhielt ich ein Angebot für die Bayern-Partei zu kandidieren. Das habe ich aber abgelehnt, obgleich das für uns sicher hilfreich gewesen wäre. Denn die Bayern-Partei hatte großen Zulauf. Nicht unberechtigt, vielfach saßen auf Amtsstuben Nicht-Bayern, die einen blütenweißen Fragebogen vorlegten und als nicht belastet galten. Das stellte sich im Lauf der Zeit oft als falsch heraus, aber die Ortsansässigen hatten Schwierigkeiten bei der Ausfüllung des Fragebogens nach ihrer politischen Tätigkeit während der Nazizeit zu flunkern. Ursprünglich konnten die Amerikaner nicht zwischen belanglosen Mitgliedschaften und wirklicher Parteitätigkeit unterscheiden. Eine Mitgliedschaft in der NSV ließ nun wirklich nicht auf die politische Einstellung schließen. NSV hieß NS-Volkswohlfahrt und war etwa dem Roten Kreuz ähnlich.

Eines Tages erhielt ich eine Vorladung zu einer Überprüfung bei CIA, dem amerikanischen Geheimdienst (Central Intelligence Agency). Ein sehr indifferenter älterer Mann ließ sich meine militärische Laufbahn erläutern und warf mir vor, daß ich mindestens Hauptmann oder Major sein müsse, meinem Lebensalter und meiner Militärzeit entsprechend. Zum Glück hatte ich meinen Studentenausweis bei mir und belegte ihm, daß nicht Soldat, sondern Chemiker mein Berufsziel war. Darauf wurde er merklich freundlicher und ich durfte wieder gehen und weiter für Amerikaner tätig sein. Einige Amerikaner, die ich kennengelernt hatte, teilten mir mit, in ihren Einrichtungen der Betreuung amerikanischer Soldaten, der "Berchtesgaden Recreation Area" würde Personal gesucht.

Der Hausberg von Reichenhall war der Predigtstuhl, etwas über 1.600 m hoch, der mit einer Seilbahn zu erreichen war. Oben war ein Hotel, welches von den Amerikanern beschlagnahmt worden war und als Erholungsheim für Kurzurlaube oder Tagesbesucher diente. Dort konnte ich mich bewerben, als ein Empfangschef (desk-clerk) gesucht wurde. Da die Beherrschung der Sprache wichtiger war als Hotel-Kenntnisse, war es nicht schwer diese Stellung zu bekommen. Die Lage des Hotels forderte, daß ich bis auf einen Tag in der Woche ständig oben bleiben mußte; ich hatte nicht nur Verpflegung, sondern auch ein Bett. Einmal pro Woche konnte ich mit der Seilbahn nach Hause kommen, aber da wir ja das Kontny-Telefon hatten, waren wir wenigsten in telefonischem Kontakt. Meine Tätigkeit war nun sehr viel sauberer geworden. Am Hotel-Empfang stand ich, gab Auskunft, teilte die Zimmer-Schlüssel zu und stand für Fragen aller Art zur Verfügung. Das war ein blendender Sprachunterricht. Meine zusammengenähte Uniform-Hose gab mir ein leidlich seriöses Aussehen. Die Leitung des Hotels hatte ein amerikanischer Sergeant, für das Funktionieren des Hotelbetriebs war ein Deutscher angestellt, der als Hotel-Fachmann über Vorkenntnisse verfügte, er nannte sich stolz "Hotel-Direktor". Auch eine deutsche Hotel-Sekretärin war vorhanden. Für die Gäste funktionierte das Hotel hervorragend. Die Seilbahnfahrt dauerte etwa 15 Minuten und die Bergstation war direkt an der Empfangshalle des Hotels. Dort war meine Aufgabe die Tätigkeit, wie sie jeder Hotel-Portier ausübt. Nur dadurch erschwert, daß sie eben in der Fremdsprache erfolgte, denn die Gäste waren Ausländer. Selten konnten Soldaten mal ein deutsches Mädchen mitbringen und wenn, dann auch nur zum Essen oder Tanzen am Abend. Die Zimmer waren tabu. Amerikanische Zivilisten mußten einen Ausweis vorlegen, der sie als Amerikaner auswies. Das war die AGO-Karte, also American Government Official. Darunter fielen z. B. die dependents, d. h. die Angehörigen von Soldaten oder auch eine Reihe von Zivilangestellten die meist aus Berchtesgaden oder München kamen. Das Hotel war wegen seiner Lage sehr gefragt; der Blick in die Bergwelt war herrlich. Man konnte Spaziergänge oder längere Ausflüge unternehmen ohne mühsam erst auf die Höhe klettern zu müssen. Die Küche war ausgezeichnet, denn der Nachschub an Verpflegung war überreichlich und die Köche waren ausgesuchtes deutsches Personal.

Oft versuchten deshalb Deutsche sich in das Hotel zu schmuggeln, gelegentlich mit Hilfe eines GI's, wie die Soldaten genannt wurden. Eines Abends kam eine junge Frau und wollte am Empfang vorbei in das Hotel gehen. Ich mußte sie zur Rede stellen und wollte ihre AGO-Karte sehen. Sie zeigte einen Zettel vor, der Ähnlichkeit hatte, aber die ganze Frau erschien mir nicht echt. So ließ ich sie erst einmal eintreten, denn sie fing an sich laut zu beschweren und ich wollte Aufsehen vermeiden aber ich wies einen anwesenden Militärpolizisten auf sie hin, der ihr folgte, die falsche Ausweiskarte beschlagnahmte und sie aus dem Haus verwies. Ich vermute, sie mußte dann den Weg nach Reichenhall zu Fuß zurücklegen, 1.200 m Höhenunterschied, denn die Seilbahn war für Deutsche, die nicht im Hotel beschäftigt waren, streng verboten. Jedes dieser Hotels in Bayern hatte einen Militärpolizisten als feste Stationierung.

Nicht alle Amerikaner freuten sich an der Bergwelt. Eines Tages kam wieder ein Transport, eine Busladung voll Soldaten, in der Umgebung stationiert, die auf diese Weise einen freien Tag erleben sollten. Zwei simple GI's kamen zu mir am Empfang und fragen: What are we going to do up here these two hours? Für die Berge und die schönen Wege auf dem Gipfel des Predigtstuhl hatten sie keinen Blick; sie verlangten "a deck of cards", also Spielkarten und saßen die ganze Zeit bis zur Abfahrt ihrer Gondel in die Talstation und spielten Karten und tranken

Bier. Ich hatte gelernt, daß ein Spiel Karten "a deck of cards" hieß. Die Zeitung "Stars and Stripes" lag im Empfang aus und jeder konnte sich bedienen, sie war kostenfrei; das hieß it's on the house, diese Formulierung hatte mir der Sergeant erklärt.

Im Herbst und Winter kamen Gemsen bis direkt an das Hotel heran, für Flachländer ein großes Erlebnis. Der Ansturm der Besucher erforderte bald einen englisch sprechenden Deutschen, der in der Talstation den Kontakt zwischen den Bayern und den Amerikanern vermitteln mußte. Dazu wurde jemand eingestellt, der auch Wolf hieß. Als der Manager versuchte Verwechslungen zu vermeiden und vorschlug, wir sollten mit Vornamen bezeichnet werden, stellte sich der andere auch als Friedrich Wolf heraus und der Versuch, uns über den Heimatort auseinanderzuhalten, mißlang ebenfalls; er war auch Berliner. So blieb dann nur übrig uns als Talwolf = an der Talstation und als Bergwolf = im Berghotel zu bezeichnen.

Für die Amerikaner galt damals ein Besatzungsgeld, das lautete auf Dollar und Cent, war aber ein Sonderdruck, der mit den amerikanischen Geldscheinen keine Ähnlichkeit hatte. Es galt nur im Bereich amerikanischer Einrichtungen und war für Deutsche völlig wertlos. Trotzdem wurde es schwarz gehandelt und auch gefälscht. In der Zeit auf dem Predigtstuhl wurde einmal das gesamte Geld umgetauscht; von einem kurzfristig anberaumten Datum an war das alte Geld ungültig. Wegen der Fälschungen war es üblich geworden, daß bei großen Scheinen, etwa ab 10 Dollar, der Zahlende ein Autogramm auf den Schein gab. Damit war gesichert, von wem der Schein gekommen war. An der Kasse des Hotels mußten wir, die Empfangschefs - ich hatte noch einen

Kollegen - die Gelder für den Hotelaufenthalt kassieren. Wir hatten einen Bestand von 20 Dollar, der jeden Abend bei Betriebsschluß kontrolliert und abgegeben werden mußte. Am nächsten Morgen erhielten wir ihn wieder. Unstimmigkeiten, die bei Gästeansturm nicht ausblieben, wurden fast als gewollter Betrug betrachtet. So hatten wir immer eine kleine stille Reserve, damit wir bei Fehlen eines Betrages stillschweigend ergänzen konnten.

Der Betriebsschluß wurde durch die Gäste bestimmt. Wenn Gäste lange sitzen wollten und trinken, so saßen Kellner und ich und warteten. Erst wenn der letzte Gast das Restaurant verlassen hatte, konnten z. B. die deutschen Angestellten das Haus verlassen; dann fuhr noch eine letzte Sonderfahrt zur Talstation. Das war oft zwischen 11 und 12 Uhr abends, aber gelegentlich hatten Trinker auch Sitzfleisch. Das ging eines Abends bis 3 Uhr früh. Da war dann allerdings auch nur eine Stammbesatzung mit Schlafmöglichkeit im Hotel anwesend.

Am Empfang war auch die Telefonzentrale, ein alter Wehrmacht Klappenschrank. Die mußte auch von dem diensthabenden Empfangschef bedient werden. Um 22.00 Uhr war sie stillgelegt und es wurden keine Anrufe mehr entgegengenommen. Das wurde mir eines Tages zum Verhängnis. Es läutete sehr intensiv eines Abends kurz nach 22 Uhr und ich nahm das Gespräch noch entgegen und hörte einen äußerst erbosten, und scheinbar auch nicht mehr nüchternen Colonel, der dringends nach seiner Frau fragte. Sie war als Gast in unserem Hotel registriert, meldete sich aber nicht in ihrem Zimmer. Der Colonel ließ sich nicht abwimmeln und schimpfte ununterbrochen, so daß ich schließlich den deutschen Hotel-Direktor anrief, der ziemlich ungehalten reagierte. Der deutsche

Nachtposten, der meine Bemühungen, die Frau zu finden, bemerkt hatte, sagte mir hinter vorgehaltener Hand, die würde ich im Zimmer des Hotel-Direktors finden. Das ergab sich dann auch als richtig. Die Verbindung war nun endlich zustande gekommen und die erste Frage des Colonels an seine Frau war: "Whom are you sleeping with to-night?" Bei dieser Sorte Klappenschränken war es notwendig, nach Stöpseln der Verbindung noch kurz in die Leitung hineinzuhören um sicher zu sein, daß die Verbindung auch funktionierte.

Jetzt war ich also zum Mitwisser des kleinen Geheimnisses des Hotel-Direktors und der Amerikanerin geworden. Ich meine, daß ich nichts dafür konnte, aber der Direktor ließ mich später fühlen, daß ich ihm nicht geheuer war. Ein Fehlbetrag von 1,50 Dollar veranlaßte ihn, eine Kassenkontrolle außerhalb der Routine anzuordnen. Gleichzeitig haben Militärpolizisten unser Zimmer im "Deutschen Kaiser" durchsucht. Durch die Beschließerin, die im Hotel für das Inventar sorgte, war unser Zimmer in Abwesenheit meiner Frau geöffnet worden, und als sie vom Einkaufen zurückkam, standen zwei MP's im Zimmer und hatten unsere wenigen Sachen durchwühlt und verlangten sofort die Handtasche meiner Frau, die sie auch durchsuchten. Leider hatte man damals keine Möglichkeit, sich gegen diese absolut inkorrekten Übergriffe zu wehren. Als dann eines Tages noch ein Prozeß vor dem Militärgericht gegen den Sergeanten ablief, waren meine Tage auf dem Predigtstuhl zu Ende. Dieser Prozeß erfolgte, weil vom Hotel-Direktor eine Anzeige gegen den Sergeanten ergangen war, wegen Homosexualität. Er sollte sich dem Hotel-Pagen genähert haben. Ich wurde zur Militärregierung in Berchtesgaden "befohlen". Das teilte mir der Hotel-Direktor mit. Dort angekommen wurde ich gefragt, was ich denn aussagen wolle. Darauf ging mir ein Licht auf; der Herr Direktor hatte mir gegenüber gesagt, daß ich zur Militärregierung müsse und den Amerikanern gegenüber behauptet, ich wolle gegen den Sergeanten aussagen. Ich hatte nicht das geringste gegen den speziellen Sergeanten und von seiner zur Diskussion stehenden "Neigung" wußte ich ohnehin nichts. Den Vernehmern muß das auch langsam klar geworden sein, aber die Dinge nahmen ihren Lauf und meine Tätigkeit als Hotel-Empfangschef war zu Ende.

Ein Amerikaner hatte mir noch eine Adresse einer amerikanischen Dienststelle in München genannt, bei der ich als Chemie-Student unterkommen könne. Die Fahrt nach München erfolgte dann kurz nach der Währungsreform und in München hörte ich nur, daß leider durch die neue Geldsituation keine Einstellung mehr möglich sei. Einen Zug nach Reichenhall gab es erst am nächsten Morgen und so suchte ich eine Übernachtungsmöglichkeit. Als solche fand ich eine Art Asyl, wo in einem großen Saal ca. 40 Betten standen. Ein merkwürdiges Gemisch von teils zwielichtigen Gestalten, teils Menschen, die, wie ich selbst, nur ein Bett für die Nacht suchten, nächtigte dort. Man hatte einen Schemel und sonst nichts. An Ausziehen war nicht zu denken und als ich meine Stiefel unter das Bett stellte, macht ein Bettnachbar mich aufmerksam, wenn ich am nächsten Morgen noch Stiefel vorfinden wolle, so müßte ich sie mir zusammengebunden als Kopfkissen unter den Kopf legen. Das tat ich dann auch. Der Nachbar hatte sicher recht, denn es handelte sich um recht ordentliche amerikanische Stiefel. Eine warme Tasse Kaffee gab es vom Roten Kreuz am nächsten Morgen und mit Brotmarken konnte ich mir irgendein kuchenähnliches Frühstück leisten. Mittags war ich wieder in Reichenhall. Wir waren beide recht enttäuscht, denn eine Übersiedlung nach München hätte uns wieder in die Nähe einer Universität gebracht.

Das Ende auf dem Predigtstuhl war eigentlich schade, denn das Leben als Hotel-Personal war in der damaligen Zeit wenn auch nicht bequem, so aber doch ganz angenehm, denn um Fragen der Ernährung mußten wir uns keine Sorgen machen; meine Frau hatte zwei volle Lebensmittelkarten zu ihrer Verfügung. Aber ab 8. 3. 1948 war ich nun arbeitslos gemeldet und habe anderthalb Jahre lang das Leben eines Arbeitslosen kennengelernt.

Ab Juni 1948, d. h. mit der Währungsreform, erhielt ich dann auch Arbeitslosenunterstützung. Das war zumindest eine sichere Grundlage, wie bescheiden auch immer. Diese Zeiten haben wir dann ausgenutzt um viel zu lesen, meist amerikanische Literatur, im Sommer gingen wir zum Baden am Thumsee und im Winter liefen wir Ski. Aus den Beständen der Kaserne hatten wir uns zwei Paar Ski organisiert und auch zwei Paar Wehrmachtsstiefel, die einigermaßen als Skischuh geeignet waren; meine Frau mußte mehrere Paar Socken anziehen um die Soldatenstiefel an ihren kleinen Füßen verwenden zu können. Der Kontakt mit dem Amerika-Haus, wie die amerikanische Leihbibliothek sich nannte, wurde vertieft. Einen Sprechkurs haben wir ins Leben gerufen bei dem fast nur Vertriebene sich einmal in der Woche abends trafen und in mehr oder weniger gutem Englisch parlierten. Man konnte das nicht "Sprachkurs" nennen, denn wir hatten keine Experten unter uns, die eindeutig zwischen richtig und falsch unterscheiden konnten.

Aus zwei erhaltenen Zeitungsausschnitten entnehme ich, daß wir uns im Mai 1949 stolz "Dolmetscherkurs" genannt haben. Am 2. Mai 1949 hielt ein Schüler, der immer am Kurs teilgenommen hatte, einen Vortrag zum Thema "Frühe amerikanische Geschichte". Es war Ernst zur Nieden, ein Schüler der Oberrealschule, der in flüssigem und gutem Englisch, wie die Zeitungsnotiz bemerkte, das Leben der Azteken und Mayas vor Columbus schilderte. Der direkte Anlaß war die Amerikahaus-Woche. Ein zweiter Vortrag eine Woche später hatte das Thema: Die Wunder der Alten Welt. Auch dieser Vortrag in Englisch, mit einer sofortigen Übersetzung. Vortragende war Frau Scheuermann, die gut Englisch sprach und den Vorteil hatte, daß sie schon einmal eine Ägyptenreise unternommen hatte. Mit Dreistigkeit wurde ich als Leiter des Dolmetscherkurses bezeichnet, ich hatte eben viel Routine gewonnen und war im Besitz eines Lexikons und ich erledigte die organisatorischen Arbeiten. Das war meine ganze Qualifikation. Doch in dieser Zeit spielte eine Rolle, daß die Nachkriegs-Lethargie überwunden wurde und diese Kurse waren eine gute Ablenkung und Anregung; nicht zu vergessen, daß am Abend des Kursus zu Hause nicht geheizt werden mußte.

Das Heizmaterial, das vom Wirtschaftsamt zugeteilt wurde, waren einige Bäume im Wald bei Reichenhall, auf ca. 1.000 m Höhe. Wie man zu diesen Bäumen kam, blieb jedem überlassen. Vor der Währungsreform arbeitete niemand für das wertlose Geld, aber nach der Reform hatte man kein Geld um Arbeiter zu bezahlen. Wir zogen also eines Tages im Herbst auf den Berg zu unseren Bäumen mit Säge und sonstigem Gerät. Der erste Schritt war das Fällen und Zersägen in zwei bis drei Meter lange Stämme.

Das hatte schon einen ganzen Tag gedauert. Am nächsten Tag mußten wir uns mit anderen zusammentun, und gemeinsam konnte man mit einer Seilbahn das Holz nach unten transportieren. Es war notwendig, daß ein verläßlicher Partner oben auflud und unten das Holz in Empfang genommen wurde. Wer keinen Partner hatte und oben auflud konnte gegenwärtig sein, daß, nachdem er unten angekommen war, das Holz schon verschwunden war.

Die Situation wurde uns langsam immer ungemütlicher, denn wir wollten Chemie studieren. Wir hatten uns fast schon entschlossen wieder nach Berlin zu gehen als uns durch die Berliner Blockade wieder ein Strich durch die Rechnung gemacht wurde. Dabei hatten wir sogar angefangen Russisch zu lernen. Ein Vertriebener, ein Herr Daubenhauer, gab uns Unterricht. Er war ein interessanter Mensch. In Rußland aufgewachsen, deshalb perfekt in Russisch, waren seine deutschen Eltern mit ihm während der russischen Revolution nach Frankreich geflohen, wo er jahrelang in die Schule gegangen war. Er sprach auch blendendes Französisch; er fühlte sich aber völlig als Deutscher, obgleich das die Sprache war, die er am schlechtesten beherrschte. Wir waren fleißig und beherrschten bald die kyrillische Schrift als Druck- und bald auch als Schreibschrift. Daß die Russen jetzt mit ihrer Blockade unsere Pläne störten und auch unsere alte Heimat erneut kujonierten, ließ uns das Russisch mit weniger Freude fortsetzen.

Die Amerikaner suchten dringend Dolmetscher der Kombination Russisch-Englisch. Es gab ausgezeichnete Dolmetscher für Deutsch-Englisch. Andere Dolmetscher hatten eine Kombination von Russisch mit anderen Sprachen, aber nicht mit Englisch. Für mehrere Monate blieb die Stelle unbesetzt. Auch Daubenhauer konnte nicht nützlich werden, denn die Amerikaner hatten scheinbar niemand, der perfekt im Französischen war. Das hätte ja auch zu einer zweimaligen Übertragung geführt, mit verdoppelter Fehlermöglichkeit.

Inzwischen hatten wir angefangen Übersetzungen anzufertigen, teils für Personen die mit Amerika im Kontakt waren, aber auch literarische Texte. Mit der "Neuen Zeitung" war ich in Kontakt und legte eines Tages die Übersetzung einer Kurzgeschichte von Robert Benchley vor, die von der Zeitung angenommen wurde, das Honorar betrug 40,-- DM. Ob die Übersetzung erschienen ist, weiß ich nicht, ich mußte noch das Copyright mitteilen. Später erhielt ich auf Anfrage bei der "Office of Military Government for Germany (US)" die Mitteilung, daß die "Copyrights and Periodical Servicing Section" Übersetzungsrecht nur für "German publishers and editors" beschaffen könne. Aber ich erhielt noch ein zweites Mal 40,-- DM, das ist das Letzte, was ich von der Zeitung erfahren oder erhalten habe.

Nun war ich also endgültig arbeitslos und konnte mit meiner fehlenden Berufsausbildung auch nicht hoffen, bald eine Stellung zu erhalten. Chemie-Student im ersten Semester, was war das schon; und meine Englisch-Kenntnisse waren brauchbar und relativ umfangreich aber ohne jede amtliche Legitimierung. So stellte ich mich auf eine lang dauernde Arbeitslosigkeit ein und hatte damit auch leider Recht.

Wir hatten einige Freunde in der Zwischenzeit gewonnen, die in gleicher Situation waren wie wir. Lotti Kemna war Sproß der gleichnamigen Maschinen-Fabrik aber ohne, daß sie daraus irgendwelche Vorteile hatte. Sie stammte aus einer guten Familie, Internatserziehung, worauf sie sehr stolz war, und hatte auf der Kartenstelle eine Beschäftigung gefunden. Sie war verantwortlich für die Ausgabe von Bezugsscheinen und für die Zuteilung der Lebensmittelkarten. Das war eine so wichtige Funktion in der damaligen Zeit, daß ihr in der Öffentlichkeit mit Respekt begegnet wurde, was sie sehr genoß. Sie kam sich wohl auch sehr wichtig vor; durch die ungesunde Mangelwirtschaft hatte sie eine Stellung, die sie für wichtig hielt und bei der sie nicht sah, daß mit Ende der Kartenwirtschaft sie bald überflüssig wurde. Sie konnte dann auch nicht verstehen, daß Leute, die sie kurz vorher noch umgarnt hatten, plötzlich nichts mehr von ihr wissen wollten. Da sie aus Deutschlands Osten stammte, hatten wir aber eine Reihe von Berührungspunkten und wir pflegten eine lockere Freundschaft. Über ihre Bedeutungslosigkeit nach der Währungsreform versuchten wir ihr hinwegzuhelfen. Später in Reichenhall heiratete sie einen ehemaligen Automechaniker. Er war kein gebürtiger Deutscher, sprach schlecht deutsch, aber er vergötterte sie. Einige Jahre später machte er eine Autowerkstatt der Firma "Borgward" auf und war dann durch den Konkurs von Borgward schwer getroffen. Ihrer Familie, die in den Jahren der Konsolidierung wieder zu Bedeutung gekommen war, hat sie ihren Mann nicht vorgestellt; bei einem Versuch ihn der Familie zu präsentieren, wurde er völlig abgelehnt, er war eben Prolet. Dieser Prolet hatte wesentlich mehr Herzensbildung als die ganze Familie Kemna und wir haben nie verstanden, daß sie später allein zu ihrer Familie fuhr, den Mann aber zu Hause ließ. Lotti Kemna und ihr Mann waren ein sehr typisches Beispiel für Beziehungen, wie sie sich in der wirren Nachkriegszeit bildeten. Karl-Heinz Schwerdt war ein anderer unserer Bekannten. Physik-Student der Dresdener TH, dann langjähriger Soldat, so wie ich selbst und nach Bayern durch das Kriegsende verschlagen. In die Ostzone wollte er auf keinen Fall zurück, aber im Westen fehlten ihm jegliche Mittel sich beruflich weiter zu betätigen. Mit einem Reichenhaller Elektriker reparierte er Radioapparate oder baute aus Einzelteilen, die sie aus mehreren schrottreifen Apparaten gewannen, funktionierende Geräte zusammen. Ihm verdankten wir auch das Gerät, das wir in unserem Zimmer stehen hatten. Es hatte kein Gehäuse, aber wir hörten wenigstens Radio. Das war damals vor allem der amerikanische Soldatensender AFN; insbesondere wegen der Musik. Es erinnerte uns an die Zeiten in der Hektorstraße mit meiner Plattensammlung. Da während unserer Reichenhaller Zeit sowohl der Nürnberger Prozeß gegen die Kriegsverbrecher stattfand als auch später die Beratungen und die Verabschiedung des Grundgesetzes übertragen wurden, hätten wir eigentlich Stoff zum Hören und Diskutieren genug gehabt. Aber diese politischen Dinge ließen uns damals bemerkenswert kühl. Dazu waren eben die Notwendigkeiten des Tages zu groß, die bewältigt werden mußten. Aber weiter zu K. H. Schwerdt. Eines Tages erzählte er von einem Mann mit dem zusammen er eine Radioproduktion aufnehmen sollte. Der Betreffende hatte sich als Dr. von Hartmann vorgestellt, der in Tirol studiert hatte und dort sein Examen abgelegt habe. Die Vorbereitungen für die Produktion waren in vollem Gange, es waren schon Verhandlungen mit Banken und Behörden geführt worden, als eines Tages Schwerdt eine vertragliche Verpflichtung eingehen sollte, mit der er nicht einverstanden war. Er hatte schon einige

Zeit vorher Zweifel an der Kompetenz des "Herrn Dr. von Hartmann" bekommen und bei der Fakultät in Bozen oder Meran angefragt, wann ein Student dieses Namens sein Studium mit der Promotion abgeschlossen habe.

Als eines Morgens die Kriminalpolizei bei ihm im Zimmer stand und ihn vernehmen und evtl. als Betrüger festnehmen wollte, war er in der glücklichen Lage, einen am Vortag eingegangenen Brief vorweisen zu können des Inhalts, daß es keinen Studenten des angegebenen Namens gab und auch keine Promotion erfolgt sei. Damit entkam er der drohenden Strafverfolgung, denn zum Glück war er keinerlei schriftliche Verpflichtungen eingegangen und konnte seine Zweifel mit dem Brief beweisen.

Er führte einen ausgedehnten Schriftwechsel und kam in der Abfassung von der im Militär geübten Praxis nicht los. Dokumente und Schriftstücke, die er in mehrfacher Form herstellte, unterzeichnete er mit vollem Namenszug und auf der Kopie bestätigte er sich selbst seine Unterschrift mit der Formulierung F d R (für die Richtigkeit) und nochmaliger Unterschrift. Es war ein Ballast, den er als ehemaliger Kompanie-Chef mit sich herumschleppte. Ein weiterer Bekannter war Jochen Hoffmann. Er war etwa in unserem Alter, vielleicht etwas jünger, wir hatten ihn öfter gesehen. Er fiel auf, weil er an Krücken lief aber trotzdem einen fröhlichen und beweglichen Eindruck machte. Wir lernten, daß er als Kind schwer an Kinderlähmung erkrankt war, viel schwerer als mein Vater, denn seine Beine waren völlig kraftlos und er war ohne seine Krücken hilflos. Da er eine sehr schöne Stimme hatte, war er als Sänger ausgebildet. Es war offensichtlich, daß er nur für eine Karriere als Lieder- oder Oratoriensänger in Frage kam. Seine Stimme war überwältigend schön, wie wir feststellten, nachdem wir ihn das erste Mal singen hörten. Das war auch der Grund, daß er diese Laufbahn gewählt hatte, trotz der Schwierigkeiten, die er erwarten mußte. Aber zur damaligen Zeit spielte das Radio noch eine sehr viel größere Rolle, denn an Fernsehen war noch nicht zu denken; jedenfalls nicht in einem Umfang, der für die Normalbevölkerung nutzbar sein konnte.

Die Verbindung zur Amerika-Bibliothek nutzte ich aus, um ihm einen Liederabend zu organisieren. Die Bibliotheks-Verwaltung war voll mit einem Konzert einverstanden. Für einen Pianisten hatte er selbst gesorgt. Wir hatten einen Saal zur Verfügung, ein Konzertflügel war vorhanden. Eines Tages erschien eine Anzeige in der Tageszeitung, daß ein Liederabend mit einem jungen Sänger stattfinden würde, Eintritt frei. Der am Ort wohnende Musik-Kritiker wurde eingeladen und am Abend strömte das Publikum. Nicht nur der Saal, der allerdings nicht sehr groß war, sondern auch ein benachbarter großer Raum in dem man das Konzert gut verfolgen konnte, wurde voll. Das Erscheinen eines gelähmten Künstlers rief zuerst Erstaunen hervor. Aber als er das erste Lied gesungen hatte, war klar, daß das Publikum gewonnen war. Dieses bestand ja auch zum großen Teil aus den Ausgebombten oder Vertriebenen, die damals einen großen Teil der Reichenhaller Bevölkerung bildete und die sich gut untereinander kannten. Somit war vielen die Lage von Jochen Hoffmann bekannt. Zum Schluß dankten die Hörer mit frenetischem Beifall, mehrere Zugaben wurden erzwungen. Darauf war er gar nicht eingestellt; er hatte sich auf eine Zugabe - eventuell - vorbereitet.

Die Absicht des Konzertes war, ihm eine gewisse Bekanntschaft zu verschaffen und einen Weg ins Konzertleben zu öffnen. Eine der Teilnehmerinnen unseres Dolmetscherkurses stellte sich am Schluß an der Tür auf und bat um einen Beitrag für die Künstler (Sänger und Pianist) und die Spenden flossen reichlich. Wir haben die nicht unbeträchtliche Summe geteilt und gingen alle beglückt nach Hause. Auch die Kritik in der Zeitung war sehr positiv. Aber ein Durchbruch fand nicht statt. Dafür war Reichenhall wohl doch nicht der richtige Boden. Wir waren relativ eng mit ihm befreundet, weil wir zu den Wenigen gehörten, die ihn nicht als kranken Menschen, sondern als Normalperson behandelten. Da mein Vater das gleiche Geschick erlitten hatte, fiel uns das nicht schwer. Eines Tages gingen wir mit ihm zum Schwimmen am Thumsee. Aber das starrende Publikum verleidete ihm den Aufenthalt. Nach unserem Weggang aus Reichenhall hat er wohl noch einmal ein Konzert in größerem Rahmen mit dem Kurorchester gegeben, aber über seine weitere Entwicklung wissen wir nichts.

Zur Aufbesserung der Ernährung sind wir, insbesondere im Jahr 1948, zu Bauern aufs Land gefahren. Unser Russisch-Lehrer, Herr Daubenhauer, hatte einige Bauernhöfe ausfindig gemacht, bei denen man um Kartoffeln betteln konnte. Betteln ist der adäquate Ausdruck. Wir fuhren mit dem Fahrrad aufs Land und klapperten die Bauern ab und baten um Kartoffeln. Die meisten Bauern waren diese Besuche gewohnt. Sie hatten hinter der Tür einen Sack mit Kartoffeln stehen, aus diesem Sack bekam jeder bettelnde Stadtbürger ein Maß voll geschenkt. Oft waren wir einen ganzen Vormittag lang unterwegs, aber das Ergebnis war immer ein Beutel mit Kartoffeln, der für einige Zeit reichte um die spärliche Kartenverpflegung aufzubessern. In dieser Zeit gingen wir an Bäckereien nie vorüber, ohne daß uns das Wasser im Munde zusammenlief, der Anblick von Brot genügte dazu.

Im Sommer fuhren wir mit unseren Fahrrädern zu einem Hang, von dem Einheimische wußten, daß dort Brombeeren wuchsen. Wir waren eine Partie von vier oder fünf Fahrrädern. Am beschriebenen Hang angekommen, stellten wir mit Freude fest, daß Brombeeren reichlich vorhanden waren und wir machten uns gleich ans Einsammeln. Einige Pfund pro Person hatten wir zusammen, die Früchte nicht mitgerechnet, die wir an Ort und Stelle schon verzehrt hatten. Mit reicher Beute traten wir die Rückfahrt an, als uns bald darauf die Polizei anhielt und unsere Räder kontrollierte. Fahrräder waren ein sehr wertvolles Gut und sie wurden massenhaft gestohlen. Brauchbare Ketten oder Schlösser gab es nur selten. Die Polizisten hatten Listen mit Hunderten, wahrscheinlich Tausenden Nummern gestohlener Räder. Ängstlich verfolgten wir die Prozedur, denn für eines unserer Fahrräder war die Herkunft dunkel. Aber unsere mitfahrenden Bekannten und wir hatten Glück, unsere Fahrräder waren nicht registriert. Wir konnten mit unserer Brombeerbeute weiterfahren und haben zu Hause Marmelade gekocht. Der Speiseplan war auf diese Weise erheblich verbessert. Als Zucker hatten wir den Zucker auf Marken und den fehlenden Rest haben wir auf dem Schwarzmarkt dazugekauft.

Die Auswanderung nach USA war seit 1946 ein Thema und eine Überlegung für viele. Es sah in Deutschland nicht nach einer erträglichen Entwicklung in der Zukunft aus. Viele Mädchen ließen sich durch das amerikanische Angebot an materiellen Reichtümern blenden. Sie konnten als Soldatenbräute schnell eine Genehmigung erhalten. Auch die Lagerinsassen unternahmen alles, um in die USA kommen zu können. Groteskerweise wurden Röntgen-Aufnahmen eines gesunden Thorax gesucht und hoch gehandelt, denn die amerikanischen Behörden verlangten eine Gesundheitsuntersuchung. Mit gesundem Thorax glaubten die Antragsteller dann bessere Einwanderungsbedingungen zu haben. Belastungen durch Krankheit waren ein Ausschließungsgrund. Als Bedingungen bekannt gemacht wurden, mit denen man eine Einwanderung beantragen konnte, sagten wir uns, warum sollten wir nicht auch einen Antrag stellen. Dies taten wir dann auch und erhielten - etwa 1947 - ein Schreiben mit einer langen Zuteilungsnummer. Vielleicht hätten wir auch ein sogenanntes "affidavit" bekommen können. Das war eine Bescheinigung, die ein amerikanischer Staatsbürger abgeben mußte und die Eideskraft hatte. Sie besagte, daß im Fall der Arbeitslosigkeit oder Krankheit der Eingewanderte von dem Aussteller des "affidavits" unterstützt werden und nicht der Behörde zur Last fallen würde.

Die Jugendfreundin meiner Mutter, seit der Zeit vor dem Ersten Weltkrieg in Chicago lebend, hätte uns wahrscheinlich geholfen. Sie unterstützte meine Eltern mit Care-Paketen, wie bereits erwähnt, und sie hatte auch für uns in Paketen Geschenke geschickt, die im wesentlichen aus getragener Bekleidung bestanden. Meine Frau hatte auf einmal sehr schicke amerikanische Kleider und ich trug amerikanische Schlipse. Nicht nur Kleidungsstücke hatten wir erhalten, auch ein Buch "Roget's Thesaurus", das ist eine Art Lexikon in welchem Worte und Redewendungen nach dem Inhalt zusammengestellt sind. Darum hatte ich die Freundin meiner Mutter gebeten, auf dem Umweg über Berlin. Wenn man in der Fremdsprache ein Wort oder eine Formulierung sucht, kann man ein inhaltlich verwandtes Wort aufschlagen und findet dann alle Wörter ähnlicher Bedeutung. Das war uns ein ungeheuer wichtiges Hilfsmittel beim Formulieren englischer Texte; und ist es bis heute geblieben. So auch bei unserer gemeinsamen Tätigkeit für ein Reichenhaller Übersetzungsbüro. Mit Übersetzungsarbeiten haben wir unsere Einkünfte etwas verbessert.

Aber auch mit dem Knüpfen von Einkaufsnetzen aus Garn oder Hanf. Ein ehemaliger Kollege der Arbeit in der Kaserne, ein Vertriebener mit Frau und vier Kindern, hatte bei einem Kaufmann diese Möglichkeit entdeckt und stellte uns Material und eine Art Lineal zur Verfügung. Dieses Holzlineal hatte eine Breite, die der Maschenweite des Netzes entsprach und mit seiner Hilfe entstand in einem Arbeitsgang ein Einkaufsnetz. Wir erhielten für ein Netz 80 Pfennig, das war für die stundenlange Arbeit ein Hungerlohn. Aber es war ein zusätzliches Einkommen, nur darauf kam es an. Wir saßen beide in unserem Zimmer am Tisch und knüpften munter vor uns hin. Dazu lief das Radio, oder wir lasen uns gegenseitig etwas vor und träumten von besseren Zeiten.

Eine Auswanderung nach USA war sehr stark vom Beruf abhängig. Schneider bekamen in der damaligen Zeit die sofortige Einreise, während andere Berufe nicht gefragt waren. Wir, die wir praktisch ohne Beruf waren, hatten also keine große Chance. Deshalb haben wir dann auch nicht auf die Nummernzuteilung reagiert und sagten uns, wir wollten zuerst zu einer Berufsausbildung kommen. Aber die Idee war nur verschoben. Daß es dann doch ganz anders gekommen ist, hing mit der Erholung Deutschlands zusammen, die immer als "Wirtschaftswunder" bezeichnet wird. Die weitere Zeit in Reichenhall verlief ohne große Schwierigkeiten. Ich lebte als Arbeitsloser, holte jede Woche meine Unterstützung ab und mit Dolmetscherkurs, Schwimmen im Sommer und Skifahren im Winter und viel Lesen, verbrachten wir unsere Tage. Wegen des knappen Heizmaterials wurde exakt geplant. Bei Programmwechsel im Kino gingen wir zur Vorstellung und brauchten für diesen Abend nicht oder nur wenig zu heizen. Traf man sich bei Freunden, wurde das auch im voraus geplant. Sie heizten dann, oder wenn sie zu uns kamen, heizten wir kräftig und sie sparten. In den Jahren vor der Währungsreform saßen wir auch oft für die Zeit der Stromsperre im dunklen Zimmer und meditierten. Die Sperre dauerte meist zwei Stunden und wir konnten uns nicht einmal einen warmen Tee zubereiten, denn unsere Kochplatte war elektrisch. Der Ofen hatte zwar ein Fach zum Warmhalten von Speisen, aber zum Zubereiten war das nicht geeignet.

Vor der Währungsreform hatte meine Frau einen Zahnarzt aufsuchen müssen und es ging um eine größere Behandlung, die längere Zeit dauern sollte. Dazu wurde auch Gold benötigt. Es war ganz klar, daß für das Gold ein Schwarzmarkt-Preis bezahlt werden mußte, denn einen Markt für die normale Währung gab es nicht. Wir waren damit voll einverstanden, denn Zähne muß man gut instand halten. Dann zog sich aber die Behandlung über sehr lange Zeit hin und schließlich erfolgte die Währungsreform. Es dauerte dann nicht mehr lange, bis wir die Rechnung bekamen, natürlich in DM, obgleich der größte Teil der Behandlung zur Zeit der alten Mark erfolgt war. Wir fanden das dann sehr unschön und wir mußten auch - mangels Masse - die Bezahlung in Raten vornehmen. Die Raten hielten solange an, daß wir zur Zahlung der letzten Raten dann schon wieder in Berlin waren.

Mit Berlin hatten wir jetzt guten brieflichen Kontakt und im November 1947 schrieb uns mein Vater, daß im Hause, in der Wohnung unter unserer Wohnung ein Telefon installiert war. Der Wohnungsinhaber, ein zu Geld gekommener Schrotthändler, war bereit an einem verabredeten Datum zu Weihnachten die Verbindung für meinen Vater herzustellen. Wir waren zum verabredeten Zeitpunkt in unserem Zimmer und das Telefon klingelte. Nach dem Abheben wechselten wir die ersten Worte seit mehreren Jahren und nach schweren Erlebnissen für alle von uns. Man sollte meinen, daß man in dieser Situation die gravierenden Dinge austauschen wollte. Aber das erste, was mir auffiel, völlig unabhängig vom Inhalt war, warum berlinert mein Vater so?

Das tat er natürlich nicht wirklich, aber nach jahrelangem Aufenthalt unter Bayern oder Amerikanern war ich des Berliner Dialektes so entwöhnt, daß mir die normale Sprechweise als "Berlinern" vorkam.

Im Sommer 1949 hatten wir noch einen erfreulichen Besuch. Eine Studienkollegin meiner Frau hatte in Berlin unsere Adresse erfahren. Sie fuhr mit ihrer Mutter, die wegen ihres Asthmas eine Kur in Reichenhall nehmen sollte, mit und besuchte uns plötzlich. Die Eltern waren Inhaber eines Elektroartikel-Geschäfts in der Kantstraße in Berlin-Charlottenburg und verdienten schon wieder recht gut. Mit Mutter und Tochter wurde verabredet, daß wir zusammen eine Bergtour unternehmen wollten. Die Mutter betrieb ihre Kur und wir wollten die Reiteralpe besteigen. Das ist ein mittelhoher Berg, nicht weit von Reichenhall, oben war eine Hütte zum Übernachten. Annelore hieß die Kollegin meiner Frau; sie war recht mollig. Ihr sah man an, daß die Eltern gut verdienten, denn in Berlin gab es ja Verpflegung noch streng rationiert, während sich in Bayern die Karten schon bald als nicht so wichtig erwiesen. Mit geldlicher Unterstützung durch unsere Berliner Gäste besorgten wir das Inventar und die Verpflegung für eine dreitägige Tour. Eines Morgens fuhren wir mit dem Autobus zu einer Stelle, an der es einen relativ bequemen Weg zum Aufstieg gab. Ich hatte einen sehr großen Wehrmachtsrucksack, in dem wir unser ganzes Gepäck verstauten. Es war viel an Volumen, zum Glück aber nicht übermäßig schwer. Wir marschierten los und gewannen an Höhe, die Pflanzenwelt änderte sich, die Bäume gingen in Krüppelkiefern über und schließlich gab es nur noch Flechten und Alpenblumen. Zur Brotzeit machten wir zweimal Pause und genossen den Blick ins Salzburger Land. Die Hütte lag auf einer Hochalm und bot Platz für Bergsteiger auf einem Matratzenlager. Für die verwöhnte Annelore war das etwas ungewohnt, aber sie hielt sich tapfer. Wir suchten uns dann drei Matratzen nebeneinander aus, aßen Abendbrot und waren froh bald schlafen zu können. Der Aufstieg hatte einige Stunden gedauert. Am nächsten Morgen erkundeten wir das Hochplateau. Mit einigen anderen Wanderern bildete sich eine Gruppe, wir ließen uns noch genau erläutern, wo wir nicht gehen sollten, denn es war sehr leicht möglich die Grenze nach Österreich zu überschreiten.

Zu unserer Gruppe gehörte ein Botanik-Student, der auf dem Rücken eine große Pflanzenpresse mit sich schleppte und der auf der Suche nach einer speziellen Art des Steinbrech war. Meine Frau brachte ihm eine Pflanze, die er auch als sehr wichtig für seine Sammlung betrachtete. Ich kletterte mit zwei anderen Teilnehmern dann noch auf eine Bergspitze, die noch erheblich höher war als die Alm, an die 2.000 Meter. Meine Bekleidung war eine kurze Hose und ein leichtes Hemd, einzig die Schuhe waren für eine derartige Bergbesteigung gut geeignet. Mir wurde später erzählt, wie leichtsinnig diese Kletterei war. Ein Wetterumschwung hätte mich im Berg überraschen können. Zum Glück hielt das herrliche Sonnenwetter die ganze Zeit über an. Nach nochmaliger Übernachtung sind wir dann am dritten Tag wieder abgestiegen. Der Abstieg ist mindestens genauso anstrengend wie der Aufstieg und von der Sahne, die es auf Almen überall geben sollte, haben wir auch nichts gesehen. Trotzdem war es ein herrliches Erlebnis. Wir waren wieder körperlich so fit, daß wir sogar eine große Bergtour bewältigen konnten.

Zwei Jahre vorher hatten wir bei einem Ausflug zum Königssee einen Weg am See entlang, der bergauf und bergab führte, nicht bewältigen können. Es gab keine Möglichkeit sich in einem Restaurant auszuruhen, geschweige denn etwas zu essen oder vor allem zu trinken zu erhalten. Keine Stelle war für Deutsche zugelassen. Die Umgebung des Königssees war fest in amerikanischer Hand. Die positive Erfahrung der Bergtour hat uns dann auch darin bestärkt nun bald wieder nach Berlin zu fahren. Dazwischen lagen dann aber doch noch einige Monate.

Langsam bemerkten wir, daß eine Arbeitslosigkeit doch eine schwere psychische Belastung darstellte. Die Sorge, die für uns die Berliner Blockade bedeutete, trug auch nicht zu unserem Wohlbefinden bei. Deswegen wollte ich schließlich wieder für die Amerikaner arbeiten, durch einen Bekannten darauf aufmerksam gemacht, daß im Rasthaus am Chiemsee immer Kräfte gesucht würden. Ich habe mich dann um eine Stellung beworben; es wurde ein Buchhalter für die Küche gesucht. Mit amerikanischen Küchen hatte ich schon gute Erfahrungen gemacht. Also fuhr ich zum Chiemsee und bewarb mich. Die Einstellung erfolgte durch einen deutschen Hotel-Direktor, der als erstes meine Englisch-Kenntnisse prüfen wollte. Ich sollte ihm meinen bisherigen Lebenslauf und meine Gründe mich zu bewerben auf Englisch schildern. Als ich dies tat, hatte ich das Gefühl, daß er mir nur mühsam folgen konnte. Jedenfalls war diese Prüfung bestanden. Als ich dann auf Fragen zur Buchführung darauf hinweisen konnte, daß wir bei der Volkshochschule in Reichenhall - quasi zum Zeitvertreib - einen Buchführungskursus absolviert hatten, war die Einstellung perfekt. Mit Auto oder per Anhalter konnte man gut zum Chiemsee gelangen; die Fahrt mit der Bahn war etwas umständlich. Beim Küchenchef meldete ich mich und empfing die Einweisung in meine neue Tätigkeit. Die bestand darin, die Lebensmittel von der amerikanischen Verteilungsstelle anzufordern, in Kühlräumen zu lagern und nach dem Bedarf der Küche wieder auszugeben. Diese Lebensmittel waren für eine soldatische Verpflegung gedacht. Aber die Hotel-Küche konnte und wollte "haute cuisine" anbieten. Der Chefkoch war vorher der Küchenchef des deutschen Luxusdampfers "Europa" gewesen und für diese Position bestens geeignet. Er mußte die soldatische Verpflegung in ein Hotel-Menü umwandeln. Das führte zu grotesken Tauschaktionen mit bayrischen Bauern. Wir erhielten viel zu wenige Kartoffeln und zu wenig Salz. Deshalb wurde, in nicht ganz legalen Tauschaktionen, Kartoffeln gegen Fleisch, Fett oder Kaffee getauscht und Salz auf ähnlichem Wege beschafft. Die Bauern freuten sich über die hochwertigen Waren die sie erhielten. Sie mußten diese Kartoffeln ja unterschlagen, denn zu dieser Zeit galt immer noch eine Bewirtschaftung von Lebensmitteln; sie war wohl nicht mehr so streng wie vor der Währungsreform, aber die Amerikaner, im schönen Rasthaus am Chiemsee, waren auch nicht von allen Bayern sehr gern gesehen.

Mit ausreichend Salz und Kartoffeln konnte der Küchenchef voll seinen Plan erfüllen, der darin bestand, nicht nur die Hotel- oder Restaurantgäste zu versorgen, aber die vielen Deutschen, die im Hotel tätig waren, mußten ja auch verpflegt werden. Wenn auch das Rasthaus nicht auf einer Bergspitze lag, so war es doch kaum möglich, dort zu arbeiten ohne gleichzeitig in Verpflegung zu sein.

Für weiter entfernt wohnendes Personal waren auch Zimmer in einem Gästehaus vorhanden. Dort wohnte man ganz komfortabel und mußte zum Dienst ca. 300 Meter über einen Landweg und unter der Autobahnbrükke (Autobahn München - Salzburg) hindurch zum eigentlichen Rasthaus gehen. Die amerikanische Mannschaft, großenteils MP's (Militärpolizei), die zur Bewachung des großen Areals tätig waren, legten diese Strecke immer mit dem Jeep zurück. Einmal in der Woche hatte man einen Tag frei und ich fuhr jeweils mit anderen Amerikanern nach Reichenhall. Am Rasthaus war eine Tankstelle für Alliierte, dort konnte man auf eine Mitfahrgelegenheit warten. Ich habe nie länger als 10 Minuten auf einen Wagen warten müssen, der mich mitnahm. Die Bequemlichkeit der großen amerikanischen Personenwagen - keine Militärfahrzeuge - war beeindruckend.

Als Küchenbuchhalter brauchte ich mir über meine Verpflegung keine Sorgen zu machen, aber es war strengstens untersagt, Lebensmittel mitzunehmen. Kollegen, die das versucht hatten, wurden unnachsichtig augenblicklich entlassen. Hier galt das "hire and fire" in strenger Form. Die Arbeit fing morgens mit dem Frühstück an, dann wurde das Mittagessen zubereitet, gelegentlich etwas hektisch, wenn sich kurzfristig eine größere Gruppe angemeldet hatte, anschließend hatte ich zwei bis drei Stunden frei, in denen man bei gutem Wetter zum Chiemsee gehen und baden konnte und dann fing das Abendessen an. Anschließend erfolgte die Aufstellung des Speiseplans für den nächsten Tag. Das bedeutete, aus dem vorhandenen Material ein Hotel-Menü zu schaffen. Der Küchenchef war sehr einfallsreich und zauberte die tollsten Menüs. Wenn wieder etwas knapp war, mußte der Küchen-Sergeant zum Bauern fahren und für Nachschub sorgen. Die Planung war nicht so schwierig, wie ich mir das als Laie vorstellte. Ab einer gewissen Zahl an Essen konnte man recht genau abschätzen, wieviel Suppe, Fleisch, Beilagen, Nachspeise usw. gebraucht wurden. Wir fabrizierten schöne Suppen. Sie dienten dazu, aus dem Soldatenessen ein Menü zu machen und füllten den Magen. Deshalb gelang es auch die vielen Deutschen durchzufüttern. Denn die Rationen waren ja nur für die Zahl der Amerikaner vorgesehen.

Im Rasthaus erhielt ich eine Lektion in militärischer Verhaltensweise, die mir unvergeßlich blieb. Eines Tages wurde die Inspektion der Küche und der Kühlräume angekündigt, sie sollte zwei Tage später erfolgen; Inspektionen dieser Art sind durchaus üblich, sie wurden in der deutschen Wehrmacht von den Veterinären durchgeführt. Der kommandierende Offizier des Rasthauses - wir waren ja eine militärische Einrichtung - war ein Colonel, zu Deutsch ein Oberst, er verbreitete diese Nachricht unter dem gesamten Küchenpersonal. Es begann ein hektisches Treiben. Sauberkeit und Ordnung standen für unser Personal an erster Stelle, denn jeder war bemüht, seinen Job zu halten. Aber jetzt wurde das noch auf die Spitze getrieben. Und dann kam der denkwürdige Tag, es erschien ein großer Wagen aus München, dem zwei Sergeants entstiegen. Beides große, stämmige Figuren, sozusagen gut im Futter. Die Offiziere des Rasthauses, an der Spitze der Colonel, empfingen sie und fragten nach ihren Wünschen. Die bestanden dann darin, die Küche zu inspizieren, dann die Vorratsräume einschließlich der Kühlräume zu sehen und anschließend die Essenszubereitung vor Ort zu kontrollieren. Bei einem großen Teil der Inspektion folgte ich dem Troß um meine Arbeit vorzustellen. Der Colonel hatte ein großes Schreibheft in der Hand und notierte eifrig das, was die Sergeants zu bemerken oder zu beanstanden hatten. Sie leiteten die Untersuchung und der Colonel war ängstlich bemüht, ihre Anordnungen zu befolgen bzw. zu registrieren. Ein Sergeant ordnete an, was ein Colonel zu erledigen hatte.

Mir ging durch den Kopf, wenn man in unserer Armee so gehandelt hätte, daß die Fachleute das Sagen gehabt hätten, dann wäre der Krieg wohl nicht so ausgegangen. Damit meine ich, daß er dann rechtzeitig beendet worden wäre oder vielleicht gar nicht angefangen hätte. Denn daß die Sergeants Fachleute waren, daran bestand kein Zweifel.

Schon in der Küche in der Reichenhaller Kaserne versuchte ich festzustellen, was ist amerikanische Küche? Ich habe eigentlich keine Antwort darauf gefunden. Es gibt sicher einige Gerichte, die man in USA häufiger ißt, als sonst auf der Welt. Aber typisch amerikanisch? Der "turkey" zu Weihnachten ist bei uns die Gans und Brathühner gab es bei uns auch. Mit dem Unterschied, daß man sie jetzt an jeder Straßenecke kaufen kann, während man sie früher zu Hause zubereiten mußte. Allerdings nicht so häufig, denn Geflügel war vor dem Krieg relativ teuer. Die Erdnußbutter, das war etwas, was von Deutschen sehr geliebt wurde, die kannten wir nicht. Auch die "pan-cakes" (Eier-Pfannkuchen) zum Frühstück waren neu. Es gab fast immer ein Eiergericht, Rührei, oder Rührei mit Schinken, auch gekochte Eier. Aber sonst war die Küche sehr viel vielseitiger als die europäische. Durch die vielen Einwanderer waren Gerichte aus ganz Europa verbreitet. Meiner Frau und mir ist als typisch amerikanisch eigentlich nur der "clam-showder" in Erinnerung. Den gab es allerdings nicht in den Küchen der Besatzungsmacht die ich kannte, sondern den haben wir erst sehr viel später in USA kennengelernt. In einem Buch hatte ich ein Loblied auf den "clam-showder" gelesen, aber auch aus Lexika nie erfahren, worum es sich handelte. "Clam" ist eine Atlantik-Muschel, die mit mehreren Fischarten, mit etwas Gemüse und wenigen Kartoffeln und mit Sahne zu einer äußerst wohlschmeckenden Fischsuppe verarbeitet wird. Man sollte bei der Aufzählung amerikanischer Spezialitäten nicht den Hamburger vergessen, der ist nun in der Tat typisch; am schlimmsten daran ist das weiße, pappige Brot mit wenig Geschmack. Das gab es auch in der Kaserne in Reichenhall, auf dem Predigtstuhl und am Chiemsee. Wir Deutsche waren darauf versessen, denn wir hatten lange Jahre kein weißes Brot mehr gesehen.

Als Getränke gab es für Amerikaner Tee, Kaffee, Milch und Bier aus einer Salzburger Brauerei. Der Tee wurde so dunkel zubereitet, daß er beim ersten Hinsehen von Kaffee nicht zu unterscheiden war. Im Restaurant wurde auch Wein ausgeschenkt. Deutsche Brauereien waren zwar auch schon wieder tätig, aber in den Jahren unmittelbar nach Kriegsende war auch das bayrische Bier nicht trinkenswert.

Am Chiemsee bestand eine große Anlage zur Übertragung von Musik oder Nachrichten, die von einem Deutschen bedient wurde. An dem Tage, an dem die DDR gegründet wurde, lief eine Übertragung dieser Veranstaltung im Rundfunk und unser Kollege stellte die Übertragung laut für den gesamten Bereich des Rasthauses ein. Trotz der stundenlangen Reden, die nicht amerikafreundlich waren, hat es keinen Protest gegeben und wir hörten in einer amerikanischen Militäreinrichtung die langen Reden zur Gründung der DDR. Was das für die Zukunft Deutschlands bedeuten würde, war überhaupt nicht abzusehen. Wir haben aber aufmerksam zugehört, denn der große Teil der deutschen Angestellten waren Ostdeutsche. Bayern hatten damals meist schon wieder eine Tätigkeit bei Deutschen gefunden.[6]

In der Zeit am Chiemsee erreichte uns die Nachricht meines Vaters, daß sich bei ihm eine Art Zyste im Unterbauch gebildet hatte, die von Zeit zu Zeit punktiert und entleert werden mußte. Das hörte sich brieflich schlimmer an als es dann in Wirklichkeit war, aber es war für uns die entscheidende Nachricht, trotz aller Umstände nach Berlin zurückzukehren. Die Blockade war ja inzwischen auch zu Ende gegangen und so bereiteten wir unsere Übersiedlung nach Hause vor. Zum 15. November, dem Geburtstag meines Vaters, wollten wir dort sein und dementsprechend haben wir gekündigt, meine Frau bei Kontny und ich beim Rasthaus. Meine Kündigung wurde nur sehr ungern entgegengenommen. Ich hatte mich sehr gut eingearbeitet und die Tätigkeit hatte mir auch Freude gemacht. Als ich mich verabschiedete teilte mir der Hotel-Direktor mit, daß ich, wenn wir zurückkommen würden, sofort wieder eine Stellung bei ihm erhalten würde. Ich hatte nicht so deutlich gemacht, daß wir unsere Übersiedlung nach Berlin als endgültig ansahen.

In den Tagen vor der Abreise hatten wir unsere Habe teils mit einer Spedition, teils mit Postpaketen schon abgeschickt. Als wichtigstes Inventar sahen wir zwei Klappbetten an, die aus amerikanischen Beständen stammten und sehr einfach zusammenzulegen waren. Ein großes, grobes Stück Leinwand, das von stabilen Holzstäben auseinandergehalten wurde und schnell überall aufgestellt werden konnte. Notbetten dieser Art sind noch heute im Gebrauch. Wir konnten in Berlin nicht mit Betten rechnen. Unser vorhandenes Bett war durch eine eingewiesene Frau, ein Frl. Kiwitz, belegt. Da wir ja in Berlin kein eigenes Schlafzimmer besessen hatten, waren die Feldbetten eine gute Lösung. Denn im Berlin der Nachkriegszeit und Nach-Blockadezeit, waren kaum Möbel zu erhalten; abgesehen von der Preisfrage.

Wenn man nach Berlin fahren wollte, benötigte man einen Interzonen-Paß. Das war ein sechsseitiges, viersprachiges Dokument, das in der deutschen Version als "Einfacher Rundreise-Interzonen Paß" bezeichnet wurde. Aussteller: Everett W. Schoening, Kreis Res. Officer. Der Grund der Reise war zu erläutern: Erledigung dringender geschäftl. Angelegenheiten. Ausgestellt am 14. November 1949 und "extended to 29 Dec. 49". Als Beruf war bei mir vermerkt: Küchenbuchhalter. Mit dieser Formulierung von Reisezweck und Beruf war man sicher, daß der Reiseerlaubnis keine Absage erteilt wurde. Als Beruf meiner Frau war "Chemikerin" eingetragen. Aus diesen Dokumenten geht hervor, wie weitgehend die Bewegungsfreiheit und eine deutsche Autonomie noch entfernt lagen.

Wir stiegen am 14. November in den Interzonenzug. Von unseren Freunden hatten wir uns verabschiedet, die Adressen waren ausgetauscht. Es konnte uns nicht mehr viel halten. Die Berge waren schön gewesen, auch das Baden am Thumsee. Aber schließlich gab es in Berlin Havel und Wannsee. Wir zogen von Reichenhall aus, ohne Trennungsschmerz. Was uns in Berlin erwarten würde stand in den Sternen. - Der Zug rollte an, ein letzter Blick aus dem Fenster auf Predigtstuhl und die schöne Landschaft und damit blieb Reichenhall eine Episode für uns, eine lange und nicht immer erinnerungswerte.

Der Zug ging in Richtung Probstzella, dort war der Grenzübergang. Probstzella ist ein kleiner Ort im Thüringer Wald, der als erster Ort nach der Grenze zur Ostzone damals in aller Munde war. Später gab es zwei andere Grenzübergänge für Kraftfahrzeuge, die allgemein bekannter waren, das war Töpen-Juchhöh, von Berlin nach

Bayern, und Helmstedt-Marienborn, von Berlin in Richtung Westen. Probstzella ist weder in einem fünfbändigen Brockhaus-Lexikon der 80er Jahre, noch in einem Auto-Atlas von 1988/89 aufgeführt. Aber das war der Ort an dem wir "berechtigt waren die Demarkationslinie zu überschreiten". Nur dort konnten wir ausreisen und auch nur dort hätten wir wieder einreisen können. Vor der Grenze kamen zwei große amerikanische Militärpolizisten, rissen die Abteiltür auf und forderten in barschem Ton: Pass! Diese wurden vorgezeigt, wir erhielten einen Stempel: Einreise-Ausreise US. Zone Deutschland GPP. Ludwigsstadt 14. Nov. 1949. Daneben ein Stempel, vermutlich von deutscher Zollbehörde: Zugabfertigung Zoll-Grenzaufsichtsstelle Ludwigsstadt, Datum 14. 11. Sig. K. Nach einiger Zeit fuhr der Zug wieder an und wir waren in der Ostzone. Es kamen zwei sehr freundliche russische Polizisten, begrüßten das Abteil mit: Guten Abend, bitte die Pässe. Wieder gab es einen Stempel, mit kyrillischen Buchstaben: W'ESD, darunter Probstzella in kyrillisch. Mit Wünschen für gute Fahrt und einem weiteren Guten Abend verließen die Russen wieder das Abteil. Die Amerikaner hatten sich keinen guten Abgang verschafft.

Im Interzonenpaß ist noch eingetragen: *Nach Ablauf der Gültigkeitsdauer ist dieser Paß unverzüglich bei der ausstellenden Behörde zurückzugeben. Das konnten wir dann nicht erfüllen.*

Die Fahrt dauerte lange, das war dank der Zerstörungen vier Jahre nach Kriegsende wohl kein Wunder und es dauerte bis zum frühen Morgen bis wir nach Berlin kamen. Im Morgengrauen standen wir am Bhf. Halensee, sahen auf den Kurfürstendamm. Das Bild, das sich bot war erschreckend. Viele Trümmer, viele Fenster mit

Pappe verschlossen. Die Fassaden schmutzig-grau. Aus vielen Pappfenstern kamen Ofenrohre die qualmten. Aber es war unsere Heimat; ich glaube die Tränen liefen uns herunter. Wir waren im britischen Sektor.

1949: Gründung der NATO, Adenauer wird Bundeskanzler, Heuss Bundespräsident. Wilhelm Pieck wird Präsident der DDR, Otto Grotewohl Regierungschef. DDR erkennt Oder-Neiße-Grenze an. West-Berlin wird nicht zwölftes Land der Bundesrepublik. 1950: Ernst Reuter wird Regierender Bürgermeister. Die dritte Strophe des Deutschlandliedes wird 1952 Nationalhymne. DDR kündigt Aufstellung von Streitkräften an. Eisenhower US-Präsident. 1953: Anschwellender Flüchtlingsstrom aus der DDR. Arbeiteraufstand am 17. Juni in der DDR: von Sowjetischen Soldaten niedergeschlagen. Ernst Reuter stirbt. Interzonenpässe abgeschafft. Elizabeth II. wird englische Königin. Stalin stirbt. UdSSR besitzt Wasserstoffbombe. 1954: Heuss bleibt Bundespräsident. 1955: Ney Ministerpräsident in Saarbrücken. 1956: Erste Einheiten der Bundeswehr. Fürst Rainier von Monaco heiratet Grace Kelly. Chrustschow leitet Entstalinisierung. Aufstand in Ungarn wird durch Sowjets niedergeschlagen. 1957: Saarland wird Bundesland.

1949-1957

Wir standen jetzt wieder auf der Erde in Berlin und gingen langsam den Kurfürstendamm entlang, eine Strecke, die ich von frühester Jugend an oft zurückgelegt hatte. Der direkte amerikanische Einfluß war jetzt erst einmal zu Ende. Das möchte ich zur Gelegenheit nehmen, dem Leser etwas deutlicher meine Einstellung zu Amerika zu schildern. Wie ich früher bemerkt habe, hatte meine Mutter eine enge Freundin, mit der sie musiziert und auch Konzertreisen unternommen hatte. Die Freundin, Lisel Rhoelk, war 1913 nach USA ausgewandert, hatte geheiratet und mit ihrem Mann betrieb sie ein Fotogeschäft in Chicago. Schon nach dem ersten Weltkrieg hatte sie meine Eltern in der Inflationszeit unterstützt und hatte, in Päckchen verborgen, Dollarnoten nach Berlin gesandt. Als sich meine Mutter von ihr auf dem Bahnhof verabschiedete, schenkte sie ihr als Andenken einen goldenen Ring mit einigen kleinen Brillanten. Lisel dachte auch nach dem zweiten Krieg an ihre Freundin und unterstützte sie, und in Reichenhall hatten wir von ihr Kleidung und Bücher erhalten. Für mich war "Tante Lisel aus Chicago" in meiner frühen Jugend eine Art Märchenfigur. Wenn Not herrschte, half Lisel. So ist mein ganzes Verhältnis zu Amerika aus dieser Erinnerung geprägt. Ein Land in dem hilfsbereite, gute Menschen leben und die weit weg von uns leben - unerreichbar. Als ich später begann den Jazz zu lieben, sah ich Amerikaner als Menschen, die dort existierten, wo wir nie hinkommen würden und die immer Jazz hören konnten und wollten. Meine reale Bekanntschaft mit Amerikanern hat dieses Bild nicht zerstört, sondern nur korrigiert.

Aber wir waren ja nun im britischen Sektor und unser Ziel war jetzt erst einmal die Wohnung in der Hektorstraße. Wir gingen an Häusern vorbei die wir kannten. Das Haus in dem Dr. Koebbel, unser Hausarzt, seine Praxis gehabt hatte. Zwei Häuser weiter hatte mein Klassenkamerad Rolf Silberberg gewohnt, Jude und Zionist. Er hatte rechtzeitig Deutschland verlassen und war nach Frankreich gegangen. Wir waren sehr eng befreundet, er hatte auch an unseren Leseabenden teilgenommen. Wieder ein Haus weiter hatte Harald Hofmann gewohnt, der jetzt als Harald Holberg versuchte Karriere zu machen. Das Haus von Werner Lilienthal war vom Bahnhof aus nicht mehr zu sehen gewesen, es war zerbombt, wie auch unser früheres Wohnhaus in der Georg-Wilhelm-Straße.

Als wir in die Hektorstraße kamen, war uns doch etwas flau zu Mut, nicht nur wegen der auf der Eisenbahn durchfahrenen Nacht. Den Fahrstuhl konnten wir nicht benutzen, wir hatten keinen Fahrstuhlschlüssel. Aber unser Gepäck war auch nicht schwer.

An der Wohnungstür stand groß "Kiwitz", der Name meines Vaters war darunter angebracht worden, so als sei Wolf der Untermieter. Nach dem Klingeln schlurfte es hinter der Tür und nach einiger Zeit öffnete meine Mutter. Sie wirkte sehr klein, zusammengefallen und grau in Gesicht und Kleidung. Ihr Gesicht hellte sich langsam zu strahlender Freude auf. Unsere Gefühle sind kaum zu beschreiben. Schließlich kam auch Frl. Kiwitz, eine Frau von damals ca. 50 oder 60 Jahren und meine Mutter stellte stolz vor: Mein Sohn und meine Schwiegertochter. Frl. Kiwitz sollte noch lange bei uns wohnen. Sie hat sich in vieler Beziehung sehr nützlich gemacht, aber es hat auch viel Ärger mit ihr gegeben. Wir waren bis zu ihrem Tod in den 80er Jahren mit ihr in Kontakt. Dann gingen wir ins Schlafzimmer, wo mein Vater noch im Bett lag und zuerst etwas ungehalten über die Störung war. Für ihn war wohl unser Eintreffen nicht ganz so unerwartet, denn er hatte aus unserem Briefwechsel entnommen, daß wir keine Lust hatten auf Dauer in Reichenhall als Sekretärin oder Hotel-Angestellter tätig zu sein.

Als wir dann die Wohnung ansahen, bekamen wir doch einen Schreck. Insbesondere unser Eßzimmer, mit Parkett, Balkon und ca. $50m^2$ groß, machte einen schrecklichen Eindruck. In Raummitte stand ein Ungetüm von Heizofen mit großer Kochplatte. Ein schmutziges Ofenrohr ging zur Balkontür und führte oben durch ein Loch in einer Pappscheibe ins Freie. Es war offensichtlich, daß hier häufig gekocht oder geheizt wurde. Die schönen Möbel waren schwarz von Kohlenstaub, zu schweigen von Gardinen und dem großen seidenen Lampenschirm. In dieses Zimmer mußten wir dann aber einziehen mit unseren Klappbetten. Das große Büfett rückten wir in den Raum hinein und schufen uns zwischen Büfett-Rückwand und der Zimmerwand eine Art Schlafraum. In unserm sogenannten Bastelzimmer, in dem die Filme und Projektoren standen und alle möglichen Bastel-Arbeiten ausgeführt worden waren, fanden wir eine Ansammlung von Pappe, Kartons, Papier, Büchsen und allem möglichen Material, welches aufgehoben wurde; man konnte es ja vielleicht noch zu irgendeinem Zweck verwenden. Die Umwandlung unserer Gesellschaft von der Notgemeinschaft bis zur Überflußgesellschaft begann damals noch nicht, insbesondere noch nicht in Berlin. Wir hatten aber in Bayern schon mehr Mut gefaßt als die Berliner, die gerade erst der Blockade entkommen waren.

Nachdem wir die Emotion der Rückkehr einigermaßen überwunden hatten, saßen wir am Kaffeetisch und beratschlagten. Als erstes gab uns mein Vater jedem 20,00 DM, denn er hatte Recht mit der Annahme, daß wir ziemlich "blank" waren. Damit konnten wir dann wenigstens eine Straßenbahn- oder S-Bahnfahrt bezahlen. Denn jetzt stand uns ja der Gang zu Behörden bevor. Dazu zählte die polizeiliche Anmeldung, die Anmeldung bei der Kartenstelle (für Lebensmittelkarten) und der Gang zum Wohnungsamt. Laut der Eintragung auf dem Interzonenpaß haben wir vom 1. 12. bis 14. 12. 1949 je eine Lebensmittelkarte erhalten: Bezirksamt Wilmersdorf von Groß-Berlin, Abteilung für Ernährung. Ein Umtausch vom 17. 11. bis

30. 11. ist eingetragen, dabei muß es sich um die Abgabe der bayrischen Marken handeln.

Beim Wohnungsamt stand uns auch noch ein Kampf bevor. Der Zuzug nach Berlin wurde nicht ohne weiteres gewährt. Mit einem Rezept von unserem Hausarzt, in dem auf die Hinfälligkeit meiner Eltern hingewiesen wurde und mit vielen guten Reden hatten wir dann schließlich Erfolg. Aber es war notwendig zu erläutern, warum wir erst jetzt wieder in der Lage waren nach Berlin zu kommen. Dabei hatte ich bereits aus Reichenhall im September ein Gesuch an das Bezirksamt gerichtet und ausführlich geschildert, daß ich nach der Operation in Zehlendorf, 1945, gegen meinen Willen aus Berlin abtransportiert worden war und auch die anschließende Odyssee.

Die polizeiliche Anmeldung wurde am 1. 12. 1949 registriert und die "Zuzugsgenehmigung nach Berlin-Wilmersdorf" ist am 13. 1. 1950 datiert. Auf dieser Genehmigung war gefragt: Mitglied der NSDAP oder Gliederung. Meine Eintragung dazu lautete: HJ seit Aug. 33. Auf meinem Schreiben an das Bezirksamt hatte ich noch darauf hingewiesen, daß wir laut Mitteilung der Spruchkammer Bad Reichenhall vom Entnazifizierungsgesetz nicht betroffen seien.

An ein sofortiges Studium war nicht zu denken, denn das Semester hatte längst begonnen und die Bedürfnisse des Alltags zu befriedigen nahm unsere ganze Zeit in Anspruch. Zur Überbrückung der Frist bis zum Frühjahr mußte ich mir auch einen Gelderwerb suchen. Aber ich versuchte bei den beiden Berliner Hochschulen die Studienmöglichkeit zu erkunden. Die Universität "Unter den Linden" kam als erste in Frage, aber das war für Bewohner der Westsektoren schwieriger als für Östler. An der TH in Charlottenburg, sie hieß damals noch TH, erlebte ich eine grobe Enttäuschung. Als ich erkundete, wie ich dort studieren könnte, wurde mir mitgeteilt, daß für einen ehemaligen Offizier die Zulassung schwierig sei und daß an ein Stipendium schon gar nicht zu denken sei. Ohne Stipendium war aber für mich an ein Studium nicht zu denken.

Übrigens hatte mein Vater in der Zwischenzeit eine Stellung im Ostsektor angetreten, bei dem im Osten gelegenen Teil von Osram, der jetzt unter der Bezeichnung "Berliner Glühlampenwerk, VEB" arbeitete. Durch den Leiter des Werkes, einen ehemaligen Osram-Mitarbeiter, war mein Vater angesprochen worden und hatte sofort zugesagt, er wurde Abteilungsleiter der Entwicklungsabteilung. Originellerweise hatte er die gleichen Räume in denen er lange vor dem Krieg schon einmal tätig war, als dieser Teil der Gebäude zur Auer-Gesellschaft gehörte. Fast die gesamte Führungsschicht des volkseigenen Betriebes bestand aus Westberlinern.

Bevor ich aber dort im Frühjahr 1950 anfangen konnte zu arbeiten, hatte ich noch eine vorübergehende Beschäftigung bei einer Schnapsfabrik. Jochen Engel war der Sohn eines früh verstorbenen Freundes meines Vaters und hatte nach dem Krieg in einem Keller in Westend eine Schnapsfabrikation aufgezogen. Er war durch dunkle Kanäle mit einer Schnapsfabrik im Osten in Kontakt und bezog von dort Ostware, die er als Westware umetikettierte. Die Bewegung zwischen Ost- und Westberlin war noch nicht behindert und so rollte manches Geschäft ab, was gelegentlich legal, oder halblegal, oft aber auch völlig illegal war. Aber was hieß denn damals schon illegal.

Im Keller habe ich dann einige Monate bei der Schnapsfabrikation gearbeitet. Aber meiner Leber war es sicher zuträglicher diese Stellung zu beenden. Jochen, der ja ein Jugendfreund war, hätte mich gerne behalten. Er meinte Schnapsherstellung hätte doch auch mit Chemie zu tun.

In dieser Zeit hatte sich in Spandau eine Filmfirma gegründet, die unter der Leitung von Arthur Brauner eine gewisse Bedeutung erlangt hat, es war die CCC. Im Februar-März arbeitete sie für einen Film der seichten Unterhaltung, bei dem es um einen Friseur ging, der in der Provinz ein Wundermittel gegen Haarausfall vertrieb. Dazu wurden glatzköpfige Komparsen gesucht. In Berliner Tageszeitungen erschien eine Annonce, daß zu einem bestimmten Zeitpunkt Berliner Glatzen gebeten wurden sich im Atelier in Spandau vorzustellen, zwecks Auswahl bei der Mitwirkung im Film. Meine Glatze fand ich filmreif und machte mich auf den Weg nach Spandau. Eine unglaubliche Zahl von Glatzen allen Alters war mit mir auf dem Weg, von sehr jungen durch Krankheit kahl gewordenen, bis zu alten Leuten, die nur mühsam mit Krücken noch laufen konnten. In der Atelierhalle herrschte Chaos. Es hatte sich scheinbar niemand vorstellen können, wieviele Berliner ihre Glatzen für filmwürdig hielten. Die Polizei war zur Hilfe gerufen worden, um wenigstens eine Spur von Ordnung aufrechtzuerhalten. Wie ich in dieser Masse von Glatzen dann in die engere Wahl gekommen bin, weiß ich nicht mehr. Jedenfalls habe ich meine Adresse angegeben und erhielt einige Tage später eine Expreß-Postkarte, mich früh morgens im Studio einzufinden. Dort wurde uns - einer beträchtlichen Anzahl an Glatzen - erläutert, daß wir das Publikum, das zu dem

Friseur strömte, darstellen mußten. Außerdem mußten einige von uns bei einer Gerichtsverhandlung, in einem Teil des Filmes, das kahle Publikum mimen. Renommierte Schauspieler in diesem Streifen waren Sonja Ziemann, Hubert von Meyerinck und der wohl inzwischen vergessene Berliner Komiker Kurt Seifert[5]. Die Gerichtssaalszene dauerte ca. 20 Sekunden, aber bis alles nach dem Geschmack des Regisseurs gelungen war, verstrichen fünf Stunden mit endloser Wiederholung dieser kurzen Szene. Wir saßen auf Bänken im Zuschauerraum und beobachteten nur interessiert die Filmleute. Einige Tage später kam wieder eine Postkarte und mit nur noch wenigen Glatzen fand ich mich wieder in Spandau ein, wurde braun geschminkt und stand auf einem Art Bahnhofsvorplatz auf dem ein Zeitungskiosk aufgebaut war, an dem Sonja Ziemann den Zeitungsverkäufer etwas fragen mußte. Als Belebung sollte ein Passant an den Kiosk kommen und die Zeitungen ansehen, ohne weiter in Erscheinung zu treten. Dazu wurde ich ausgesucht und so habe ich die deutsche Filmlandschaft durch eine Szene bereichert, bei der nur Sonja Ziemann und ich auf der Leinwand erschienen. Hätte ich nur einen Satz zu sprechen gehabt, hätte ich Anspruch auf eine höhere Gage. So belehrten mich die berufsmäßigen "Kleindarsteller", wie sich die Komparsen lieber nannten. Auch mit Hubert von Meyerinck spielte ich in einer Szene, als auf einer Art Dorfstraße, die im Atelier aufgebaut war, das Publikum in bestimmter Weise flanieren mußte. Zusammenstöße zwischen den Schauspielern waren zu vermeiden, auf dem Atelierboden war aufgezeichnet, wer wann und wie gehen mußte, um natürlich zu wirken aber auch der Kamera nicht die Sicht zu nehmen. Eine dritte Szene spielte auf dem Bahnhof der im Freigelände entstanden war. Dabei war noch schwieriger die Abfolge der einzelnen Personen zu organisieren. Wir sollten aus dem Zug klettern und den Bahnsteig entlang zum Friseur mit dem Wunderheilmittel eilen. Achtzehnmal sind wir ein- und ausgestiegen bis die Szene stand. Auch hierbei wurde Meyerinck von übereifrigen Komparsen fast über den Haufen gerannt bevor jeder wußte wann und wo er sich zu bewegen hatte.

Als der Film fertig war und im Kino lief, sind meine Frau und ich sofort zur Vorstellung gegangen. Eine lustige Begegnung hatten wir mit Meyerinck, als wir bei einem Spaziergang durch eine Seitenstraße des Kurfürstendamm Hubert von Meyerinck begegneten und er vor uns sehr freundlich den Hut zog und uns grüßte. Er verstand mich wohl als jungen Kollegen. Die Filmwelt war faszinierend, aber ich hatte doch Bedenken, daß ich vielleicht nicht immer für Szenen ausgesucht werden würde und deshalb hielt ich an der Idee zum Studium fest. Aber die Gage, die ich erhielt, hat uns sehr geholfen. Wir empfanden sie als sehr großzügig, aber über die Höhe habe ich keine Erinnerung mehr.

Die Chancen an der TH anzukommen waren nicht gut, das wußte ich. Aber sowohl meine Frau, als auch ich in meinem ersten Semester, hatten ja an der Ostberliner Universität, die jetzt Humboldt-Universität hieß, studiert. So lag es nahe auch dort die Studienmöglichkeit zu erkunden. Da wurde durch meinen Vater, der ja im Osten tätig war, eine neue Möglichkeit eröffnet. Durch einen Bekannten im Ostberliner Kultusministerium hatte er erfahren, daß man im Osten in ganz anderer Weise mit rückkehrenden Studenten verfahren wollte. Für ehemalige Soldaten wurde die Möglichkeit des "berufstätigen

Gasthörers" geschaffen. Der Gasthörer wurde als normaler Student eingeschrieben und nahm während des Semesters an allen universitären Veranstaltungen teil. Er war aber Angehöriger einer Ostberliner Firma mit der er einen Vertrag schließen konnte, der beinhaltete, daß er in der semesterfreien Zeit bei dieser Firma tätig war. Aber für die gesamte Dauer des Semesters war er von allen Verpflichtungen der Firma gegenüber freigestellt; er erhielt jedoch weiter seinen vollen Lohn. An Studienfristen war er nicht gebunden, er konnte Übungen und Examen früher oder später ablegen, als es in der Studienordnung vorgesehen war.

Das klang nun allerdings anders, als die Auskünfte bei der TH und so blieb nur noch eine Stellung im Osten zu finden. Dabei hat mir dann allerdings mein Vater sehr geholfen und ich fand mich eines Tages als Praktikant im Berliner Glühlampenwerk (BGW) ein. Der Stundenlohn mit 1,01 Mark war nicht üppig, aber das Wenige kam regelmäßig. Ein Teil davon wurde nach Antrag beim Berliner Senat in West-Mark umgetauscht. Es fiel mir anfangs schwer morgens um 7.15 Uhr bei der Firma zu erscheinen, ich mußte mit der S-Bahn eine gute halbe Stunde bis zum Bhf. Warschauer Brücke fahren. Aber ich fand diese Studienmöglichkeit sehr angenehm.

Das BGW war ein VEB (Volkseigener Betrieb). Die Einrichtung der VEBs war gerade entstanden. Im Forschungslabor, wo ich arbeitete, war sogar der größere Teil des Personals aus dem Westen. Als Mittagessen wurde im Werk ein ausreichendes Kantinenessen serviert, das sog. Kotikow-Essen. Kotikow war ein russischer General, der dafür sorgte, daß die arbeitende Bevölkerung auch verpflegt wurde. Dazu diente auch ein HO-Laden innerhalb des Werkes, der in Arbeitspausen aufgesucht werden konnte. Oft reichten diese Pausen nicht aus, aber die Entschuldigung, daß man in der HO beim Einkaufen war, genügte. HO ist die Abkürzung für Handels-Organisation. Das war eine Einrichtung, in der es sämtliche Artikel, auch Lebensmittel, ohne Marken zu kaufen gab. Ein halbes Pfund Butter kostete zum Beispiel 5 Mark. Die HO diente dazu, den Verbrauchern die Möglichkeit zu geben ihr Geld auch für bewirtschaftete Waren auszugeben, die dann markenfrei zu erhalten waren, aber mit einem entsprechend hohen Aufpreis. Auch sonst war die Stimmung und Atmosphäre in diesem VEB sehr positiv. Es herrschte so eine Art Pionier-Stimmung und der Wille zum Wiederaufbau war spürbar. Das hielt dann allerdings nicht sehr lange an. Neben der technischen Leitung des Werkes entwickelte sich die BGL, das heißt die Betriebs-Gewerkschaftsleitung, die mit linientreuen Genossen besetzt war und recht schnell ein politisch legitimiertes, das heißt nicht fachlich bedingtes, Mitspracherecht erhielt. Ich hatte mit der BGL erstmals bei meinem zweiten oder dritten Semester zu tun. Als ich mich zum Studium abmelden wollte, wurde ich auch zur BGL geschickt. Dort empfing mich ein Genosse, der mich sofort duzte und mir sagte: Also du willst Studienurlaub haben, Kollege Wolf, aber du bist ja nicht einmal organisiert. In der Tat war ich in keiner der Organisationen der Partei. Es blieb mir nichts anderes übrig als zu erklären, daß ich dann eben in den FDGB (Freier deutscher Gewerkschaftsbund) eintreten würde. Das schien mir noch am ehesten verträglich. Es hatte auch weiter keine Konsequenzen, nicht einmal Beitrag wurde vom Gehalt einbehalten; dazu war das Gehalt auch zu gering. Eine andere Organisation, die sich einer gewissen Beliebtheit erfreute um die "richtige" Einstellung zu dokumentieren, war die Gesellschaft für deutsch-sowjetische Freundschaft. Die schien ja nun fast völlig unverdächtig; Berliner, die über ihre Mitgliedschaften berichteten, erzählten dann auch immer: Ich bin in der Freundschaft.

Aber sonst lief das Leben seinen Gang, im Semester an der Universität bei Übungen und Vorlesungen und in der anderen Zeit im Werk. Dort ergab sich nach ca. einem Jahr eine Gehaltsaufbesserung auf 1,51 Mark, nachdem ich einige Ideen für die Beurteilung von Leuchtstoffgemischen hatte. Bei der Herstellung von Leuchtstoffröhren mußte der Farbton, in dem die Röhren leuchten sollten, durch die Wahl der Komponenten der Beschichtung erzeugt werden. Übrigens wurden im BGW Röhren en masse hergestellt, obgleich es gar nicht möglich war, sie zu benutzen, denn die dafür nötigen Zusatzteile konnten in der DDR noch nicht erzeugt werden. So haben wir also auf Halde produziert. Wenige Anwender konnten die Röhren verwenden, dazu zählten die S-Bahn und Krankenhäuser oder Großbetriebe.

Die Röhren entsprachen auch nicht dem neuesten Standard. Es war noch nicht gelungen, den sogenannten stroboskopischen Effekt zu unterdrücken. Die Beleuchtung durch eine Leuchtröhre erfolgte in einer schnellen Folge von Lichtblitzen. Wenn die Röhre nicht Bruchteile von Sekunden nachleuchtete, wie es jetzt der Fall ist, so sind Arbeiten an Maschinen wegen des Flimmerns bei dieser Beleuchtung äußerst gefährlich.

Die Warenknappheit und die Unfähigkeit der immer mehr politisch beeinflußten Führung der Firmen in der DDR war der Grund, daß die positive Stimmung, die im

Anfang geherrscht hatte, bald in das Gegenteil umschlug. Insbesondere in Berlin war ja auch zu beobachten, wie sich beim "Klassenfeind" im kapitalistischen Sektor Versorgung und Ernährung sehr viel schneller und besser entwickelten, als im Osten. Ostberliner gingen in Scharen in den Westen um neueste Filme zu sehen, um im Osten nicht erhältliche Waren zu kaufen oder um nur am Kurfürstendamm die Geschäfte mit vollen Schaufenstern anzusehen. Einkaufen war für Östler schwierig, denn der Umtauschkurs von Ostmark zu Westmark war in manchen Zeiten 6 zu 1 oder sogar bis 9 zu 1. Aber die Kinobesitzer waren einverstanden, daß Östler ihre Karten 1:1 in Ostgeld bezahlen konnten. Das war wohl nicht nur ein philantropischer Akt, denn es war besser Besucher für Ostmark zu haben, als leere Plätze. Der Besuch der Kinos ging ja durch die Einführung des Fernsehens schon merklich zurück. Der geringe Wert der Ostmark, die ja nur an Umtauschstellen in Westberlin gehandelt wurde, trug dazu bei, daß viele Dienstleistungen in Ostberlin in Anspruch genommen wurden. Viele Frauen fuhren mit der S-Bahn in den Osten zum Friseur oder zum Schneider. Der Dauerwelle sah man später nicht an, wo sie entstanden war. Berufstätigen Östlern war es auch ein Dorn im Auge, daß die Westberliner Hausfrauen im Ostsektor das Gemüse wegkaufen konnten, das nach Arbeitsschluß der Fabriken im Westberliner Topf schmorte, während die Ostberliner leer ausgingen. Die Friseure haben beim Berliner Senat darauf hingewiesen, daß sie vor dem Konkurs stehen, wenn nicht eingegriffen würde. Das gleiche galt für Wäschereien. In Köpenick waren große Wäschereibetriebe angesiedelt, die seit Jahrzehnten ganz Berlin belieferten. Der Betrieb, bei welchem wir waschen ließen, hatte schon meine Babywindeln gewaschen. Alle paar Wochen kam die Lieferung mit zwei Koffern und die schmutzige Wäsche wurde wieder mitgegeben. Bis eines Tages eine kleine Wäscherei in der Hektorstraße den Lieferanten zur Rede stellte und ihn aufforderte nicht mehr nach dem Westen zu kommen.

Es wurden andererseits aber hochwertige Waren, die in der HO frei zu erhalten waren, von Westberlinern aufgekauft und nach Westen verschoben. Dazu zählte eine Reihe optischer Geräte und Fotoapparate.

Vieles, was nicht verboten war, war aus anderen Gründen als verwerflich zu betrachten. Aber manches war offiziell verboten, was unsinnig erschien. Dabei war nicht nur der Osten führend, sondern auch der Westen erließ seitenlange Verordnungen. Berlin war ein merkwürdiges Pflaster zur damaligen Zeit. Unsere ganze Familie lebte zwischen Ost und West. Die Information der man traute, kam aus dem Westen. Die Ostzeitungen waren gleichgestellt und ergingen sich in Lobhudeleien über die Sowjet-Union, oder sie brachten Nachrichten über gänzlich belanglose Ereignisse im Osten, die nur Funktionäre interessierten. Das Radio war für die Östler der wesentliche Informations-Kanal. Der Sender RIAS wurde meist gehört; RIAS ist eine Abkürzung für Rundfunk im amerikanischen Sektor. Störsender waren für die Zone wirksam, aber in Berlin konnte, wer wollte, die westlichen Sender hören. Eine der am meisten vom Osten bekämpften Sendungen war kabarettistisch, von Günter Neumann gestaltet, und unter dem Namen "Die Insulaner" weltbekannt geworden.

Günter Neumann war ein liebenswerter, sehr musikalischer und sehr witziger Mensch. Wir lernten ihn persönlich kennen, als wir in der Nähe der Hektorstraße in einem ehemaligen Kaffee, das jetzt zum "British Centre" umgestaltet worden war, verkehrten. Dort hatte sich ein Filmklub im British Centre gebildet, dem wir beitraten. Der Klub hatte zum Ziel, alte Filme vielfach, noch Stummfilme, wieder aufzuführen. Da es sich um Stummfilme handelte wurde ein musikalischer Begleiter am Klavier beauftragt, den Film zu illustrieren. Diese Aufgabe hat oft Günter Neumann übernommen, der dem Klub eng verbunden war. Es war immer ein großes Erlebnis ihn zu hören. Er kannte die Filme vorher nicht, nur Titel und den Inhalt in groben Zügen. Er saß unterhalb der Leinwand, sah auf die Handlung und spielte dazu eine Musik, die ihm adäquat schien.

Viele filmische Juwelen der Stummfilmzeit haben wir damals wiedergesehen. Eines Tages war die Vorführung des alten Stummfilmes "Ben Hur" vorgesehen, der durch faszinierende Szenen eines römischen Wagenrennens noch über 25 Jahre nach seiner Erstaufführung bekannt war. Zwei Vorstellungen waren am Abend vorgesehen; wir hatten uns für die zweite Vorstellung entschieden, kamen aber noch lange vor Schluß der ersten Vorstellung ins Theater. Dort herrschte große Aufregung und die Vorstellung wurde unterbrochen, weil plötzlich zwei baumlange amerikanische Militärpolizisten erschienen und brüsk verlangten, daß die Vorführung sofort zu beenden sei und daß ihnen die Rollen mit dem Film ausgehändigt werden müßten; sie seien beschlagnahmt. Der Manager des Zentrums, ein Engländer, rief sofort britische Militärpolizei zu Hilfe, die bald erschien und den amerikanischen MP's beibrachte, daß sie "auf britischem Boden" sich befinden würden und deshalb überhaupt nichts zu vermelden hätten. Alliierte Militärpolizei stritt in West-Berlin um alte Filmrollen. Die Unterhaltung zwischen den MP's verlief nicht sehr freundlich und den Amerikanern wurde bedeutet, daß man sie festnehmen könnte. Darauf kam es zu einem Kompromiß, die erste Vorstellung wurde fortgesetzt, die zweite aufgeschoben, bis die rechtliche Frage geklärt sein sollte.

Der Hintergrund der Aktion war, daß MGM (Metro-Goldwyn-Meyer) eine Neuauflage des Ben Hur starten wollte und daher Vergleiche mit dem alten Streifen fürchtete. Amerikanische MP's als Vollzugsgehilfen der Filmwirtschaft. Da konnte man nur mit Günter Neumann den Slogan der "Insulaner" zitieren: Sehn se, das ist Berlin.

Die "Insulaner" wurden lebhaft diskutiert, in Ost und West. Ihr Erfolg beruhte darauf, daß Neumann glänzend verstand, das Funktionärskauderwelsch zu karikieren. Wie gut er es verstand das inhaltlose Pathos von Ostberliner Veranstaltungen wiederzugeben, machte den Erfolg der Sendung aus. Jeder im Osten wußte, daß seine im Radio auftretenden Figuren ein exaktes Abbild der Funktionärswirklichkeit waren. Aber nach einigen Jahren hatten sich die Verhältnisse im Osten teils gebessert, teils verändert. Als dann Günter Neumann starb, verlor die Sendung ihren Biß und wurde eingestellt.

Durch den Geldumtausch gelang es uns eine kleine Summe auf die hohe Kante zu legen. Wir hatten einen brennenden Wunsch, wir wollten uns motorisieren. Das hieß damals, wir dachten an die Anschaffung eines Motorrads. An ein Auto war in keinem Fall zu denken. Aber ein kleines Motorrad, glaubten wir, würden wir uns leisten können. Mein Vater war nach langen Diskussionen auch bereit sich zu beteiligen. Er war häufig noch im

Kontakt mit Leuchtstoffherstellern und wäre froh gewesen, wenn ich ihn dann zu Besprechungen fahren konnte, ohne daß er eine teuere Taxe nehmen mußte. In der HO gab es ein Motorrad, das einem BMW-Motorrad ähnelte und das für ca. 2.500 Ostmark zu kaufen war. In einem Laden an der Friedrichstraße, Ecke Unter den Linden war eine Auto- und Motorradverkaufsstelle in der einige Kleinkrafträder, das von uns gewünschte Modell und auch einige Pkws standen, die frei verkauft wurden; das hatte ich beim Verkäufer erkundet. Es fehlte nur ein Käufer mit dem Geld und mit einer ostberliner Adresse. Meine Kollegen/innen im BGW berieten mich, als sie von meiner Absicht gehört hatten, und ein junger Mann einer anderen Abteilung erklärte sich bereit, diesen Einkauf zu tätigen. Wir hatten alle notwendigen Verabredungen getroffen und gingen eines Tages in den HO-Laden und suchten uns unter vier angebotenen Maschinen eine

Auf dem Motorrad, Herbst 1953

aus, erledigten die Formalitäten, erhielten an der Zulassungsstelle eine Kfz-Nummer, schraubten das Nummernschild an und fuhren davon. Mein Kollege, er hieß Kurtchen Müller, hatte gar keinen Führerschein und so blieb das Motorrad voll zu unserer Verfügung.

Hersteller waren die Werke Simson in Suhl/Thüringen. Das Motorrad war ein Einzylinder namens AWO, Viertakter mit 250 ccm, 12 PS, Kardanantrieb und Vier-Gang-Fußschaltung. Von der Konzeption her eine ganz moderne Maschine, dem entsprechenden Gerät von BMW zum Verwechseln ähnlich. Mit der Ostberliner Zulassungsnummer konnten wir zwar ohne Probleme nach dem Westen gelangen, aber nach kurzer Zeit haben wir die Eigentumsänderung angemeldet und haben von Kurtchen Müller dann pro forma unsere Maschine erworben; und zwar als Westberliner. Damit erhielten wir dann auch ein Westberliner Kennzeichen. Das ist mir noch in Erinnerung. Es lautete: KB - 115517. Diese ganze Abwicklung vom Kauf bis zur Zuteilung des West-Kennzeichens, wäre wohl einige Jahre später nicht mehr möglich gewesen, aber in dieser ersten Zeit ging noch manches glatt. Wir waren jedenfalls wieder beweglich und das bedeutete uns viel. Ganz selten fuhr ich sogar bis ins BGW, begeistert begrüßt von den Kollegen. Ein Motorrad war damals ein Traum. Im Westen sind wir sehr oft gefragt worden, wie wir es denn geschafft hätten im Osten kaufen und im Westen zulassen zu können. Denn bei der niedrigen Bewertung der Ost-Mark war der Preis, wenn man nur umrechnete, etwa mit dem Preis eines guten Fahrrades vergleichbar.

Mein Vater konnte auf dem Sozius sitzen und ich habe ihn öfter durch Berlin gefahren. Für kleine Ausflüge zum

Baden oder Spazierengehen waren wir nun nicht mehr auf S-Bahn oder Autobus angewiesen. Zur Havel-Chaussee kam man von Halensee aus bequem und Sommer-Wochenenden haben wir in der schönen Berliner Umgebung verbracht. Den West-Sektor haben wir kaum verlassen, denn im Osten war die Situation deutlich schlechter und der politische Zwang nahm spürbar immer mehr zu. Im BGW spielten sich auch merkwürdige Dinge ab. Der kaufmännische Direktor (Westberliner) fuhr eines Tages mit seinem Pkw nach Westdeutschland um dort einige Gasflaschen mit Edelgas zu besorgen. Die Leuchtröhren mußten mit Gas gefüllt werden und Edelgas war damals für längere Zeit im Osten nicht erhältlich. Um die Produktion nicht zum Erliegen zu bringen, fuhr er nach Westen und kaufte dort, auf eigene Kosten, das entsprechende Edelgas. Nach Rückkehr wurde er in der Firma verhaftet und es wurde ihm der Prozeß gemacht. Er hatte mit dem "Klassenfeind" Geschäfte gemacht. Offiziell hätte es nie die Genehmigung gegeben und es wären auch keine West-Mark zur Verfügung gestellt worden. Wir haben nichts mehr über ihn erfahren, nur soviel, daß er zu einer Gefängnisstrafe verurteilt worden ist.

Das war natürlich für meinen Vater und mich ein Grund, das Ost-Arbeitsverhältnis kritisch anzusehen. So benutzte mein Vater einen Anruf aus der Firma, um das Arbeitsverhältnis zu beenden. Der Anrufer hatte ihm mitgeteilt, daß er bis Mittag den Ostsektor verlassen sollte. Am Nachmittag fand eine große Kundgebung statt, bei welcher der Verkehr nach dem Westen behindert sein würde. Das hatte der Anrufer aber nicht mitgeteilt. Da mein Vater mit einem anderen Direktor des Werkes aus dem Westen mit einem Firmenwagen zum Dienst geholt und abends wieder nach Haus gebracht wurde, wollte der Anrufer vermeiden, daß die beiden nicht nach Hause gelangen würden. Mein Vater ließ sich krank schreiben und hat von da an den Ostsektor nicht mehr betreten. Die Abwicklung seines Ausscheidens brachte für uns noch einige freudige Überraschungen. Angehörige der Technischen Intelligenz - so lautete die Formulierung - waren nach der Pensionierung berechtigt ein erhöhtes Ruhegehalt zu beziehen. Es handelte sich um eine beträchtliche Summe, ich glaube um die 700 Ost-Mark pro Monat. Die Pensionierung verlief reibungslos und mit der Berechtigung für 700 Mark im Ostsektor einkaufen zu können, fuhr ich mit dem Motorrad oft in den Osten zur HO. Für die Einkäufe hatte ich eine notarielle Bescheinigung bei mir, daß ich berechtigt war in Vertretung für Dr. Max Wolf Einkäufe von seinem Konto im Ostsektor zu tätigen.

Eines Tages hatte ich wieder eingekauft, Lebensmittel und kleinere Gebrauchsartikel. Deswegen war ich mit dem Motorrad unterwegs. Mein Vater hatte mich gebeten, ihm ein Hemd mitzubringen. Als ich durch das Brandenburger Tor nach dem Einkauf in den Westsektor fuhr, hielt mich der West-Zoll an und wollte meine Einkäufe kontrollieren. Als der Beamte das Hemd sah, beanstandete er: Westberliner dürften nur Dinge des täglichen Gebrauchs im Osten erwerben. Darauf sagte ich ihm: "Sie werden es nicht glauben, mein Vater trägt täglich ein Hemd". Mit Mühe konnte er sich das Lachen verkneifen; es muß ihm in diesem Moment klar geworden sein, wie unsinnig diese Bestimmungen damals waren, denn ich hatte mich vorher schon ausgewiesen und gezeigt, daß es sich bei dem Einkauf um im Osten verdientes Geld handelte. Anschließend fragte ich ihn dann ernsthaft, was ich denn machen müßte, um legal, also auch allen westlichen Richtlinien folgend, Bekleidung kaufen zu können. Dazu müßte ich einen Antrag beim Bezirksamt stellen und mit einer dann erteilten schriftlichen Genehmigung könnte ich die Ware einführen. Als "täglicher Bedarf" wurden also nur Lebensmittel angesehen.

Mir gefiel die Situation im BGW auch nicht mehr und deshalb hatte ich einige Tage später, nach angeblicher Krankheit, auch gekündigt, mit der Maßgabe, jetzt im Westen nur noch studieren zu wollen und meine kranken Eltern betreuen zu müssen. Bei der Krankschreibung hat uns unser alter Hausarzt sehr unterstützt.

Es war in mancher Beziehung schade, daß sich die Dinge so entwickelten, denn wir hatten uns mit den Verhältnissen arrangiert. Das heißt nicht, daß man eine Arbeit im Osten zum Aufbau der DDR leisten wollte. Aber ich habe nicht vergessen, in welcher Weise ich im Osten, ganz anders als im Westen, zum Studium zugelassen worden war. Außerdem hatte ich im Osten einen Diplomanden und späteren Doktoranden kennengelernt, mit dem wir uns anfreundeten und lange noch in Kontakt geblieben sind. Er hieß Wolfgang Burghardt und war Assistent an dem Institut, in welchem ich meine Analysen auszuführen hatte. Auch nachdem mein Vater und ich nicht mehr im BGW tätig waren, blieben wir in engem Kontakt. Er hatte seine Diplomarbeit beendet und wollte mit seiner Doktorarbeit anfangen.

Als mein Vater und ich nach der Kündigung nur noch im Westen blieben, fing wieder eine komplizierte Zeit an. Eines Tages wurden wir aufgefordert bei einer Dienststelle der "freiheitlichen Juristen" uns einzufinden. Das war eine Stelle, die Informationen über den Osten sammelte und vor allem offensichtliches Unrecht dokumentieren wollte. Als mein Vater seine Gründe für das Ausscheiden erläuterte, meinte der Sachbearbeiter, daß er vielleicht zu überängstlich gewesen war. Zum mindesten machte er mir Mut und meinte, ich hätte wohl keinen Grund den Osten zu meiden. Aber ich habe mich trotzdem dann bemüht, im Westen an der TH, die später zur TU wurde, einen Studienplatz zu erhalten. Wenn man darauf aufmerksam machen konnte, daß man nicht mehr im Osten studieren könne, so war man schon fast angenommen. Aber eine Aufnahmeprüfung hatte ich doch noch zu bestehen. Die bestand aus einigen Fragen zu naturwissenschaftlichen Dingen und auch Fragen zur Allgemeinbildung. Die Allgemeinbildung wurde von dem bekannten Musiker und Musikkritiker Stuckenschmidt festgestellt. In der Unterhaltung war vorher das familiäre Umfeld behandelt worden und ich hatte dabei erwähnt, daß meine Frau als junges Mädchen Ballett getanzt hatte. Zur damaligen Zeit wurde ein Studium auch an einer Technischen Hochschule nicht absolviert, ohne Fächer allgemeinen Inhalts, z. B. Kunst oder Sprachen oder Literatur. Die Heranbildung von Fachidioten sollte verhindert werden. Von diesem Allgemeinstudium waren allerdings die älteren Jahrgänge befreit. Stuckenschmidt fragte mich, welche Unterschiede im Ballett zwischen Tänzern und Tänzerinnen beständen. Ich bot ihm an, daß Tänzer kein Spagat machen würden, aber er wollte nur hören, daß nur Tänzerinnen Spitze tanzen. Mit dieser Auskunft war der dann zufrieden und ich war zugelassen.

Mein Vater hatte inzwischen Kontakt mit einer westdeutschen Firma aufgenommen, die sich im Schwarzwald befand und er mußte deshalb mehrmals für längere Zeit in Schwenningen tätig sein. Die Notwendigkeit Geld zu verdienen war zu offensichtlich, um diese Chance auszulassen. Daher ist er dann mehrere Monate im Schwarzwald gewesen und wir haben uns um meine Mutter gekümmert. Für diese Fahrten nach dem Westen kam nur das Flugzeug in Frage. Für die DDR war mein Vater ja zu Hause und krank. Die Pflege meiner Mutter oblag im wesentlichen meiner Frau, denn ich war mit dem Studium ausgelastet. Als sich nach einiger Zeit bei meiner Frau Beschwerden einstellten, für die Moorbäder empfohlen wurden, sind wir kurzerhand nach Wilhelmshaven gefahren. Dort entwickelte sich gerade wieder ein kleiner Badebetrieb, denn der Hauptarbeitgeber der Stadt, Werft und Marine, war nicht mehr gefragt. So fuhren wir eines Tages per Motorrad nach Wilhelmshaven. Wolfgang Burghardt begleitete uns mit seinem Motorrad bis hinter die Zonengrenze bei Helmstedt. Alleine zu fahren waren wir doch noch etwas ängstlich, nach unserem Ausscheiden aus dem BGW. Es ging alles glatt, ich lieferte meine Frau ab und fuhr einen Tag später wieder nach Berlin zurück. Die Fahrt durch die Zone mit einer östlichen Maschine verlief reibungslos. Die Abfertigung war sehr zuvorkommend; ein Westberliner, der ein Ostfabrikat fuhr wurde mit Samthandschuhen angefaßt.

Die Kur dauerte ca. sechs Wochen und hatte Erfolg. Ich habe in der Zwischenzeit studiert und befand mich unter vielen Studienkollegen, die auch lange Kriegsjahre hinter sich hatten und froh waren, endlich studieren zu können. So war unsere Einstellung zum Studium dadurch geprägt, daß wir kaum nach Sinn und Zweck des Curriculums fragten. Viel zu wenig, wie sich aber erst in der 68er Revolte herausstellt.

Wolfgang Burghardt hat auch nicht mehr sehr lange im Osten ausgehalten. Beim Aufstand am 17. Juni 1953 am Brandenburger Tor, auf dem noch keine Quadriga war, aber eine rote Fahne wehte, gehörte er zu den Bürgern, die diese Fahne herunterholten. Er ist uns aber noch einmal sehr behilflich gewesen, indem er im Osten einen Seitenwagen gekauft hat und mit seinem Motorrad in den Westen transportierte. Den Kaufpreis hatte er vorher von uns erhalten. Nun hatten wir ein Gespann und das war für meinen Vater doch bequemer. Außerdem haben meine Frau und ich damit auch größere Touren unternehmen können. In der HO gab es brauchbare Zelte und sonstiges Camping-Zubehör zu kaufen und so waren wir für den damals einsetzenden Camping-Tourismus gerüstet.

Für mich änderte sich die Situation am Chemischen Institut insofern, als ich nach dem Absolvieren der Zwischenprüfung eine Stelle als Hilfsassistent erhielt, die war mit 218,00 DM im Monat dotiert. Jetzt konnten wir auch zu Hause etwas zur Miete beitragen. Vorher hatten wir auf Kosten meiner Eltern gewohnt. Die Betreuung durch meine Frau nicht gerechnet.

Meine Mutter erlebte noch eine sehr große Freude, als eines Tages eine junge Musikerin bei ihr nachfragte, ob sie für ein Konzert unter der Leitung des renommierten Musikers Chemin-Petit als erste Geige zur Verfügung stünde. Sie sagte freudig zu und widmete sich der Vorbereitung. Am Konzertabend haben wir sie zum Konzertsaal begleitet, wir mußten ja die Geige tragen. Das Konzert wurde ein großer Erfolg. Sie saß stolz in der ersten Reihe der Geigen und wir staunten, wie die Liebe zur Musik einen Menschen verwandeln konnte. Sie war wieder ganz die Alte.

Unsere geldliche Situation war zwar noch keineswegs rosig, aber wir stellten keine großen Ansprüche. Im Juni 1954 wollte meine Frau wieder zum Unterhalt beitragen und nahm eine Stellung als Rechtsanwalts-Sekretärin an. Bis zum Oktober war sie in der Potsdamer Straße beschäftigt und dann fand ich für sie eine Stellung bei der TUSMA. Das war ein studentischer Kundendienst, man konnte dort anrufen und Studenten als Hilfskraft anfordern; TUSMA war eine Abkürzung für Telefoniere und Studenten machen alles. Arbeitskräfte für die verschiedensten Zwecke wurden vermittelt. Studenten als Lagerarbeiter, als Kraftfahrer, als Begleiter, als Übersetzer oder Dolmetscher, als Gärtner usw. Eine sehr populäre Beschäftigung war der Besuch von Familien zu Weihnachten als Weihnachtsmann. Das war sehr lukrativ, denn zum Fest waren die Berliner bereit, mehr als das vereinbarte Honorar zu zahlen. Als Kraftfahrer und vor allem als Weihnachtsmann bin ich gelegentlich auch tätig gewesen. Dabei konnte man erstaunliche Beobachtungen machen. Zu einer gut situierten Familie am Roseneck war ich bestellt, und bekam einen riesigen Sack mit Geschenken, die ich dem ca. 10-jährigen Sohn aushändigen sollte. Von Weihnachtsstimmung war nicht viel zu spüren. Ein Gedicht wollte oder konnte er nicht aufsagen, aber bei der Übergabe der Geschenke war er sehr wachsam. Er verstaute sie um sich herum auf dem Teppich und fragte gezielt nach bestimmten Gegenständen, die er dann wohlwollend registrierte. Er handelte wie ein Kaufmann, der neue Waren für sein Lager erhält. Ein anderer Vater hatte mir vorher angesagt, was ich den zwei Kindern sagen sollte; ein Kind war der natürliche Sohn und ein weiterer war adoptiert. Ich sollte dem Adoptierten beibringen, wenn er sich im Betragen nicht bessern würde, müßte er wieder in das Heim zurück. Das fand ich so empörend, damit ausgerechnet den Weihnachtsmann zu beauftragen, daß ich das natürlich nicht tat.

Um zu den einzelnen Familien zu gelangen, fuhr ich mit dem Motorrad mit rotem Mantel und Bart durch die Stadt, lachend begrüßt von Passanten. Den Mantel erhielten wir von der TUSMA gestellt, für das andere Outfit mußte man selbst sorgen. Bei der TUSMA arbeitete meine Frau als Sekretärin von Ende 1954 bis November 1957.

Die Tätigkeit im Institut als Hilfsassistent und das gleichzeitige Arbeiten an meiner Diplomarbeit lasteten mich völlig aus. Das einzige Vergnügen war ab und zu ein Kinobesuch. Theater konnten wir uns noch nicht wieder leisten. Viele ausländische, bemerkenswerte Filme liefen in Originalfassung in Berliner Uraufführungstheatern. Für den Film "Die Kinder des Olymp" (Les enfants du paradis) war im Marmorhaus eine Nachtvorstellung von 23 Uhr bis um drei Uhr früh angesetzt, bei der beide Teile mit kurzer Pause gezeigt wurden. Der Film ist ungeheuer eindrucksvoll, aber was uns am besten in Erinnerung blieb ist folgendes. In der kurzen Pause zwischen beiden Teilen wurde Reklame auf der Leinwand gezeigt und dazu sang Zarah Leander, von einer Schallplatte eingespielt. Das war dem Publikum zuviel. Nach diesem Kunstwerk die Pause durch diesen faden Gesang zu überbrücken, war ein Mißgriff auf den das Publikum mit einem Pfeifkonzert und sonstigem Radau reagierte, bis die Platte abgestellt wurde. Diese extreme Gegenüberstellung machte auch dem letzten Zuschauer deutlich, daß man sich im Kino nicht jede Form der Reklame bieten lassen sollte. Es war erfrischend, daß das Berliner Publikum so reagierte. Wir marschierten morgens um drei Uhr den Kurfürstendamm entlang bis nach Hause und haben diesen Abend sehr genossen. Der Berliner Kritiker Friedrich Luft hatte eine Sonntagssendung, die Stimme der Kritik, im Radio, bei der er Filme und Theaterstücke kritisierte. Das tat er in einer unnachahmlichen Art und wir haben uns oft nach ihm gerichtet; wir wurden nie enttäuscht.

Die Erleichterung unserer pekuniären Situation ermöglichte uns dann einen Urlaub in Erwägung zu ziehen. Zu dieser Zeit hatte mein Vater seine westdeutsche Tätigkeit beendet und lebte wieder ständig in Berlin. Seine Gesundheit machte ihm zu schaffen. Wie krank er schon war, stellte sich erst später heraus.

Eines schönen Sommertages fuhren wir mit Motorrad, Seitenwagen und Zeltausrüstung los nach Frankreich. Unser Ziel war das Mittelmeer. Das hatte ich bei meinem Aufenthalt in Frankreich noch nicht kennengelernt. Ein Camping-Urlaub war für viele Deutsche die einzige Form der 50er und 60er Jahre, in der man im Urlaub das wetterbegünstigte Ausland besuchen konnte. Wir fuhren los und landeten am Abend in der Nähe von Frankfurt, wo wir auf einem Berg, der als Camping-Platz im Camping-Führer aufgeführt war, mutterseelenallein, ohne jede Baulichkeit bei Regen unser Zelt aufschlugen. Wir ließen uns durch solch negative Seiten des Campings aber nicht entmutigen. Am nächsten Tag waren wir schon im Elsaß und kochten uns auf einem Landweg am Straßenrand auf dem Spirituskocher eine Mahlzeit.

Man mußte damals ängstlich darauf bedacht sein, das Geld zusammenzuhalten. Kreditkarten oder ähnliches gab es nicht, was man bar eingesteckt hatte mußte reichen, um zum Ziel und mit einer Reserve auch wieder zurückzukommen. Die Fahrt war trotzdem erlebnisreich. Für meine Frau war Frankreich eine völlig neue Erfahrung und als wir das Elsaß hinter uns hatten und in das französischsprachige Gebiet kamen, war der eigentliche Urlaub angebrochen. Bourg-en-Bresse war unser nächstes Reiseziel und dort vor allem die herrliche Église de Brou. Da wir im Osten noch einen Fotoapparat erworben hatten, die unverwüstliche Praktika, konnten wir sogar einige sehr schöne Schwarz-Weiß-Fotografien anfertigen. Für Farbfilm - wir hatten nur einen einzigen - fehlte das Geld. So haben wir in mehreren Tagesetappen einige landschaftliche und architektonische Höhepunkte Frankreichs kennengelernt. Angesichts des "Pont du Gard" bauten wir unser Zelt auf und hatten sogar vom Zelt aus einen Blick auf diesen zweitausend Jahre alten Aquädukt. Vor dem Amphitheater von Nîmes parkte unser Seitenwagenge-

Mit Zelt am Mittelmeer, 1956

spann und staunend kamen Franzosen um festzustellen, wo wir herkamen. Deutsche Urlauber in Südfrankreich waren noch die Ausnahme, und dann auch noch aus Berlin. Es hat ca. eine Woche gedauert, bis wir bei "Le Grau du Roi" das Mittelmeer erreichten. Ein Camping gab es nicht, aber am endlos langen Strand konnte man sein Zelt errichten, die Franzosen machten uns das vor. Auf einem Sandweg fuhr man bis zur Wasserlinie und mußte darauf achten, die Zone zwischen tiefem Sand und nassem Strand zu finden. An dieser Stelle griffen die Reifen und man fuhr so lange bis man eine Stelle, die einem zusagte, gefunden hatte. Dann mit Vollgas in den Sand, bis das Fahrzeug stehen blieb. Dann entlud man, baute sein Zelt mit Zubehör auf und richtete sich ein. Mit dem leeren Fahrzeug konnte man dann in die Stadt zurück um einzukaufen. Am Strand selbst gab es nichts, keine Läden, kein Wasser und keine Toilette. Die Franzosen sagten uns auf unsere diesbezügliche Frage, indem sie auf die Dünen zeigten: On ne se gène pas. Mit einer Schaufel ging man in die Dünen und begrub seine Hinterlassenschaft im Sand.

Camping-Urlauber sind untereinander sehr hilfreich. Hatte sich ein Fahrzeug festgefahren, kamen sofort die Zeltnachbarn und schoben. Franzose oder nicht, spielte keine Rolle. An der Stelle, an der wir damals gecampt haben, steht heute die entsetzliche Feriensiedlung "La grande Motte"; ein Urlauberghetto mit Bettenburgen aus dem Boden gestampft; ein moderner Horror.

Um die Bucht herum stand eine Unzahl kleinerer und größerer Zelte. Unser direkter Nachbar war ein Gemüsehändler aus Avignon. Wer in die Stadt fuhr brachte für den Nachbarn Einkäufe mit. Vor allem aber mußten wir uns an einem Brunnen in Grau du Roi mit Wasser versorgen. Schlafen, Sonnen, Baden, Strandspaziergänge, das war unser Lebenslauf. Vor den Zelten lagen kleine Haufen an Brennmaterial. Am ersten Abend zündeten die Franzosen kleine Feuerchen an. Das sah allerliebst aus, aber den eigentlichen Zweck nahmen wir erst wahr, als bei Dunkelheit eine Unzahl an Mücken über uns herfiel. Sie wurden an unserem Zelt nicht vom Rauch vertrieben. Deshalb wollten wir am nächsten Tag klüger sein, besorgten uns dürres Holz und machten noch vor Dunkelheit ein Feuerchen. Aber kein Franzose hatte an diesem Abend ein Feuer. Der Wind wehte kräftig vom Meer her und brachte keine Mücken mit. In der Zukunft hatten wir immer einen Holzvorrat, aber vor dem Anzünden prüften wir die Windrichtung. Mit einigen Postkarten teilten wir Eltern und Freunden mit, daß es uns gut ging. Nach eineinhalb Wochen mußten wir an die Heimreise denken, denn wir wußten, daß wir etwa eine Woche lang brauchen würden. Die Franzosen im Süden waren deutschfreundlich. Wir haben keine Ressentiments zu spüren bekommen. Ganz anders war es im Norden. Dort benahmen sich Verkäufer in Geschäften noch sehr reserviert, wenn man als Deutscher erkannt wurde.

Die Rückfahrt verlief zum Glück ohne Pannen und Schwierigkeiten. Auch die Fahrt durch die Zone verlief glatt. Am Abend trafen wir wieder in West-Berlin ein. Wir kamen vor einer Ampel hinter einem BVG-Bus zum Stehen, wenn man mit dem Motorrad unterwegs ist, hält man immer recht dicht hinter dem Fahrzeug davor. Es gibt keine Haube und Stoßstange. Wir hielten an und lasen ganz groß geschrieben:

„Beschwingter man durchs Leben rollt
mit der Zigarre HANDELSGOLD!“

die Reklame auf der Rückseite des Busses. Wir fingen an schallend zu lachen und wußten, jetzt sind wir wieder zu Hause. Nichts unterschied das äußere Erscheinungsbild des Ostens so stark vom Westen, wie die fehlende Reklame.

Zur damaligen Zeit waren Busse und Straßenbahnen noch als solche zu erkennen und nicht von oben bis unten mit Reklame bedeckt. Auch Postboten hatten eine Kluft, die sie als solche identifizierbar machte; man konnte sie noch nicht mit sonstigen Jeansträgern verwechseln.

Berlin hatte übrigens immer einen Sinn für pfiffige Reklame. In der Vorkriegszeit und auch noch im Krieg gab es in der U-Bahn nette Zweizeiler der Art:

„Bei jedem Brand die Feuerwehr,
bei Sodbrand aber Bullrich her.“

Oder auch sehr lustig formuliert:

„So nötig wie die Braut zur Trauung,
ist Bullrich-Salz für die Verdauung.“

Diese Verse, die sich oft änderten, wurden während des Krieges in der Truppe ausgetauscht und wenn ein Urlauber aus Berlin zurückkam, wurde er nach den neuen Versen gefragt.

Am späten Abend kamen wir in der Hektorstraße an, entluden unser Gepäck und übergaben einige wenige Mitbringsel meinen Eltern. Am nächsten Tag war der Urlaub vorbei und der Alltag ging weiter.

Unser Leben in Berlin hatte sich in vieler Beziehung jetzt normalisiert, wenn auch auf bescheidenem Niveau. Mein alter Schulfreund Treskow lebte mit Mutter und Großmutter und seiner Frau, die er nach dem Krieg geheiratet hatte, in einer bescheidenen Wohnung an der Kaiserallee. Sein Vater war als Major ganz kurz vor

Beendigung der Kampfhandlungen bei Berlin gefallen. Er selbst war als Lehrling bei der Berliner Bank beschäftigt. Nach dem Krieg ist er lange in russischer Kriegsgefangenschaft gewesen und ungefähr gleichzeitig mit uns wieder nach Berlin gekommen. Da er ursprünglich Offizier werden wollte, war er nach dem Krieg ratlos, was den Beruf anging. Sein Vater war als kleiner Angestellter bei der Bank tätig gewesen und so ließ er sich von Mutter und Bekannten überreden und ging ins Bankfach. Daß seine Karriere als Bank-Vizepräsident enden würde, war noch keineswegs abzusehen. Ein weiterer Schulkamerad war Hans-Ulrich Rogall, der eines Tages unsere alte Freundschaft wieder neu belebte. Er studierte wie ich in Ostberlin und wollte ursprünglich Lehrer werden. Später ist er zur Mathematik gewechselt und hat als Meteorologe sein Examen als Dr. rer. nat. gemacht., fast zur gleichen Zeit, als ich den ersten Teil meines Studiums mit dem Abschlußexamen beendete.

Es war nicht immer einfach festzustellen, ob alte Bekannte oder Freunde noch existierten. Viele Wohnungen waren zerstört, die neue Adresse nicht bekannt, so blieb manches dem Zufall überlassen. Der Zufall führte uns auch wieder mit Fedja Anzelewski zusammen, den wir auf dem Kurfürstendamm mit seiner damaligen Freundin und späteren Frau trafen. Daß wir mit Wolfgang Burghardt in engem Kontakt waren, wurde schon berichtet. Dadurch, daß er auch Chemiker war, hatte er auch Kontakt zu meinem Vater. Mit seiner Freundin, dann Braut und späteren Frau, war er oft Gast in der Hektorstraße. Unsere Wohnung war gemütlich und er hatte nichts ähnliches anzubieten. Trotz unserer Anspannung für Studium und die Lebensumstände haben wir mit ihm viele fröhliche Stunden verbracht. Er hatte soeben Herrmann Hesse entdeckt und besaß fast alle seine Bücher. Die lieh er uns und wir waren eine Zeitlang Hesse-Fans. Daß in einer Zeit der studentischen oder beruflichen Anspannung noch Zeit blieb zum Lesen, finden wir heute bemerkenswert. Es zeigt andererseits, wie wichtig die Beschäftigung mit kulturellen Werten ist, gerade in der Zeit des beruflichen Streß, wie man heute sagt. Wenn Burghardts zu uns kamen, brachten sie immer fertige Stullen für das Abendbrot mit. Für Getränk sorgten wir, aber auch für ein einfaches Abendessen hatte man keine Mittel oder auch keine Marken. Der Besuch bei Freunden mit einem Stullenpaket war ein übliches Ritual im Nachkriegsdeutschland. Nachdem Burghardt sah, daß wir bescheiden aber glücklich und zufrieden lebten, faßte das Pärchen den Plan, auch zu heiraten. Die Heirat fand in Dahme statt, wo die Eltern der Braut zu Hause waren. Dahme ist eine kleine Stadt in Brandenburg, etwa 100 km südlich von Berlin an dem gleichnamigen Flüßchen. Dorthin wurden wir eingeladen und sahen auf diese Weise den Alltag der DDR. Die Feier war großzügig ausgerichtet, aber der Zustand des kleinen Ortes war wenig ermutigend. Die Eltern und Bekannten hatten sich alle Mühe gegeben, um eine "standesgemäße" Hochzeit auszurichten. Es zeigte sich ein Phänomen, das lange bei Besuchen von Westlern in der DDR zu bemerken war. Die Östler fuhren auf, was sie erreichen konnten, nur um den Westlern nicht zu zeigen, wie arm sie eigentlich dran waren. Dabei wurde mit nichts gespart und was auf geraden oder krummen Wegen zu besorgen war, wurde herangeschafft. Der Nachteil dieses Verfahrens war der, daß naive Westdeutsche den Eindruck gewannen, daß es in der "Zone" ja gar nicht so schlimm sei. Aber in der geschlossenen Hochzeitsgesellschaft wurde offen gesprochen und die wirtschaftliche Misere war unverkennbar. Es war auch nicht nur die schlechte wirtschaftliche Situation, sondern immer stärker machte sich der politische Druck bemerkbar, der durch Reisebeschränkungen und fehlende Presse- und Informationsfreiheit entstand.

Die Feier verlief stimmungsvoll, Burghardts hatten uns als Trauzeugen bestellt. An die Worte des Standesbeamten entsinnen wir uns nicht mehr. Aber sie bestanden wohl in einem Loblied auf den sozialistischen Wiederaufbau. An uns Westberlinern prallte das ab. Wir fuhren nach zwei Tagen mit der Eisenbahn wieder nach Hause und freuten uns, daß wir zwei Eheleute auf den Weg gebracht hatten.

Ein anderes Ehepaar lernten wir durch Zufall kennen, bzw. wieder kennen. Bei einem Spaziergang durch Halensee trafen wir meinen alten Kameraden Helmut D. Helmut wohnte ganz in der Nähe der Hektorstraße, war ein kleiner schmaler aber drahtiger Junge. Er war in sehr viel höherem Maße von der Nazi-Ideologie angegriffen als meine anderen Bekannten. Er hat es in der HJ auch bis zum Gefolgschaftsführer gebracht; das ist eine Funktion, die, wenn man sie auf militärische Verhältnisse überträgt, einem Kompanieführer entspricht. Er hatte also auch den Krieg überlebt, war unversehrt und hatte in der Besatzungszeit in Norwegen eine Norwegerin geheiratet. Bei "arisch-nordischen" Menschen gab es ja keine Schwierigkeit auch mit einer Ausländerin als Offizier eine Heiratserlaubnis zu erhalten. Denn er gehörte zur Besatzung von Norwegen. Sie hatten noch früher als wir geheiratet und waren stolz auf ihre Kinderschar von vier Sprößlingen. In Berlin lebten sie in Armut und Helmut schlug sich als Wachmann bei den Amerikanern durch. Im Krieg war er schon Oberleutnant oder Hauptmann geworden, er war aktiver Offizier und hatte auch keinen anderen Berufswunsch, als wieder Offizier zu werden. Dem Entstehen der Bundeswehr sah er mit Hoffnung entgegen. Seine Frau war sehr nett, sie hatte sich den ärmlichen Verhältnissen notgedrungen angepaßt. Die Kinder waren gut und sehr folgsam erzogen. Vielleicht etwas zu folgsam, der Offizier spielte seine Vorgesetztenrolle auch zu Hause.

Zu einem Weihnachtsfest hatte er mich als Weihnachtsmann engagiert und ich mußte die Kinder fragen, ob sie ihre Pflichten im Haushalt auch immer gut erfüllten. Jeder der Kleinen hatte seine spezielle Funktion. Zum Beispiel mußte einer von ihnen aus der Tageszeitung Toilettenpapier schneiden, ein weiterer war der Schuhputzer der Familie usw. Die Kinder waren sauber, ordentlich und die strenge Erziehungsform bekam ihnen offensichtlich gut. Sie litten keinen Mangel, es sei denn an Raum. Denn die wenigen Zimmer, die sie in der Wohnung der Eltern benutzen konnten, waren für die fünfköpfige Familie zu wenig. Auch als sie ganz in der Nähe eine kleine eigene Wohnung bekamen, wurde das nicht viel besser.

Seine Bewerbung bei der Bundeswehr lief und eines Tages sollte er zu einem Test in Westdeutschland erscheinen. Bei der Vorbereitung mußte er über die neuen Ergebnisse der Waffentechnik orientiert sein und dazu gehörte die Atombombe. So kam er eines Abends zu uns in die Hektorstraße und ich mußte ihm einiges über Atomtheorie und Aufbau der Materie erzählen. Seine Prüfung muß dann gut verlaufen sein, denn er erhielt schließlich seine

Einstellung bei der Bundeswehr im alten Rang. Damit ging er dann nach Westdeutschland. Die Familie blieb noch einige Monate in Berlin. Er war einer der ersten Soldaten, die die Bundeswehr begründeten. Von Berlin aus konnte seine Familie zwar durch die Zone reisen, aber für ihn blieb nur das Flugzeug. Das brachte mir noch eine Aufgabe. Er hatte einen Pkw, den er nicht durch die Zone fahren konnte und für einen Urlaub hatte er nur Geld für Flugkarten für seine Frau und sich selbst. Er bat mich deshalb die Kinder mit dem Auto durch die Zone zu fahren, bis Hannover, wo wir uns dann treffen wollten. Das war eine angenehme Fahrt, denn die Kinder verhielten sich ruhig und gesittet, es gab keinerlei Schwierigkeiten. Trotzdem war ich froh, als ich sie mit Auto in Hannover gesund wieder abgeliefert hatte. Ich habe weiter von der Familie nichts gehört, nur, daß er noch Major geworden ist. Wahrscheinlich ist er als Oberstleutnant oder Oberst pensioniert worden.

Zu der Zeit, als er noch Wachmann war, saßen wir bei Kaffee und Kuchen und ich erzählte, daß wir Wochenschau-Filme der Jahre 1933-1942/43 hätten. Die konnten im Abonnement bezogen werden. Es waren Dokumente der Zeitgeschichte, die vor allem die "Taten" der Wehrmacht zeigten. Er bat mich eine Veranstaltung für ihn und einige Freunde zu arrangieren. Das fand auch statt, er war mit ca. zehn Kriegskameraden erschienen. Diese goutierten die Aufnahmen von der Kriegsführung und Besetzung von halb Europa. Über die Folgen für die besetzten Länder dachten sie nicht nach. Es war offensichtlich, daß sie aus den zurückliegenden Jahren nichts gelernt hatten. Unter diesem Eindruck haben wir dann später diese Streifen nicht mehr vor Publikum gezeigt.

Die nächste Zeit verlief für uns nicht sehr erfreulich. Zwar hatten wir inzwischen das Motorrad durch eine "Isetta" ersetzt. Mein Vater hatte zum Kauf beigetragen und da inzwischen mein Hilfsassistenten-Gehalt durch regelmäßige Sonderzahlungen aufgestockt worden war, wollten wir vom Schönwetterfahrzeug weg, zu einem Ganzjahreswagen. Ein richtiges Auto war zu teuer, aber die "Isetta" schien uns recht. Auf einer italienischen Entwicklung aufbauend hatte BMW ein kleines zweisitziges Coupé herausgebracht, das sich dadurch auszeichnete, daß es geschlossen war. Es hatte ein Klappverdeck und einen Motorradmotor von 250 ccm. Die große Tür ging nach vorn auf, deswegen konnte man sehr bequem ein- und aussteigen. Wenn man senkrecht zum Bürgersteig parkte, war man sofort weg von der Straße. An einer Starrachse waren hinten zwei Räder, aber ohne Differential. Mit dieser "Isetta" haben wir schöne Touren unternommen.

Unser Leben war in der beschriebenen Art einige Jahre weitergegangen. Meine Frau litt sehr darunter, daß an eine Fortsetzung ihrer Ausbildung nicht zu denken war. Ich war intensiv im Studium, aber nicht ohne auch an der TU (sie hieß jetzt Technische Universität) neben der Chemie mich noch für andere Dinge zu interessieren. Z. B. bei einer Vorlesung "American thoughts and Institutions". Noch interessanter und später für mich wichtig war die Teilnahme an Veranstaltungen des "Institut für angewandte Photochemie und Filmtechnik". Photographie ist ja ein chemischer Prozeß und so lag nahe, daß ein Chemiker sich darüber auch ernsthaft informieren wollte. Mit der Filmtechnik haben die Studenten Einblick in Produktionsverfahren, Materialherstellung, Entwicklung,

Kopierprozeß erhalten. Wir gingen aber auch in Studios in Westberlin und sahen wie Spielfilme gedreht und produziert wurden. Beim Besuch eines Synchronstudios waren wir erschreckt über die nervenzerfetzende Tätigkeit der Synchronsprecher.

Aber als ich beim Abschluß meiner Pflichtübungen für die verschiedenen Praktika war, die von Chemiestudenten verlangt wurden - im Sommer des Jahres 1956 -, wurde mir plötzlich schlecht, ich fuhr mühsam bis zu unserem Hausarzt und erhielt sofort eine Überweisung in ein Krankenhaus. Innerhalb weniger Stunden war meine Schulter angeschwollen, ich hatte hohes Fieber und kam sehr schnell wieder unter ein Chirurgenmesser. Der Splitter wurde entfernt, ich hatte wieder einen Stuka-ähnlichen Verband und die Pläne, bald mein Diplom machen zu können, lagen vorläufig auf Eis. Nach wenigen Wochen wurde ich entlassen, es war ein Dienstag früh. Leider lag ich am Donnerstag schon wieder mit den gleichen Symptomen im gleichen Bett. Nach etwas umfangreicherer Operation hofften der Arzt und ich, daß nun alles behoben sei. Ich war einige Tage zu Hause und fühlte mich wieder kräftig. Unser Arzt hatte nichts dagegen, daß ich nach ca. zwei Wochen sogar Urlaub machen wollte. Wir setzten uns also in unsere "Isetta" und brausten ab nach Italien. Das war nach dem Krieg ein Lieblingsziel der Deutschen geworden. Wir fuhren über Reichenhall, besuchten unsere ehemaligen Nachbarn. Zur Weiterfahrt ging es über den Großglockner. Bei Steigungen blieb die Isetta fast stehen, aber mit letzter Kraft überwanden wir auch die starken Steigungen ohne schieben zu müssen. Schließlich kamen wir bis Jesolo an der Adria. Einen herrlichen Camping-Urlaub verlebten wir dort, mit einem Abstecher per Dampfer nach Venedig; eine verspätete Hochzeitsreise sozusagen. Einige italienische Schauplätze lagen auf dem Weg; Vicenza mit dem Teatro Olimpico und Verona. Bei dieser Reise entwickelte sich unsere Sehnsucht nach Italien. Es war für uns der erste Urlaub, bei dem wir begannen uns für Kunst und Architektur zu interessieren. Wir hatten einen Italienführer gekauft und entnahmen diesem Führer was es zu sehen gab. In Venedig und auf der Rückfahrt haben wir davon reichlich Gebrauch gemacht. Einige Farbfilme haben wir, trotz knapper Reisekasse, erstanden und brachten schöne Aufnahmen mit nach Hause. Leider haben sich diese Ferrania-Filme nicht als dauerhaft haltbar erwiesen, während der Agfa-Film aus Wolfen auch heute (1998) noch ansehbar ist. Sehr wesentlich für meine Genesung war die Möglichkeit den Arm durch Schwimmen zu stärken. Auch davon haben wir ausgiebig Gebrauch gemacht.

Die Rückfahrt verlief ohne Schwierigkeit, aber als wir in Berlin ankamen hörten wir, daß es meinem Vater in der Zwischenzeit sehr schlecht gegangen war. Er hatte Lungen- und Brustbeschwerden. Aber auch unsere Freude über den gelungenen Urlaub hielt nicht an. Wenige Tage nach der Rückkehr mußte ich wieder - zum dritten Mal - in das Krankenhaus, wieder machte sich ein Splitter bemerkbar. Jetzt war ich wirklich deprimiert, obgleich wir uns nichts vorwerfen konnten, aber es gab die Befürchtung, daß der Urlaub meinem Arm nicht gut getan hatte. Ich hatte nun auch keine Lust mehr, mich im Krankenbett mit Chemie zu beschäftigen.

Die politische Lage war sehr angespannt. Der Aufstand in Ungarn war vom Warschauer Pakt niedergeschlagen worden und eine Hoffnung auf eine Lockerung der Verhältnisse war geschwunden. In West-Berlin empfand man diese Ereignisse viel hautnäher als in Westdeutschland. Uns konnte ja von einem auf den anderen Tag der Zugang durch die Zone wieder versperrt werden. Im Krankenbett hörten wir die verzweifelten Hilferufe der ungarischen Politiker nach Unterstützung durch den Westen. Die Furcht vor dem Ausbruch von kriegerischen Auseinandersetzungen war groß. Der Westen griff nicht ein, eine Enttäuschung darüber war allgemein. Aber das Risiko eines erneuten großen Krieges war zu groß. Oder war Ungarn nur ein zu unwichtiges Land?

Im Krankenhaus habe ich die nächsten Monate bis Weihnachten verbracht und wir hatten Glück, daß ich wenigstens zu Weihnachten Urlaub aus dem Krankenhaus bekam und wir die Feiertage gemeinsam zu Hause verbringen konnten. Einer der behandelnden Ärzte war der Schwiegersohn des Pfarrers, der im Haus Hektorstraße 3 wohnte und während des Luftangriffs im Keller die Panikstimmung gebändigt hatte. (s.S. 153)

Alles in allem habe ich durch diese erneute Erkrankung ca. zehn Monate verloren, die mir beim Studium sehr wichtig gewesen wären. Denn es hatte sich ein Klub von alten Soldaten gebildet, der sehr effektiv auf Prüfungen vorbereitete und bei dem man unter Gleichgesinnten Rat und Hilfe erhielt. Als ich wieder zur Uni zurück konnte, hatte ich völlig den Anschluß verloren und war auf mich allein gestellt.

Deswegen war ich auch bereit das Angebot eines Privatdozenten anzunehmen, mich seinem Arbeitskreis anzuschließen. Er war drei Jahre jünger als ich, durch eine Kriegsverletzung hatte er ein Bein verloren. Vom

Sehen her kannten wir uns schon aus Zeiten an der Universität im Osten während meines ersten Semesters. Dort hatte er mit meiner Frau zusammen an einigen Vorlesungen teilgenommen. Die Tätigkeit in diesem Arbeitskreis brachte außerdem mit sich, daß ich frühzeitig mich mit dem Thema für eine Diplomarbeit befassen konnte.

Unser alter Hausarzt, Dr. Koebbel, dem ich mich nach meiner endgültigen Entlassung aus dem Krankenhaus vorstellte, um mich auf meinen Gesamtzustand untersuchen zu lassen, erklärte mir, daß er es für besser hielte, wenn ich nach den Strapazen der Operationen und der mehrfachen starken Vereiterung der Schulter das Rauchen aufgeben würde.

Ich war nie ein starker Raucher, aber in der Militärzeit und vor allem im Krieg, war Rauchen schon ein Mittel der Betäubung. Selbst vorher, während der letzten Jahre der Schulzeit, hatten mich meine Eltern oft mit guten - d. h. teuren - Zigaretten versorgt. Aber die Argumente von Dr. Koebbel hatten mich überzeugt. Seit dem Frühjahr 1957 habe ich keine Zigarette mehr angefaßt; und auch keine anderen Tabakwaren. Das ist mir über vierzig Jahre lang bekommen, hat aber zu Streit und Entfremdung mit Freunden geführt. Der fanatische Raucher ist nicht bereit zu erkennen, daß er - mit Rauchen - die Toleranz verletzt. Nicht der Nichtraucher, der sich schützen will, ist intolerant, sondern der Raucher, der auf sein Laster auch nicht für kurze Zeit verzichten will, oder auch nicht kann, weil er schon abhängig geworden ist.

Im Frühjahr 1957 ging mein Vater zweimal für ca. je eine Woche in ein Krankenhaus, weil er sehr hinfällig geworden war. Jedesmal wurde untersucht, ob eine Krebserkrankung vorlag und das wurde beide Male verneint. Aber bei einem Chemiker, der sich sein Leben lang mit Radioaktivität befaßt hatte, war der Verdacht gegeben. Aber nach einem Krankenbesuch unseres alten Hausarztes bei meinem Vater zu Hause, bat mich Dr. Koebbel ihn noch zu begleiten. Dann eröffnete er mir, daß die Untersuchungen ergeben hätten, daß mein Vater in hohem Maß von Lungenkrebs befallen war und er nur noch wenige Monate zu leben hätte. In den Kliniken hatte man das vor ihm verschwiegen.

Gleichzeitig ging es meiner Mutter schlechter, die Hauptarbeit ihrer Betreuung wurde jetzt durch unsere Untermieterin geleistet. Deshalb entschloß sich mein Vater für meine Mutter einen Heimplatz in einer kirchlichen Einrichtung in Berlin-Spandau zu besorgen. Er wollte ihre Versorgung sichergestellt wissen, denn ich war noch durch meinem Arm behindert und das Auftreten weiterer Splitter war nicht auszuschließen. Er selbst war jetzt auch auf Hilfe angewiesen und meine Frau stand nicht den ganzen Tag zur Verfügung. Ihre Tätigkeit trug erheblich zum Unterhalt bei.

Wir verbrachten einen sehr bedrückenden Frühling und Sommer. Meine Arbeit im Institut verlief routinemäßig, immer wieder unterbrochen durch Sorge für meine Eltern. Meine Mutter in Spandau konnten wir öfter besuchen. Sie hatte sich mit ihrer Lage abgefunden und nahm sie auch nur beschränkt wahr. Anders mein Vater, der empfand wie es um ihn stand. Im Hochsommer wurde er noch einmal in eine Klinik in Westend eingewiesen und man versuchte ihn wieder auf die Beine zu stellen. Ich hatte ihm seine Straßenschuhe mitgebracht und er sollte prüfen, ob er wieder laufen konnte. Aber nach zwei Tagen teilte er deprimiert mit, daß der Versuch, sich auf eigenen Füßen zu bewegen, gescheitert war, er blieb bettlägerig. Wir waren völlig überfordert und konnten uns auf die kommende Situation kaum einstellen.

Mein alter Schulfreund Hans-Ulrich war uns in dieser Zeit eine große Unterstützung. Wir gingen oft zu ihm, er wohnte mit seiner jungen Frau und seiner Mutter ja auch in Halensee. Einerseits haben wir zusammen Mathematik getrieben und andererseits, und das war für uns wichtiger, bei ihm Verständnis und Zuspruch gefunden. Sein Vater war kurz vor Kriegsende während der Kampfhandlungen in Berlin ums Leben gekommen.

Die Klinik in Westend konnte meinem Vater auch nicht mehr helfen, als ihn zu pflegen und zu versorgen. Ich hatte Sorge zum Arzt zu gehen und nach seinem Urteil zu fragen, denn ich wußte ja, wie es stand. So wich ich Gesprächen mit dem Arzt aus, bis eines Tages eine Schwester bei uns zu Hause anrief und in etwas rüdem Ton fragte, wann wir denn endlich meinen Vater nach Hause holen wollten. Mit unserer Untermieterin hatte ich inzwischen verabredet, daß sie sich um ihn kümmern würde in der Zeit, in der meine Frau und ich abwesend waren. Damit war dann der Arzt einverstanden, den ich nach dem Anruf aufgesucht hatte, und mein Vater wurde nach Hause transportiert. Er hat nicht mehr sehr lange gelegen, eines Tages hatte er Schwierigkeiten beim Sprechen. Er fand nicht mehr die richtigen Worte. Zwei Tage später ist er am Morgen gestorben; Dr. Koebbel kam sofort und stellte den Totenschein aus, es war der 9. August 1957.

Viele Formalitäten wurden uns vom Beerdigungsinstitut abgenommen. Dafür ist man außerordentlich dankbar. Aber einige Behördengänge mußten wir selbst vorneh-

men, so z. B. die Abmeldung bei der Polizei. Auf dem Polizeirevier hatte ich wenige Jahre vorher den neuen Personalausweis meines Vaters abholen müssen, wobei es Schwierigkeiten machte seinen akademischen Titel eintragen zu lassen. Der Polizei genügte nicht die Eintragung auf dem bisherigen Ausweis, sondern sie wollte die Doktorurkunde sehen. Als ich diese vorbeibrachte, waren die Polizisten ratlos.
Deshalb möchte ich diese Urkunde im Originaltext auszugsweise wiedergeben:

Quod felix faustumque sit
Auspiciis laetissimis et saluberrissimis
serenissimis ac potentissimi principis
G U I L E L M I I I
imperator germanorum
borussiae regis ...
rectore magnifico
MAXIMILIANO PLANCK ...
viro clarissimo atque doctorissimo
MAXIMILIANO WOLF
saxo-borusso
philosophiae candidato dignissimo
postquam examen philosophiae sustinuit ...
(Über die Synthese von 100-prozentigem Wasserstoffperoxyd mit Hilde der stillen elektrischen Entladung...)
philosophiae doctoris et artium liberalium magistri
ornamento et honores
rite contulit

Diesem sprachlichen Überfall standen die Polizisten zuerst stumm gegenüber, auch als ich den Text zu übersetzen mich bemühte. Aber zu guterletzt wurde sein Grad eingetragen. Diesen Ausweis erhielt die Polizei nun wieder zurück. Der Beamte war der gleiche, der zögernd den Doktor-Titel dokumentiert hatte. Ich gewann den Eindruck, daß er froh war, diesen Ausweis wiederzuerhalten. Damit waren ja nun seine Zweifel gegenstandslos geworden.

Ein Erbschein mußte beantragt werden, denn wir fanden kein Testament. Der Erbschein lautete auf meine Mutter; weitere erbberechtigte Verwandte existierten nicht. Als Blutsverwandte lebte nur noch meine Cousine, die in Ostberlin wohnte und stramm auf SED-Kurs eingestellt war. Sie hatte zur Betreuung ihres schwerkranken Schwiegervaters zwar einige Monate in Schöneberg verbracht und entwickelte während dieser Zeit, beeinflußt durch die westlichen Medien und vor allem durch die Wirklichkeit, eine kritische Haltung. Damals war von ihrer ostberliner Indoktrination nichts mehr zu spüren, aber jetzt war sie schon wieder seit einiger Zeit fest im Osten integriert. Ihr Mann war überzeugter Kommunist und durch die Ostmedien war sie nun wieder zur SED-Sympathiesantin geworden. Ihre Mutter, die Schwester meines Vaters, war ganz kurz vor seinem Tod auch gestorben; meinem Vater habe ich das nicht mehr mitteilen können. Aber das Verhältnis zu meiner Tante war durch Erbstreitigkeiten über die Hinterlassenschaft meiner Großeltern ohnehin zerbrochen.

Ein schwerer Gang stand mir noch bevor, ich mußte meine Mutter informieren. Sie nahm es schweigend auf, zeigte keine tiefe Erregung. Wir waren uns nicht klar, ob sie die Nachricht in ihrer Bedeutung voll erfaßte. Am 13. August wurde mein Vater im Krematorium Wilmersdorf eingeäschert. Die Trauerfeier war sehr besucht. Viele alte Freunde hatten sich eingefunden, dazu ehemalige Kollegen und Repräsentanten der Auer-Gesellschaft und des BGW.

Ein großer Briefwechsel war noch zu bewältigen. Ein Brief, der uns dann sehr getröstet hat, war ein Handschreiben von Prof. Otto Hahn aus Göttingen, der ja durch gemeinsame Arbeit im Gebiet der Radioaktivität mit meinem Vater gut bekannt war.

Aber für uns war nun eine andere Zeit angebrochen. Es war nicht nur das Loch, das ein Verstorbener reißt. Wir mußten auch wirtschaftlich neu planen. Sein Einkommen fiel ja jetzt weg, sowohl die spärlichen Westeinkünfte, aber vor allem auch die Mittel aus dem Osten. Diese wirtschaftlichen Sorgen nahmen uns dann viel von der traurigen Stimmung und zwangen uns, uns rational auf die nächste Zeit einzustellen. Die Wohnung wollten wir zu halten versuchen und so kam uns ein Anruf des Gemeindeamtes Charlottenburg zustatten, in dem angefragt wurde, ob wir nach dem Todesfall eventuell ein Zimmer an einen Charlottenburger Pfarrer vermieten wollten. Da meine Mutter fest in ihrem Heim wohnte und wegen der nötigen Betreuung an ein Zurückkehren in die Wohnung nicht zu denken war, kam uns diese Anfrage sehr gelegen. Wir mußten dazu ein Zimmer herrichten. Dabei war es unerläßlich unseren schönen Flügel zu verkaufen. Wir beide spielten nicht, hätten auch keine Zeit dazu gehabt, weder zum Üben noch zum Spielen. So ließen wir das Instrument schätzen und bestellten einen Interessenten. Er war ein Musiker des RIAS und zahlte uns 2.000 DM.

Diese Summe war bei zwei unabhängigen Schätzungen als angemessen genannt worden. So trennten wir uns von einem Stück, das uns lange begleitet hatte. Mit meiner Mutter hatte meine Frau gelegentlich Lieder gesungen, Schuberts Winterreise und anderes. Ihre Stimme war unausgebildet aber angenehm; das stellte auch ein Gesangslehrer fest, der sie ausbilden wollte. Der Geldmangel zwang uns aber auf dieses Angebot zu verzichten.

Der Flügel war nun weg, das Zimmer wurde so eingeräumt, daß ein Untermieter dort wohnen konnte. Als Bett erhielt er ein Bett meiner Eltern, die ja nun frei geworden waren. Eine große Zahl an Büchern, die lose im Musikzimmer gestanden hatten, gaben wir an ein Antiquariat. Die wertvolleren Bücher blieben im großen Bücherschrank, der im Zimmer des Untermieters stehen bleiben mußte. Aber das Zimmer mit fast 50 m2 war groß genug. Küchenbenutzung war vereinbart und so zog eines Tages der Pfarrer H. in der Hektorstraße als Untermieter ein. Telefonmitbenutzung war ebenfalls vorgesehen, und wenn der Apparat klingelte, mußte der Angerufene an den Apparat geholt werden. Das war oft der Pfarrer oder mal ein Anruf für uns.

Unserem Hauswirt war von Anfang an ein zweiter Untermieter nicht recht. Er akzeptierte ihn als er hörte, es sei ein Pfarrer, also ein seriöser Mensch. Aber die Seriosität bekam mit der Zeit gewisse Lücken.

In unserer Küche bereiteten drei Parteien ihre Mahlzeit zu. Die Freundin des Pfarrers wohnte gelegentlich bei ihm. Dagegen hatten wir nichts einzuwenden, er hatte sie vorgestellt und sie war eine recht attraktive Person. Weniger gut gefiel uns, daß wir gelegentlich unser Kaffeegeschirr aus seinem Zimmer holen mußten. Auch daß wir die schönen langen schwarzen Haare seiner Freundin in unserem gemeinsamen Waschbecken im Badezimmer fanden, trug nicht zu unserm Vergnügen bei.

Wir hatten uns aber - nolens volens - eingerichtet und waren für die Miete, die der Pfarrer zahlte, dankbar. Um etwas Abstand zu gewinnen haben wir sogar in den Ferien einen kurzen Urlaub im Fichtelgebirge in der Nähe von Wunsiedel verbracht. Auf einem Camping-Platz hatten wir unser Zelt aufgeschlagen und bemühten uns abzuschalten. Zu einem großen Erlebnis wurde ein Besuch in der alten Bibliothek des Klosters in Waldsassen, die mit herrlichen Schnitzereien die Entstehung eines Buches dokumentiert. Auch die landschaftlichen Schönheiten des Fichtelgebirges lenkten uns von trüben Gedanken ab. Leider entwickelte sich das Wetter so ungünstig, daß uns eines Tages keine andere Wahl blieb, als das Zelt einzupacken und in ein Gasthaus an der Pegnitz zu ziehen, welches ich gut kannte. Meine Eltern hatten dort oft Ferien gemacht. Es gab gutes bayrisches Bier, frische Forellen aus der Pegnitz und Ruhe, die man als Berliner begrüßte. Ein gut mit meinen Eltern befreundetes Ehepaar hatte diese Idylle gefunden, der Mann war Angler und fing die Forellen in der Pegnitz, die er dann in der Küche ablieferte und sie nach der Speisekarte wieder bestellte; für Angler aber zum reduzierten Preis. Dorthin verzogen wir uns wegen des Wetters, sammelten Kienäpfel im Wald und heizten den kleinen Ofen, der im Zimmer stand. Das Haus war ganz bäuerlich und hatte keine Zentralheizung. Diese bäuerliche Atmosphäre war für uns Großstädter besonders reizvoll. Das Schwimmbad war wegen des kalten Wetters leider nicht mehr zu benutzen. Die Kienäpfel entwickelten in dem kleinen Kanonenofen eine so große Hitze, daß der Ofen bald rotglühend wurde und wir alle Anstrengungen unternahmen, um die Hitze zu reduzieren. Aber wir hatten es zwei Tage lang gemütlich warm.

Dieses reizvoll ländliche Gasthaus haben wir viel später in den 80er Jahren noch einmal besucht. Es hatte seinen Charakter völlig verwandelt. Als Gäste wurden amerikanische Soldaten mit ihren "Bräuten" umworben, die aus den umliegenden Garnisonen kamen um ein Wochenende oder eine Nacht dort zu verbringen. Die schöne ländlich-bäuerliche Fassade war verstümmelt und einer gesichtslosen Wand gewichen. Das Schwimmbad war verwahrlost und offensichtlich nicht mehr in Betrieb. Nach einem Glas Bier haben wir die Flucht ergriffen und eine Erinnerung an ein schönes kleines bayrisches Gasthaus begraben.

Nach Berlin zurückgekehrt fanden wir uns wieder in den Alltag. Unser Freund Hans-Ulrich hatte in unserer Abwesenheit den Auftrag gelegentlich nach meiner Mutter zu sehen. Sie lebte in ihrem Heim und es gab plötzlich Spannungen mit einer Zimmernachbarin. Wir beschäftigten uns gerade gedanklich damit ob es möglich sei, sie irgendwie wieder nach Hause zu holen. Unsere Untermieterin hätte uns dabei geholfen. Aber dann warf ein Ereignis alles wieder über den Haufen. Eines Tages erreichte uns die Nachricht, daß meine Mutter auf dem glatten Boden des Heims ausgerutscht und gestürzt war; sie hatte einen Oberschenkelhalsbruch erlitten. Nun lag sie in einem anderen Zimmer mit ständiger Betreuung durch Ärzte. Bei einer so alten Dame war nicht auf eine Heilung zu hoffen. Sie wurde behandelt und erhielt hauptsächlich Medikamente gegen ihre Schmerzen. Als wir sie eines Sonntags besuchten, hatte sie großen Durst und wir besorgten ihr eine Flasche Bier, die sie mit großem Genuß getrunken hat. Wenig später stellte sich eine Entzündung im Bein heraus, die dann in eine Sepsis überging. Damit war das Ende zu erwarten. Sie starb am 18. Oktober 1957, nur wenige Monate nach meinem Vater.

In unserer Erinnerung war das Jahr 1957 für uns ein böses Jahr. Die Operationen an meiner Schulter, die Krankheit und der Tod meines Vaters, kurz danach auch der Tod der Mutter und schließlich starb im Dezember noch der langjährige Freund und mein Nennonkel Fritz Schweyer, der Angler in der Pegnitz. Alle Freunde und Verwandten hatten wir in die Hektorstraße eingeladen um am Geburtstag meines Vaters, am 15. November, noch einmal in der alten Runde zusammen zu sein. Es war ein stilles Gedenken, aber wir waren fröhlich zusammen, unser Leben mußte weitergehen. Nach dem Tode von Fritz Schweyer stellte ich bei der Volkspolizei einen Antrag zum Besuch der Beerdigung. Schweyers wohnten in einer recht großzügigen Villa in Babelsberg, die sie in den dreißiger Jahren erworben hatten. Nach dem Tode ihres Mannes versuchte seine Frau, unsere liebe Tante Frida, mich als Erben einzusetzen. Das gelang nicht, denn für Westberliner gab es nach den Regeln der DDR keine Möglichkeit eine Erbschaft anzutreten. Tante Frida blieb noch lange in Babelsberg wohnen. In das Haus waren linientreue Funktionäre als Mitbewohner eingewiesen worden, die zwar etwas Miete zahlten, aber zum Unterhalt und zur Pflege des Hauses nicht zur Verfügung standen. Tante Frida mußte später - als Hochbetagte - den Ofen allein bedienen. Das Haus hatte Zentralheizung aber der Ofen war ein Kohleofen und mußte ständig beschickt werden. Tante Frida hatte eine Schwester, auch in hohem Alter, die im Gebiet östlich von Berlin wohnte. Es wurde nicht genehmigt, daß die alten Damen zusammenzogen, obgleich das Haus in Babelsberg genug Platz bot. Später, als schon die Mauer gebaut war, mußte die Schwester auf sehr umständlichen Wegen, um West-Berlin herum, nach Babelsberg kommen, unter mehrfachem Umsteigen. Sie war mehrere Stunden unterwegs für eine Strecke, die mit der S-Bahn bequem in einer knappen Stunde zu bewältigen gewesen wäre. Der Osten ließ keine Möglichkeit der Schikane aus. Die Angst vor der sogenannten Republikflucht hatte groteske Züge angenommen.

Das Verwandtschaftsverhältnis wurde zur Erteilung der Besuchsgenehmigung nicht geprüft; ein gutmütiger Vopo erteilte die Erlaubnis. Es war ein trauriger Besuch, denn die Ostverhältnisse wichen jetzt schon deutlich vom Westen ab. Preise waren hoch, das Warenangebot dürftig, die Qualität schlecht und ein ideologiefreies Informationsangebot gab es nur durch Westmedien; damals war das vor allem der Rundfunk. So wurde Onkel Fritz in einer schlichten Feier begraben und im Haus fand unter Freunden noch ein kleines Essen statt. Der Friedhof lag dicht am Haus und Tante Frida war froh, daß sie vom Balkon aus die Grabstelle sehen konnte. Das war, vor dem Ende der DDR, das letzte und einzige Mal, daß man nach Babelsberg kommen konnte.

1957: Erste deutsche Soldaten nach 1945, "Göttinger Appell" (Atomforscher gegen Atomwaffen), DDR schlägt Verhandlung zur Wiedervereinigung vor, 1958: De Gaulle Staatspräsident, Westmächte erneuern Berlin-Garantie, 1959: Willi Brandt Reg. Bürgermeister von Berlin, Lübke Bundespräsident, DDR entwirft DDR-Flagge, Fidel Castro siegt in Cuba, 1960: Frankreich zündet erste Atombombe, J. F. Kennedy Präsident, 1961: Berliner Mauer gegen Republikflucht, Adenauer zum vierten Mal Bundeskanzler, Westberliner boykottieren S-Bahn (von DDR betrieben), Entstalinisierung in UdSSR, 1962: Allgemeine Wehrpflicht in DDR, John Glenn umkreist die Erde, F. J. Strauss läßt Spiegel-Redakteur in Spanien verhaften, Frankreich anerkennt Unabhängigkeit Algeriens, 1963: Deutsch-französischer Freundschaftsvertrag, Farbfernsehen in USA, Ludwig Erhard Bundeskanzler, Kennedy ermordet, 1964: Willi Stoph Ministerpräsident der DDR, Breschnew Nachfolger von Chrustschow, 1965: Churchill gestorben, sowjetische Tiefflieger über Berlin wegen Bundestagssitzung.

1957-1965

Wir versuchten uns wieder auf den Alltag einzustellen. Der bestand darin, daß meine Frau ihre Tätigkeit bei der TUSMA ausübte und ich meine letzten Scheine für die naturwissenschaftlichen Praktika erwarb und mich in meinem Arbeitskreis auf das Anfertigen meiner Diplomarbeit vorbereitete. In der TUSMA war die Leitung in die Hände eines arroganten und unangenehmen jungen Mannes übergegangen und ich war froh, als ich für meine Frau eine andere Tätigkeit fand. Ein Professor der TU suchte eine Sekretärin mit chemischen Kenntnissen für eine Arbeit an einer Kartei, die auf neuartige Weise chemische Verbindungen aufführte. Der Trick bestand darin, daß die Karte am äußeren

Rand mit Einkerbungen versehen war, die die behandelte Verbindung beschrieben. Suchte man eine bestimmte Verbindung, so konnte man aus einem großen Paket von vielen Verbindungen die gesuchte herausfinden, indem man lange Nadeln durch den Haufen schob. An den Stellen, die den Charakteristika dieser Verbindung entsprachen war die Karte so eingekerbt, daß beim Schütteln des Haufens die gesuchten Karten herausfielen. Das Schütteln erfolgte mit Hilfe einer Schüttelmaschine, die großen Lärm machte. Das war der Anfang einer mechanischen Verschlüsselung von Merkmalen in der Naturwissenschaft. Die Technik, vor allem die Elektronik hat diese Sichtlochkartei, so war der offizielle Name, später entbehrlich gemacht.

Für diese Arbeit wurden weltweit die Merkmale von Verbindungen zusammengetragen. Der Schriftwechsel wurde in mehreren Sprachen geführt. Auf den Karten waren hauptsächlich IR-Spektren von Verbindungen wiedergegeben. Im Fall des Suchens der Spektren und sonstigen Charakteristika einer Verbindung waren Chemiker bisher auf das sehr zeitaufwendige Studium der Original-Literatur angewiesen. Die Karten waren eine sehr große Hilfe, die aber zum Bedauern des Verlages durch die elektronischen Hilfsmittel nach einigen Jahren auch wieder überholt war. Aber meine Frau mußte mehrere Monate lang in der chemischen Bibliothek der TU arbeiten und wir waren im selben Gebäude tätig. Wir konnten morgens gemeinsam zum Dienst fahren und abends wieder nach Hause. Diese Zeit war sehr schön für uns. Wir überwanden langsam den Verlust meiner Eltern und meine Frau lebte auf, als sie wieder in einem chemischen Gebiet tätig sein konnte.

Aber eines Tages kränkelte sie und man fand nicht heraus, was ihr zu schaffen machte. Nach mehreren Wochen war sie praktisch bettlägerig geworden und nur durch die Vertragsärztin der Krankenkasse wurde schließlich festgestellt, daß sie an einer langsamen Vereiterung des Blinddarmes litt. Sie kam sofort in das Martin-Luther-Krankenhaus und wurde operiert. Nach längerer Zeit der Rekonvaleszenz war sie wieder einigermaßen auf den Beinen.

Inzwischen hatte ich alle Vorbereitungen für meine Diplom-Prüfung erledigt. Alle verlangten Scheine waren vorhanden und meine Diplom-Arbeit war fertig. Ich hatte diese Arbeit angenommen, weil der Privatdozent der sie betreute, mir den Mund wäßrig gemacht hatte, es sei schon die notwendige Apparatur vorhanden und ich könnte sofort mit der praktischen Arbeit beginnen. Das stellte sich später als falsch heraus und die Voraussetzungen stimmten nicht. Aber erst mit besseren Apparaturen konnte ich das später belegen und so schloß ich die Arbeit mit einem nur teilweise richtigen Ergebnis ab. Aber da die ganze Zeit an der Arbeit durch unsere persönlichen Probleme belastet war, legte ich mit gutem Gewissen die Arbeit vor, sie wurde akzeptiert und ich wurde am 13. Mai 1959 in den Rang eines Diplom-Chemikers erhoben. Die Prüfungen waren gut verlaufen und für das Fach vor dem Naturwissenschaftler oft große Angst haben, der physikalischen Chemie, erzielte ich eine sehr gute Note. Mit bestandenem Diplom konnte ich auch später eine Assistenten-Stelle erhalten. Mit einer Mitteilung vom 28. 9. 1960 war ich in die Besoldungsgruppe AH 1 aufgenommen mit einem Gehalt von 1.258,06 DM. Für die damalige Gehaltsstruktur war das für uns ein fürstliches Einkommen. Durch mein relativ schon hohes Lebensalter war ich in der höchsten Einkommensstufe; eine Verbesserung nach einigen Dienstjahren konnte nicht erfolgen. Da es sich aber ohnehin nicht um eine Dauerstelle handelte, spielte das keine Rolle. Ich war Beamter auf Widerruf geworden.

Vielleicht konnte ich nach der Überwindung des Todes der Eltern, Krankheit der Frau und dann der Etablierung in der TU über bisherige Erlebnisse, die mich mit dem Tod in Berührung gebracht hatten, nachdenken. Wir führten jetzt zum ersten Mal in unserem Leben eine wirtschaftlich leidlich gesicherte Existenz. In meinen Erinnerungen ist nicht sehr oft die Rede von den Schrecken des Krieges. Das hängt damit zusammen, daß Soldaten Ereignisse verdrängen müssen um weiterleben zu können. Bei Kampfhandlungen ist man durch die eigene Tätigkeit in Anspruch genommen. Aber ein Erlebnis hat mich tief bewegt und getroffen. Wir mußten vor Leningrad unsere durch einen Treffer beschädigte Kanone zurückholen (s. S. 100). In einer Infanteriestellung, die wir passieren mußten lagen im Schnee ca. zehn mannsgroße Pakete. Sie wirkten wie Munitions- oder Gerätestapel. Erst eine Rückfrage beim Offizier in der Stellung ergab, daß es sich um deutsche Gefallene handelte, die wegen Feindeinwirkung noch nicht hatten zurückgebracht werden können.

Dieses Bild wirkte auf uns nachhaltiger und eindrucksvoller den Krieg in seiner Wirklichkeit darstellend, als manche Verwundung oder Beschädigung deren Zeuge man während einer Kampfhandlung wurde. Diese stummen Kameraden, teils durch Kopfschüsse im Gesicht entstellt, lagen anklagend. Jeder wußte, das konnte auch einer von uns sein. Ich glaube mir fiel in diesem Moment Otto Dix mit seinem Antikriegsbild ein, das mich in München so beeindruckt hatte (s.S. 40), oder auch das Buch "Im Westen nichts Neues". Das war die Kriegswirklichkeit, nicht die hohlen Phrasen vom Vaterland.

Zwischen Riga und Leningrad fanden wir eines Tages im Wald eine Gruppe von erschossenen Zivilisten. Es handelte sich offensichtlich um eine Familie auf der Flucht, Vater, Mutter und zwei Kinder. Ein kleiner etwa zehnjähriger Junge lag stumm und blaß. Sie waren beispielhaft für die vielen Zivilisten, die durch die Kriegshandlungen eingeholt und ihre Opfer wurden. Was hatten wir in Rußland zu suchen? Am Anfang des Krieges klang die Hitlersche Parole von den reichen Nationen, den Siegern des ersten Weltkrieges, und den "Habenichtsen" noch glaubhaft. Aber die verlorenen Kolonien waren ja nicht im Osten Europas wiederzugewinnen. Deutsche Soldaten im Kaukasus oder in Nordafrika verteidigten nun wirklich nicht mehr die Heimat.

Bei diesen unschuldigen Toten dämmerte uns Soldaten doch das Gewissen für das, war wir da anrichteten. Die Flieger über Berlin, die wir abschossen, die zerstörten unsere Stadt, aber die Menschen in Rußland? Meine Eltern waren im Gegensatz zu den Kriegstoten nach einem relativ langen Leben einen bürgerlichen Tod gestorben. Das minderte unsere Trauer nicht, aber half uns im Lauf der Zeit.

Diese bösen Jahre lagen hinter uns und wir bemühten uns in die Zukunft zu sehen und unsere bürgerliche Existenz aufzubauen. Dazu zählte leider die Aufgabe der Wohnung in der Hektorstraße. Der Hauswirt ließ den im Krieg beschädigten Balkon und den Parkettfußboden des zugehörigen Zimmers instand setzen. Beide waren im Krieg beschädigt worden. Wegen dieser Arbeit mußten wir dann auch unserem Pfarrer kündigen. Es hatte zuletzt auch einige Mißverständnisse wegen der Telefonbenutzung gegeben; er wollte die von ihm geführten Gespräche bezahlen. Das hat aber nicht immer geklappt. So waren wir froh, als wir eines Tages mit der Untermieterin wieder allein waren. Aber es wurde allmählich deutlich, daß wir uns über kurz oder lang für eine andere Wohnung entscheiden mußten. Denn unsere Untermieterin begann sich aufzuführen, als sei sie die Inhaberin der Wohnung. Sie hielt sich eine Zeitlang für unentbehrlich, so daß ich ihr nach einer Auseinandersetzung in der Küche erklären mußte, daß der nächste Erste für sie der Auszugstermin sein würde. Sie fand dann ein Zimmer im Nebenhaus und wir haben später wieder guten Kontakt zu ihr gehabt.

Der Hauswirt bot uns eine andere, fast gleich große Wohnung im Haus an. Sie lag über seiner Wohnung und er wollte als "Obermieter" ein ruhiges Ehepaar ohne Kinder haben. Leider hätte der Umzug gerade in der Zeit stattfinden sollen, als ich meine Examensprüfungen absolvieren mußte und deshalb ist dann daraus nichts geworden. Der Grund der Aufgabe der Wohnung war ja auch der, daß sie für uns einfach zu teuer wurde. Wir bemühten uns beim Wohnungsamt um eine kleinere Wohnung, denn Wohnungssuche und Wohnungsveränderung unterlagen noch einer rigiden Zuteilungswirtschaft. Für die großen Wohnungen der Hektorstraße galt das zwar nicht streng, aber die waren ja eben auf Dauer viel zu teuer für uns. So erhielten wir eines Tages Kenntnis von Häusern, die das Evangelische Hilfswerk in Zehlendorf gebaut hatte; sie standen kurz vor der Fertigstellung.

Die Verhandlungen mit dem Wohnungsamt waren schwierig. Mir wurde erklärt, daß ich als Chemiker ja mal viel Geld verdienen würde und deshalb eine staatlich bezuschußte Wohnung nicht in Frage käme. Mein Gegenargument war, ich könnte gegenwärtig nicht mit dem Gehalt bezahlen, das ich später vielleicht einmal verdienen würde. Denn zu der Zeit war ich noch Hilfsassistent. Die Argumentation wurde akzeptiert und nach längerer Zeit erhielten wir den Zuspruch für eine Zweieinhalbzimmer-Wohnung in Zehlendorf, unmittelbar an der Zonengrenze. Sie war sehr geschickt geschnitten und gefiel uns gut. Die große Wohnung konnten wir nur im Drei-Monats-Rhythmus kündigen, und so hatten wir für drei Monate doppelte Miete zu bezahlen. Leider stellte sich der Nachmieter sehr stur und war nicht bereit, die Wohnung ein oder zwei Monate früher zu übernehmen. So hatten wir ausreichend Zeit die neue Wohnung einzurichten und vor allem uns von den vielen großen Möbeln zu trennen, die wir in den sehr viel kleineren Räumen nicht mehr verwenden konnten. Viele Erinnerungen gingen damit an eine Senatsstelle, die Möbel zur weiteren Verwendung sammelte. Wir hatten zum Beispiel einen großen, sehr schweren Eßzimmertisch. Er konnte auf beiden Seiten dreimal ausgezogen werden und gestattete an die 20 Gedecke aufzulegen. Weitere Eßzimmermöbel größerer Bauart, Anrichte und Büfett, waren für uns auch nicht mehr verwendbar. Aber wir richteten die Wohnung in Zehlendorf mit den verbliebenen Möbeln wohnlich ein und hatten durch die Kündigungsfrist genügend Gelegenheit schon Lampen und Gardinen anzubringen, so daß im Moment des Umzuges nur noch die Möbel zu transportieren waren und als die Möbel standen, war die Wohnung fertig eingerichtet. Der Umzug erfolgte Mitte Juli 1960.

Aber es ging meiner Frau nach einer schweren Grippe gesundheitlich nicht gut. Sie war nicht krank, aber auch nicht gesund. In dieser Zeit entstand an der Heerstraße, außerhalb des Zentrums Berlins, eine Einrichtung, die sich "Thermen an der Heerstraße" nannte und die Gelegenheit zum Baden, zur Sauna, zur Massage bot und auch ein schönes Freischwimmbecken aufwies. Eine sog. Exedra war ein Restaurationsbetrieb, der kleine Speisen und gutes bayrisches Bier anbot. Mir hatte ein Saunagang sehr gut getan und ich konnte schließlich meine Frau überreden mitzukommen und zu versuchen sich in der Sauna zu kurieren. Denn das Neuartige war, daß der Sauna- und Badebetrieb für beide Geschlechter ohne Trennung erfolgte. Meine Frau hatte mir erklärt, daß sie ohne mich sich nicht in die Sauna trauen würde. Ich hatte mit dem Saunen schon Erfahrung und war von der hilfreichen Wirkung überzeugt. So gingen wir eines Sonntags in die Heerstraßen-Sauna und nutzten die Wirkung des Schwitzens und Warm- und Kaltbadens aus. Meine ursprünglich sehr ängstliche Frau hielt tapfer mit und fühlte keine Verschlechterung ihres Zustandes. Das haben wir eine Woche später wiederholt und haben beide mutig Kaltbad, Schwitzbad und Massage über uns ergehen lassen. Am Abend zu Hause angekommen erklärte meine Frau, daß sie es nicht gern zugäbe, aber sie würde sich tatsächlich besser fühlen. Damit waren viele Sonntage für uns der Gesundheit gewidmet. Es gab drei Wasserbecken, kalt, lauwarm und warm, außerdem ein Freibecken. Drei Schwitzräume standen zur Verfügung; feuchte Wärme, trockene Wärme bei ca. 90 Grad und eine sogenannte Banja in der die Temperatur 120 Grad betrug. Dort konnte man sich nur ganz kurzfristig aufhalten, Sitzbänke waren kaum benutzbar und zum Öffnen der Tür mußte man ein Handtuch verwenden um sich nicht die Hand zu verbrennen.

In der Exedra gab es ein kühles, frisch gezapftes Hacker-Bräu und nach dem Saunen konnte man mit einer sehr exakten Waage feststellen, was man an Schweiß verloren hatte und wieviel durch Hacker-Bräu wieder zugeführt worden war. Diese Thermen waren eine etwas extravagante Einrichtung. Die Eintrittspreise waren hoch, aber der Zutritt galt für den gesamten Tag.

Unter den Besuchern waren Prominente, Schauspieler oder die gesamte Besatzung einer PANAM-Maschine. Der Grund, diese Saunatage so ausführlich zu behandeln, ergibt sich daraus, daß in der späteren Zeit Sauna und Badeleben für uns noch eine wichtige Rolle bekamen.

Wir lebten nun in unserer Zehlendorfer Wohnung, hatten beide eine Beschäftigung, deswegen ging es uns wirtschaftlich ganz gut. Das zeigte sich auch an unseren Kraftfahrzeugen. Noch in der Hektorstraße hatten wir die Isetta durch einen kleinen FIAT 500 ersetzt. Das war nun das erste richtige Auto für uns. Einmal sind wir in frischer Besitzerfreude mit Hans-Ulrich und seiner Frau zu vier Personen nach Wannsee gefahren. Aber später erwies sich der Wagen doch als zu klein für vier; Gepäck hätte man dann sowieso nicht mehr mitnehmen können. Aber mit dem kleinen FIAT haben wir eine Ferientour nach Nordfrankreich gemacht und auch meine alte Artillerie-Stellung in Dünkirchen besucht. Das war keinesfalls nostalgisch, es war auch nicht mehr viel erhalten. Zum eigentlichen Urlaub waren wir bei Cancale einem kleinen Ort an der Nordküste der Bretagne mit Blick auf den Mt.

St. Michel. Der Camping-Platz war äußerst primitiv, aber die Umgebung herrlich, die Bucht des Mt. St. Michel, deren Veränderung bei Ebbe und Flut wir gut beobachten konnten, und die Fahrt zur Spitze, zum Point du Grouin dieser Halbinsel. Dort war ein - wie uns damals schien - feudales Hotel. Aber einen Aufenthalt in diesem Hotel haben wir erst Jahrzehnte später realisieren können.

Der Mt. St. Michel war uns einen langen Besichtigungstag wert. Durch die Wärme fühlte meine Frau sich nicht gut. Ein Pernod brachte sie dann wieder auf die Beine und seit der Zeit gehört der Pernod zum Heilmittel bei Unpäßlichkeit. Ein Jahr später führte unser Urlaub uns nach Italien, zum Lago d'Iseo. Auf jeder dieser Reisen haben wir an architektonischen und künstlerischen Sehenswürdigkeiten nichts ausgelassen. In Italien war es der Ort Bergamo und die Schönheiten der norditalienischen Landschaft. Vor dem Dom von Mailand parkte unser kleiner Wagen, der wegen des Camping-Gepäcks auch auf dem Dach beladen war. Vom Dach des Domes herunter konnten wir feststellen, daß er noch an Ort und Stelle stand. Das war beruhigend, denn von Italien hörte man Schauergeschichten über Gepäck- und Autodiebstähle.

Mit FIAT waren wir gut gefahren und so haben wir eines Tages den ganz kleinen FIAT gegen den nächst größeren getauscht. Mit diesem "Jagst" genannten war ich sogar in der DDR. Meine Diplom-Arbeit war abgeschlossen und ich sollte bei einer Tagung, die von der "Chemischen Gesellschaft der DDR" veranstaltet wurde, über die Ergebnisse berichten. Mit dem mich betreuenden Privatdozenten und zwei jüngeren Kollegen sind wir von Berlin aus nach Weimar gefahren. Für wissenschaftliche Veranstaltungen war die Einreise sogar mit dem eigenen

Pkw möglich. Im Schreiben vom Februar 1961 heißt es:

"Sie erhalten anliegend einen Antrag auf Erteilung einer Aufenthaltsgenehmigung für Bürger Westberlins, den Sie uns bitte baldmöglichst ausgefüllt zurücksenden wollen. Falls Sie außer Weimar noch andere Orte im Rahmen dieser Reise besuchen wollen, bitten wir, uns Ihre Wünsche separat bekanntzugeben und dabei die Zeit und die Anschrift des zu Besuchenden, evtl. Verwandtschaftsgrad, zu vermerken."

So skurril und autoritär uns diese Mitteilung heute anmutet, war es für die damalige Situation als Entgegenkommen zu bezeichnen, daß einem Teilnehmer einer Tagung in der DDR zumindest gestattet werden sollte sich auch außerhalb der Tagung in der DDR umzusehen. Sei es auch zum Verwandtenbesuch.

Die Tagung verlief im üblichen Rahmen; nach Ablieferung meines Berichtes, den ich mit viel Lampenfieber vortrug, haben wir im kleinen Kreis dann gefeiert. Dabei ging ziemlich viel Rotkäppchen-Sekt durch unsere Kehlen. Für ausländische Gäste (Berliner und Westdeutsche waren im Sprachgebrauch der DDR Ausländer) wurde alles an Essen und Getränken aufgeboten, was die DDR zu bieten hatte. Das war nicht wenig. Wir Westberliner wußten aber, wie Artikel knapp wurden, wenn sie zu bestimmten Gelegenheiten massiert angeboten wurden. Bei der Leipziger Messe gab es in Leipzig viele Dinge, die dann in der gesamten sonstigen DDR knapp waren. Man konnte am Eierpreis in West-Berlin ablesen, ob es in der HO im Osten Eier gab oder nicht. Bei Verknappung im Osten waren die Westberliner Eier plötzlich mehrere Pfennige teurer. Aber in West-Berlin ging das Leben unangefochten durch die Ost-Attacken weiter.

Nachdem ich vom Hilfsassistenten zum Assistenten geworden war, mußte ich ein anderes Praktikum übernehmen. An der TU wurden auch Physikstudenten und Studenten der Wirtschaftswissenschaft in Chemie ausgebildet und ich erhielt die Leitung des entsprechenden Praktikums. Dazu kam noch die heikle Aufgabe, das Praktikum auf eine Art Mikro-Analytik umzustellen. Bisher wurden die Analysen, die Hauptaufgabe der Studenten der frühen Semester, mit relativ großen Mengen an Substanz in großen Reagenzgläsern ausgeführt. Aber es führten sich Methoden ein, die mit kleinen Mengen arbeiteten. Die Glasgefäße faßten nur einen Bruchteil der früher üblichen Mengen. Das war sinnvoll, denn es gingen große Mengen an wertvollen Chemikalien verloren, die nach Abschluß der jeweiligen Analyse im Gully landeten. Die Chemie-Studenten hatten diese Umstellung schon hinter sich und jetzt mußte ich das auch Nebenfächlern vermitteln. Das gelang mit viel Arbeit und Engagement. Es lenkte mich aber von meiner wissenschaftlichen Arbeit ab. Aber ich wußte, daß Studenten anderer Fächer nur in unserem Praktikum mit praktischer Chemie in Berührung kamen und deshalb setzte ich mich intensiv ein. Für die Nebenfächler richtete ich eine eigene Vorlesung ein, die im großen Hörsaal stattfand, viel Zuspruch hatte und als nicht "verordnete" Veranstaltung natürlich auch nicht honoriert wurde. An der Ausbildungs- und Lehrtätigkeit hatte ich mehr Freude, als an meiner weiteren Arbeit, die zu einer Doktor-Arbeit werden sollte.

Auch unser FIAT-Jagst war eines Tages abgemeldet, als ich am Kurfürstendamm einen FIAT 1200 sah, der nur kurze Zeit gelaufen war und sich in bestem Zustand befand. Da der Jagst noch einen guten Preis brachte, wurde er umgetauscht. Nun fuhren wir endlich einen Wagen, der vier Türen, einen großen Kofferraum hatte und außerdem äußerlich noch sehr schick wirkte. Unser Privatdozent, der kurz vor seiner Ernennung zum Professor stand, hatte eine Einladung zu einem Vortrag nach Rom erhalten und bewirkte, daß ich von der TU einen Reisekostenzuschuß erhielt für den Besuch einer Tagung in Rom. Italien war damals ein Traumziel für meine Frau und mich. Wir fuhren zuerst bis Florenz, campten in Fiesole, einem kleinen Ort oberhalb Florenz, mit herrlicher alter Kirche und besuchten vor allem die Uffizien. Als Mitglieder der Dante-Gesellschaft durften wir ohne Eintritt in staatliche italienische Museen gehen. In den Uffizien konnten wir pro Tag dann einen Saal mit Gemälden intensiv ansehen. In späteren Jahren war es von Jahr zu Jahr immer ein anderer Saal.

Von Florenz aus fuhren wir bis Rom zum Flughafen und nahmen zum vereinbarten Zeitpunkt Herrn Dr. B. in Empfang und lieferten ihn in seinem Quartier ab. Wir wohnten in einem Hotel weiter ab vom Tagungsort. Der Verkehr in Rom war chaotisch, er verlangte viel vom ausländischen Autofahrer. Aber es fiel auf, daß Italiener sehr viel Rücksicht auf Fußgänger nahmen, die oft ohne Ampel eine Straße überquerten. Sie hielten eine Zeitung hoch als Signal und marschierten gottesfürchtig los in den brandenden Verkehr. Aber jeder Fahrer stoppte und ließ den schwächeren Fußgänger passieren.

Die Tagung als solche war in mancher Beziehung interessant, man knüpfte Beziehungen zu ausländischen Kollegen an, denn die Tagung war international besucht. Aber unseren Dr. B. interessierten mehr die römischen Altertümer Roms und der Umgebung und so waren wir oft per Auto unterwegs und haben viel gesehen. Das war wohl mit der Grund, daß ich die Reiseunterstützung erhalten hatte. Denn B. kannte mich schon aus Berlin als routinierten Fahrer, und wir interessierten uns ebenfalls sehr für Altertümer. Petersdom, Vatikan, Engelsburg und die außerhalb liegende etruskische Nekropole Cerveteri waren unsere Ziele. B. hatte gute Kenntnisse über altes und mittelalterliches Rom. Wir waren ihm dankbar, daß er uns die Reise ermöglicht hatte. Daß er sich dabei auch einen fahrbaren Untersatz gesichert hatte, spielte keine negative Rolle. B. war an religiösen Eindrücken interessiert und so fuhren wir eines Tages zu den frühchristlichen Katakomben die wir besichtigten. Ein schottischer Mönch führte uns. Tief unter der Erde waren alte Grabstätten und frühe christliche Symbole sehr eindrucksvoll, so daß sich unser Besuch ausdehnte. Da B., der ein Holzbein hatte, langsamer vorwärts kam als andere Besucher, und der Schotte sich über unser Interesse freute, überzogen wir die Besuchszeit und plötzlich erlosch die sparsame elektrische Beleuchtung, und der Schotte verließ uns mit Hilfe einer kleinen Taschenlampe. Er wollte wieder für Beleuchtung sorgen, und wir fühlten uns mutterseelenallein in einem Gewirr von Gängen und in völliger Dunkelheit. Es war nicht so, daß wir direkt Angst hatten, aber das Gefühl, an dieser Stätte vielleicht die Nacht verbringen zu müssen, denn erst am nächsten Morgen um 10 Uhr gingen die nächsten Führungen weiter, war ein Reiseeindruck, auf den wir auch hätten verzichten können. Aber unser Schotte fand den Weg nach draußen, alarmierte die Beamten und dann ging auch wieder das Licht an. Kurze Zeit später holte er uns dann ab und wir kamen wieder in die Oberwelt.

Nach ca. 14 Tagen brachten wir B. wieder zum Flughafen und fuhren weiter zur alten Hafenstadt Ostia. Dort war so viel zu sehen, daß noch lange nachdem B. schon wieder in Berlin gelandet war, wir noch zwischen Mosaiken und römischen Ruinen in Ostia unterwegs waren. Mit langer Rückfahrt kamen wir schließlich wieder in Berlin an und die normale Arbeit hatte uns wieder. Der FIAT 1200 war uns ein treuer Begleiter. Schon der 500er war ein brauchbarer Wagen, den wir im Jahr 1961 gegen den Jagst tauschten. Mit dem 1200er waren wir auch in jedem Urlaub in Italien und wir zogen 1964 den Schlußstrich unter die FIAT-Reihe mit einem FIAT 1500. Als wir nach Berlin zurückkamen erhielten wir nämlich Nachricht, daß aus eingefrorenen Aktien-Guthaben meines Vaters wir plötzlich einige Tausend DM erhalten sollten. Damit war der Weg zum neuen Wagen gegeben und wir ließen als Sonderausstattung ein Schiebedach einbauen. Das wurde vom Hersteller nicht angeboten. Als wir im gleichen Jahr bei einem Urlaub in Turin den neuen Wagen zum Ölwechsel in das Hauptwerk brachten, erregte unser Wagen großes Aufsehen und viele Mechaniker und der Werkstattleiter kamen und bestaunten unser Schiebedach. Die Werkshallen von FIAT waren in einem Zustand, den wir sehr bemerkenswert fanden. Die gesamte Fläche war gekachelt, sie erinnerte in ihrer Sauberkeit an ein Krankenhaus und nicht an eine Autofabrik.

Dieser Besuch in Turin hatte unser Zutrauen zu FIAT noch verstärkt. Wir waren nur einmal, in etwas früherer Zeit, schwankend geworden. Als nach dem Tod meiner Eltern die alten Sparkonten für den KdF-Wagen, so hieß der in Wolfsburg gebaute zivile Pkw in der Nazi-Zeit (KdF = Kraft durch Freude, eine Freizeit-Organisation) aufgewertet wurden, geschah das in der Form, daß die angesparten 1.000,-- RM entweder in die Zahlung von 100 DM oder in einen Preisnachlaß von 600 DM, bei Kauf eines Volkswagens umgewandelt wurden. Die Reduzierung von 1.000 auf 100 entsprach der Abwertung der RM nach der Währungsreform von 1:10 in DM. Der VW gefiel uns nicht, wir hatten das Gefühl in einer Badewanne zu sitzen. Außerdem war für den "umbauten" Raum das Platzangebot klein. Selbst durch eine Preisreduzierung um 600 DM blieb der Wagen aber für uns noch zu teuer.

Es kam noch eine psychologische Einstellung hinzu. VW motivierte die geringe Entschädigung der Sparkonten damit, daß der gesamte Wagen nach dem Krieg völlig neu hätte entwickelt werden müssen, und daß keinerlei Vorleistungen aus der Nazizeit vorhanden gewesen seien. Das ist nach meiner Auffassung völlig falsch. Der Wagen war vor 1933 geplant, 1934 als Prototyp vorgestellt und in kleiner Serie auch gebaut worden. Das heißt, das Konzept der gesamten Planung und Herstellung war vorhanden, das Gelände für die Fabrik war vorhanden, die Hallen waren zwar durch Kriegseinwirkung weitgehend zerstört. Aber es ist doch etwas anderes, ob man an fremdem Ort von Grund auf ein neues Industrie-Produkt herstellen muß, oder ob man weiß, was man bauen will, wo das geschehen soll, und daß man außerdem noch über gute Erfahrungen über die Tauglichkeit verfügt. Und das war ja der Fall, denn Volkswagen, als Militärfahrzeuge, waren vielfach im Gebrauch und hatten ihre Brauchbarkeit bewiesen. Kurzum wir fühlten uns von VW schofel behandelt und haben deswegen mit Wut die 100 DM in Empfang genommen und seit dieser Zeit auf den Erwerb eines Volkswagens verzichtet.

Die Beweglichkeit, durch ein Auto gegeben, spielte damals eine ungeheure Rolle für uns, denn wir fuhren auch gelegentlich zu Ostern in die Bundesrepublik um freie Luft zu schnappen. In West-Berlin war man sicher und fühlte sich wohl, aber jede Fahrt durch die Zone war mit Risiken behaftet. Vor einer Kontrolle in Dreilinden, beim Eintritt in die DDR, wurde ich einmal aus der Schlange der Wartenden herausgeholt und in ein kleines Vernehmungszimmer geführt. Meine Frau durfte mich nicht begleiten. Ich mußte die Taschen ausleeren und der Vopo sah sich alles genau an, auch den Inhalt der Brieftasche. Was er eigentlich suchte, war nicht zu erkennen, und schließlich gab er mich wieder frei, und erleichtert konnten wir dann unser Gepäck wieder einpacken und weiterfahren, bis wir bei Helmstedt wieder bundesdeutschen Boden erreichten. Man mußte damals noch alles Gepäck durch die Kontrollräume schleppen und Koffer auf- und zumachen. Das Geld mußte bei der Einreise und vor der Ausreise auf Heller und Pfennig vorgezählt werden. Wenn man während der Fahrt durch die Zone noch ein Markstück in der Jacke fand, mußte dieses verborgen werden. Diese Form der Schikane war mehr als lästig. Aber die Westberliner wußten, daß sie der Vopo hilflos ausgeliefert waren und man wartete zähneknirschend. Vor einer Ostertour nach Düsseldorf hofften wir, daß wir aus Zehlendorf kommend in Wannsee auf die Autobahn fahren könnten und von dort zur Kontrollstelle. Die Autobahnauffahrt war gesperrt und wir wurden bis in die Stadt dirigiert, wo wir uns auf dem Kaiserdamm, gegenüber dem "Haus des Rundfunks" in die Schlange der Wartenden einreihten. Für Nichtberliner möchte ich nachtragen, daß es sich dabei um eine Schlange von über 15 km

Länge handelte, die langsam in Richtung Kontrollpunkt rollte. Von kurz vor acht Uhr morgens bis ca. 12.3o Uhr brauchten wir, um zum Übergang zu kommen. Zu dieser Zeit, in der wir hofften schon am Ziel zu sein, waren wir endlich auf der Autobahn zwischen West-Berlin und Helmstedt. Dort mußte sehr sorgsam jedes Verkehrsschild beachtet werden, denn hinter Büschen standen Vopos, die bei jedem kleinsten Verstoß gegen Verkehrsregeln saftige Strafen verhängten. Aber Westberliner wußten, was von der ruhigen Abwicklung des Transitverkehrs abhing. Wir faßten uns in Ruhe und auf Dauer wurden die Vopos besiegt. Sie hatten bald bemerkt, daß die Autofahrer nicht Kapitalisten waren, sondern normale Bürger, die sich im Westen eben ein Fahrzeug leisten konnten, woran in der Zone noch keinesfalls zu denken war. Deswegen wurden die Mannschaften auch in verhältnismäßig schnellem Wechsel durch andere ersetzt. Die DDR mußte vermeiden, daß Vergleiche gezogen wurden.

Erst nach Anerkennung der DDR und den Verhandlungen über den Interzonenverkehr wurde die Situation besser. Die Politik unter Brandt/Scheel brachte einige Erleichterungen. Wirklich besser wurde es aber erst mit den 80er Jahren. Das haben wir aber nicht mehr als Westberliner erlebt.

Unsere Zehlendorfer Wohnung zeichnete sich noch durch einige weniger erfreuliche Begleitumstände aus. Von den Fenstern konnte man mühelos den Sperrgürtel erkennen mit patrouillierenden Vopos und ihren Hunden. In der Nacht wurde häufig mit Leuchtkugeln geschossen, wenn ein Geräusch auf "Zonenflüchtlinge" hinzudeuten schien. Unser Schlafzimmer wurde nachts dadurch taghell und wir wurden unsanft geweckt. In einer Nacht versuchte eine Gruppe von DDR-Bürgern mit einem schweren Lkw, der mit Steinen beladen und mit Eisenplatten gesichert war, den Grenzzaun zu durchbrechen. Ich glaube, daß der Versuch gelang, aber vorher setzte ein Maschinenpistolen- und Gewehrfeuer ein, so daß man sich an die Front versetzt fühlte. Schießereien waren öfter zu hören, man erfuhr aber nicht, wie die Fluchtversuche verlaufen waren. Aber der Durchbruch mit dem Lkw wurde in den Zeitungen erwähnt. Unser Hausarzt, der im Nachbarhaus wohnte, hatte öfter nächtlichen Besuch von Patienten mit Schußverletzungen. Nach einer Schießerei war jedesmal auch für uns die Nacht vorbei; man konnte nicht wieder einschlafen. Ein anderes Ereignis, welches nicht nur die Berliner beunruhigte, sondern die ganze Weltpolitik beeinflußte, war der Bau der Berliner Mauer am 13. August 1961.

Dabei muß ich zeitlich etwas zurückgehen. Wir waren im Sommer 1961 auf einem Italien-Urlaub und hielten uns am Mittelmeer in der Gegend von Genua oder La Spezia auf, und waren auf einem sehr schönen Campingplatz, dicht am Wasser. Der 13. August verlief für uns ganz normal, aber am 14. morgens kam ein anderer Camper, der wußte, daß wir Berliner waren, und erzählte, daß er im Radio beunruhigende Nachrichten über Berlin gehört habe. Wir hatten zu der Zeit kein Radio bei uns und gingen mit ihm zu seinem Zelt, um dort auf italienisch zu hören, daß in Berlin irgend etwas gebaut wurde, was die Stadt teilen sollte. Unser Italienisch war nicht so gut, daß wir alles verstanden und vor allem waren die Nachrichten damals ja auch insgesamt sehr verworren. Es klang alles sehr bedrohlich; und das gerade zu meinem Geburtstag. Wir haben mit Beklemmung in einem sehr schönen kleinen Fischrestaurant "Scampi alla Spieda" gegessen, aber es wollte keine rechte Stimmung bei uns aufkommen. Das, was aus dem Radio zu entnehmen war, klang derart, daß wir uns eine italienische Zeitung besorgten und in den Stellenanzeigen nach Stellungen für Chemiker suchten. Solche Stellungen wurden auch angeboten und wir fürchteten, daß wir davon würden Gebrauch machen müssen. Denn nach der bisherigen Erfahrung waren wir ja von den Russen einiges gewohnt, und bis Westdeutschland war es noch weit. Aber schließlich verlebten wir unseren weiteren Urlaub in Erwartung besserer Nachrichten und als wir die ersten deutschen Zeitungen erhielten wurde deutlich, daß Westberliner scheinbar doch wieder zurück könnten. So verlief der Rest der Urlaubstage dann relativ ungestört und wir kamen eines Tages wieder an die Zonengrenze und stellten fest, daß die Vopos freundlicher als sonst den Verkehr abwickelten. Sie wollten wohl nicht allzusehr das Gesicht verlieren. In Helmstedt sah es etwas anders aus als früher, und mit dem Bau der Sperreinrichtungen war schon begonnen worden. Nach Hause kamen wir aber auf die übliche Weise. Nur fühlten wir uns in Westberlin nun erst recht eingesperrt. Denn der gesamte Verkehr zwischen den Ost- und Westteilen war rigoros unterbrochen. Das hatte nun leider auch unsere Putzfrau betroffen, die in Köpenick zu Hause war, uns schon zu Lebzeiten meiner Eltern in der Hektorstraße geholfen hatte, und in Zehlendorf in unserer Abwesenheit die Blumen versorgte. Einige der Blumen haben denn auch die "Mauer" nicht überstanden. Viel tiefer traf uns, daß wir nun dieser lieben Frau keinen Westverdienst mehr zukommen lassen konnten. Sie war eine Seele von Mensch. Als Russin nach dem ersten Krieg nach Berlin gekommen und mit einem Ostdeutschen verheiratet. Sie hatte einen Schlüssel unserer Wohnung. Das Problem entstand später als wir den Schlüssel brauchten, um die Wohnung zu übergeben, denn es handelte sich um eine Zentralschlüsselanlage und der Verlust eines Schlüssels konnte sehr teuer werden. Wir mußten dann eine Westberlinerin engagieren, zu der sich kein so enges familiäres Verhältnis herausbilden sollte.

Betrachtet man den Bau der Mauer und der Sperreinrichtungen entlang der Zonengrenze heute, so muß man sagen, daß ein Staat, dem die Bürger zu Millionen weglaufen, nicht tatenlos zusehen kann, wie ihn die arbeitende Bevölkerung verläßt. Als wir nach der Wende (1990) zwischen Wannsee und Potsdam sehen konnten, mit welchen Mitteln diese Mauer gebaut wurde, drängte sich der Eindruck auf, hätte die DDR diese Mittel in den Wohnungsbau gesteckt und etwas mehr persönliche Freiheit gewährt, so wäre keine Fluchtwelle entstanden.

Die übelste Bedrohung von Westberlin erfolgte aber im Jahre 1964, als eine Sitzung des Bundestages in Berlin abgehalten wurde. Diese wurde vom Osten als illegal bezeichnet und um ihre Macht zu zeigen, flogen russische Jagdflugzeuge im Tiefflug über Westberlin. Von der Gedächtniskirche flogen sie den ganzen Kurfürstendamm entlang in vielleicht 30 bis 50 m Höhe. Sie stießen auf die Kirchenruine herab und im extremen Tiefflug bis zum Bahnhof Halensee, um dann wieder nach oben zu ziehen. Der Lärm war infernalisch und für uns, die wir gerade einen Spaziergang unternahmen, war es auch beängstigend. Katastrophen von abstürzenden Flugzeugen über Großstädten hatte es schon gegeben mit schlimmen Folgen. Wenn der Osten damit beabsichtigte Westberliner einzuschüchtern, so war ihm das Gegenteil gelungen. Wir waren sicher selten froher über die Anwesenheit der Besatzungsmächte, wie in diesem Moment.

In Zehlendorf waren wir dicht an Wald und Wasser. Aus der Stadt war die grüne Umgebung erst nach längerer Fahrt zu erreichen und jetzt lag sie für uns vor der Haustür. Das war am Anfang sehr angenehm. Aber später sind wir dann häufig am Feierabend oder zum Wochenende ins Zentrum gefahren. Uns fehlte doch der gelegentliche Spaziergang auf dem Kurfürstendamm. So kamen wir auch dazu, die russischen Flieger hautnah zu erleben. Auch gab es im Zentrum viele Restaurants die wir kannten. In Zehlendorf fehlten uns die gemütlichen Eßrestaurants, Freßkneipen, wie sie der Berliner nennt.

Es gab keine wesentlichen neuen Ereignisse uns betreffend, wir hatten uns an die neue Umgebung gewöhnt. Aber eines Tages kam B. zu der von ihm täglich zelebrierten Teestunde und erwähnte, daß in Saarbrücken, an der noch neuen Universität, ein Institut für Analytische Chemie eröffnet werden sollte. B. war durch eine Reihe von Publikationen relativ bekannt geworden auf dem Sektor der Ionenaustauscher. So sprach mich eines Tages, bei einer Tagung der östlichen Chemiker-Gesellschaft, nach einem Vortrag von B. ein Teilnehmer an, ob das der bekannte Dr. Blasius sei. Nun er war es und hat im Arbeitskreis lange Zeit den Spitznamen "der bekannte Dr. Blasius" erhalten.

Aus seiner Reaktion auf Nachrichten aus Saarbrücken war zu ersehen, daß er sich Hoffnungen machte, an dieses Institut berufen zu werden. Saarbrücken war nun das Ziel einiger Reisen und als feststand, daß er den Ruf erhalten würde, und inzwischen auch schon an der TU den Titel

Professor verliehen bekam, ließ er Mitglieder des Berliner Arbeitskreises nach Saarbrücken fahren um zu prüfen, ob sie mit ihm dorthin wechseln würden.

Unsere Meinungen waren sehr geteilt. Einige wollten in Berlin bleiben oder hatten andere Pläne. Aber manche, z. B. Ostdeutsche, waren bereit mit ihm nach Saarbrücken zu gehen. Für mich galt, daß meine Assistentenstelle nicht unbefristet war, und die Insellage Westberlins sowie der oben geschilderte Flugbetrieb der Russen über dem Kurfürstendamm trug dazu bei, daß es mir nicht allzu schwer fiel, Westberlin zu verlassen. Viele unserer engeren Freunde hatten Berlin schon früher den Rücken gekehrt. Hans-Ulrich Rogall war als Meteorologe bei der Bundeswehr in Bonn. Joachim Treskow war auf seinem Weg zu den höchsten Spitzen des Bankgewerbes in Westdeutschland über alle Stufen vom Kassierer, zum zweiten, dann zum ersten Direktor unterwegs. Der Laborgefährte Wolfgang Hein, mit dem ich jahrelang in der TU ein Labor geteilt hatte, lehnte ab nach Saarbrücken mitzugehen. Er hatte etwas früher erkannt, welchen Weg der politischen Einstellung und der Institutsführung Blasius gehen wollte. Nach einem Versuch in Berlin bei den Gaswerken eine Stellung als Chemiker zu erhalten, der gescheitert war, vor allem deswegen, weil ich neben der Tätigkeit am Gaswerk auch meine Arbeit am Institut fortsetzen wollte, hielt uns nicht mehr viel in Berlin.

Wesentlich trug dazu bei, daß das Berlin meiner Kinder- und Jugendtage verschwunden war. Teils durch die Bombenschäden, aber vor allem war die alte Berliner Mentalität verschwunden. In Berlin sammelten sich Westdeutsche, die schnelles Geld machen wollten. Die steuerlichen Bedingungen waren in Berlin sehr viel günstiger als in Westdeutschland und diejenigen, die die Bundeswehr scheuten, waren auch nicht Repräsentanten eines Berlins, wie ich es in Erinnerung hatte.

So sagte ich also eines Tages zu, nach Saarbrücken mitzugehen. In Berlin meine Arbeit zu beenden, konnte ich mich nicht entschließen. Die Zweifel, die für mich an meiner Diplom-Arbeit aufgetreten waren, machten es mir unmöglich, diese Arbeit in einer Doktor-Arbeit fortzusetzen. Ich hoffte in Saarbrücken dazu bessere Gelegenheit zu bekommen. Wir haben trotzdem lange gebraucht, um uns zu diesem Schritt zu entschließen. Dann begannen wir von Berlin Abschied zu nehmen. Es war ganz sicher, daß uns die Sauna und das sonntägliche Bad fehlen würden. Ein befreundetes Ehepaar, Saunabesucher wie wir, erzählte uns dann, daß es in Saarbrücken über einen Klub Gelegenheit zum gemeinsamen Saunen geben würde. Diese Mitteilung war richtig und hat uns später nach der Übersiedlung in mancher Beziehung geholfen. Ich muß nachtragen, daß meine Frau ihre Tätigkeit beim Verlag Chemie aufgegeben hatte, weil sie eines Tages mit Unterleibsbeschwerden zu tun bekam und für längere Zeit krank geschrieben war. Dann war aber durch meine Assistentenstelle mein Gehalt ausreichend geworden, uns beide zu versorgen. Aber bei der Vorbereitung der Übersiedlung wäre auch gar keine Zeit gewesen, noch tätig zu sein, denn für einen Umzug nach Westdeutschland wurde - für den Möbeltransport durch die DDR - verlangt, daß alle Bücher, Schallplatten und Noten in fünffacher Ausfertigung als Liste vorgelegt werden mußten. Damit sollte faschistische oder Kriegsliteratur ausgefiltert werden. Der Berliner Senat erhielt eine Kopie. Mit ihrer Hilfe wurden die Werke ausgesondert, die nach der Meinung des

Ostens "indiziert" waren und nicht transportiert werden durften.

Bei unserer großen Bibliothek war das eine Arbeit, die meine Frau über Wochen beschäftigte, denn es mußten Titel, Verfasser, Verlag und Jahr des Copyrights angegeben werden. Viele unserer älteren Bücher hatten noch gar kein Copyright und das Enstehungsjahr war nicht festzustellen. Das waren aber meist Klassiker, also ohne Beschränkung. Wenige Bücher strich der Senat aus der Liste, unter anderem ein Bändchen von Eugen Roth, "Die Frau in der Weltgeschichte". Es enthält Passagen, die man als antisemitisch betrachten kann. Zum Glück wurde kein Anstoß genommen an den vielen wissenschaftlichen Werken, die aus der Ostproduktion stammten. Nur ein Tabellenwerk mußten wir dann - wie den Eugen Roth - mit der Post schicken. Es enthielt einen Stempel, der deutlich machte, daß es nur für den Gebrauch in den östlichen Ländern bestimmt war. Es durfte in Westdeutschland, und vor allem in Westberlin, nicht gehandelt werden. Diese Listen-Schreiberei war entnervend. Fünffache Kopie schreibt sich nicht gut, außerdem durften Fehler nicht verbessert werden, sondern mußten als solche gekennzeichnet werden, gefolgt von der richtigen Schreibweise.

Abschied von Berlin hieß auch auf die Theaterlandschaft von Berlin zu verzichten. Denn das Theater der damaligen Zeit war bemerkenswert. Die Stücke ausländischer Autoren, Opern jüdischer oder avantgardistischer Komponisten wurden erstmals bekannt. Von Mahler wußten zum Beispiel nur Insider bis dahin zu berichten. Ausstellungen zeitgenössischer Kunst waren überlaufen. Eine Ausstellung von Barlach-Werken fand schon zu Beginn der 50er Jahre in Ostberlin statt. Berlin war ein Schnittpunkt des Kulturaustauschs zwischen Ost und West. Denn auch der Osten hatte neben sozialistischer "Kunst" auch viel Gutes zu bieten. Die Aufführungen der Oper "Unter den Linden" waren berühmt; noch mehr ragte die "Komische Oper" heraus. Dieses Kultureldorado sollten wir nun verlassen und in der Provinz Provinzielles erleben. Es sei hier vorweggenommen, daß wir in Saarbrücken eine Überraschung erlebten.

Einen unvergeßlichen Konzertabschied aus der Neuen Philharmonie erlebten wir mit einem Konzert von Duke Ellington (Ende 1964 oder Anfang 1965). Das war amerikanische Musik vom Allerfeinsten. Lange vergessen war die Zeit, als die Nazis gezetert hatten, daß die renommierte Carnegie Hall in New York jetzt auch für "Nigger-Musik" geöffnet worden sei. Damals hatte ein Konzert von Benny Goodman stattgefunden, das von der deutschen Presse als der absolute Niedergang der amerikanischen Kultur bezeichnet wurde. Die Nazis wußten wohl nicht - oder wollten nicht wissen -, daß es z. B. eine hervorragende Einspielung Mozartscher Klarinetten-Konzerte mit Benny Goodman gibt. Die Nazis waren nie gut in der Charakterisierung dessen, was sie eigentlich wollten. Sie waren gegen "jüdische" Musik. Aber auch in der Schule konnte unser rechts eingestellter Gesangslehrer nicht definieren, was jüdische Musik sei. Oder die Beurteilung von Theateraufführungen gab Fachleuten oft Gelegenheit zum Schmunzeln. Weit vor der Nazizeit schrieb der "Völkische Beobachter" einmal über eine Schauspielerin "Endlich ein deutsches Weib in diesem verjudeten Haus". Gemeint war Therese Giese, die Jüdin Giese, die nach 1933 emigrieren mußte.

Aber zurück nach Berlin. Auch für die chemischen Geräte, die zum Arbeitskreis Blasius gehörten, mußte eine große Liste angefertigt werden, auf der jede kleine Schraube und jedes kleine Glasgerät aufgeführt wurden. Diese speziellen Geräte mußten den Umzug nach Saarbrücken natürlich mitmachen. Zu diesen Geräten zählte eine Trockenpistole. Das ist ein Glasgerät, mit welchem man Luft- oder Gasströme entwässern kann. Sie hat die äußere Form einer Pistole, besteht aber völlig aus Glas. Dieses Gerät wurde beanstandet und durfte die Zone nicht passieren. Erklärungen hätten nicht viel bewirkt.

Für unseren privaten Umzug war ich vor dem offiziellen Termin schon nach Saarbrücken gefahren und hatte die Wohnungssituation geprüft. Eine billige Wohnung, wie in Berlin, schied aus. Mein Gehalt lag jetzt über der Grenze, die staatlich bezuschußte Wohnungen erlaubte. Durch eine Sekretärin erhielt ich einige Adressen in Frage kommender Wohnungen, von denen ich dann eine aussuchte. Doch darüber später.

Die Tätigkeit im Berliner Institut schloß mit dem Semesterende und die letzte Zeit in Berlin verbrachte ich mit den Vorbereitungen für den Umzug der chemischen Geräte und auch für unseren eigenen Umzug. Die Wohnung mußte gekündigt werden und mit allen Schlüsseln an die Wohnungsgesellschaft in "besenreinem Zustand" übergeben werden. Jetzt gab es plötzlich eine große Schwierigkeit. Unsere Putzfrau aus dem Osten hatte immer noch einen Wohnungsschlüssel. Da es sich um eine Zentralschließanlage handelte, konnte ein Schlüsselverlust ungeahnte finanzielle Folgen haben. Frl. Kiwitz, ehemalige Untermieterin in der Hektorstraße und mit der Putzfrau gut bekannt, schrieb ihr und unser Schlüssel kam per Post problemlos bei uns an. Wir hatten nicht schreiben wollen. Aus Brief und Schlüssel ging ja hervor, daß die Putzfrau lange in Westberlin für Westmark gearbeitet hatte und wir fürchteten ihr Schwierigkeiten zu machen; Ost-West-Briefverkehr wurde ja überwacht.

Der Anfang des Umzugs erfolgte in der Weise, daß wir Lampen und Gardinen und einiges Camping-Gepäck nach Saarbrücken transportierten und uns dort etablierten. Wir hatten eine Drei-Zimmer-Wohnung, nicht weit entfernt von der Universität, gefunden. Sie lag auf dem Land mit herrlichem Blick über ein bewaldetes Tal. Ein Pferdefuß war, daß das Badezimmer im ersten Stock, aber die sonstigen Räume im Parterre lagen. Der Hauswirt, ein liebenswerter älterer Herr, wohnte mit seiner Frau im ersten und zweiten Stock.

Leider entpuppte sich seine Frau als weit weniger liebenswert. In dieser Wohnung haben wir einige Zeit wie Camping-Urlauber verbracht und ich war schon in der Universität tätig. Die Tätigkeit am Berliner Institut war beendet. Auf meinem Zeugnis von der TU ist dargestellt, daß ich von 1960 bis 1965 als Assistent tätig war:

"Er war maßgebend an der Umstellung der Praktika der Chemiker und Hüttenleute auf die Halbmikroarbeitstechnik beteiligt. Sein spezielles Interesse für pädagogische Fragen machte sich hier besonders bemerkbar. Er übernahm selbständig die chemische Grundausbildung der Physiker und Wirtschaftsingenieure ...und vervollständigte die theoretische Ausbildung der Studenten durch Abhalten von Seminaren".

In Saarbrücken wurde ich als Kustos eingestellt. Kustoden sind häufig in Museen anzutreffen. Ihre Tätigkeit ist die wissenschaftliche Betreuung von Sammlungen oder auch von großen Geräten. Ihre Tätigkeit ist wissenschaftlich ausgerichtet. Mein Freund Fedja Anzelewski war in Berlin eine Zeitlang Kustos, als er das Berliner Kupferstichkabinett leitete. Später wurde er auch Honorar-Professor an der FU. Deshalb war ich mit dieser Funktion einverstanden. Das Einstellungsgespräch ist mir noch deutlich in Erinnerung. Wegen meines Alters konnte ich entweder sofort als Beamter eingestellt werden, eine befristete Beamtung kam deswegen nicht in Frage, weil wegen eines Gesetzes eine spätere Umwandlung in eine unbefristete Beamtenstelle nicht mehr möglich war. So mußte Blasius etwas widerwillig einwilligen, daß ich sofort Beamter auf Lebenszeit wurde. Das ist mir später sehr nützlich gewesen.

Wir hatten nun unsere Wurzeln in Berlin gekappt und stellten uns auf Saarbrücken ein. Einige Wochen lebten wir campingmäßig, um dann für einige Tage nach Berlin zu fahren und unseren eigentlichen Umzug zu starten. Unsere Wohnung im Saarland lag in Scheidt, einem kleinen Dorf nahe bei Saarbrücken, später eingemeindet. Es war ein richtiges Dorf mit dörflicher Atmosphäre. Wenn wir nach dem Abendessen zu einem Spaziergang in den nahegelegenen Wald gingen, waren wir die einzigen Spaziergänger. Die Scheidter Bürger blickten durch die Gardinen, was für merkwürdige Leute da aus Berlin hereingeschneit waren. Wir störten uns nicht sehr dran. Die Scheidter arbeiteten tagsüber in ihren Gärten. Abends ging niemand mehr aus dem Haus. Man saß vorm Fernseher und hatte die Wahl zwischen zwei Programmen. Mehr erlaubte die Lage im Tal nicht. Außerdem gab es auch keine weiteren Programme, außer dem sich langsam entwickelnden Dritten Programm. Das war aber nicht im

Tal zu empfangen, ebenso wie man französisches Fernsehen nicht mit einem deutschen Gerät empfangen konnte.

Jedes Haus hatte einen Garten, teils für Blumen aber meist für Gemüse. Vor dem Haus in dem wir wohnten, stand ein großer Kirschbaum, den hatte der Hauswirt uns zugeteilt. Zur Kirschenernte mußte ich auf den Baum und die schönen Kirschen ernten; für uns. Heute (1998) ist Scheidt längst ein Stadtteil von Saarbrücken geworden, viel dörfliche Atmosphäre ist nicht mehr geblieben.

Der Umzug von Berlin war dramatisch. Die Möbel wurden von der Spedition abgeholt und wir fuhren bis zur Zonengrenze mit dem Möbelwagen mit, um bei der Abfertigung zur Verfügung zu stehen. Für unser Auto benötigten wir auch spezielle Ausfuhrpapiere. Der Wagen wurde ja aus dem "Sondergebiet Westberlin" nach Westdeutschland überführt. Dafür waren, wie für Bücher, Möbel usw. besondere Formulare ausgefüllt worden und es erfolgte eine spezielle Abfertigung, anders als für Reisende durch die Zone. Es lief vorläufig alles zufriedenstellend. Unsere Möbel waren in der DDR und wir mit dem Auto auch. Mit der Spedition war verabredet, daß wir sie im Laufe des nächsten Tages in Scheidt treffen würden.

Wir hatten in Berlin lange Jahre "Die Welt" gelesen. Das war damals eine durchaus lesenswerte Zeitung. Die letzte Nummer vom Abfahrtstag lag auf dem Rücksitz, in der Aufregung hatten wir vergessen sie zu verstecken. Die Fahrt verlief ohne weitere Schwierigkeiten. Den Möbelwagen mit unseren Möbeln hatten wir hinter uns gelassen und näherten uns nun der Zonengrenze bei Helmstedt. Auch dort mußten wir als "Auswanderer" uns gesondert melden und bald kam ein Vopo-Offizier und kontrollierte die Papiere, den Wagen mit Motornummer usw. Sein Blick ins Innere fiel auf die Zeitung und mir rutschte das Herz in die Hose als ich sah, daß er die Zeitung nahm, auf dem Rücksitz ausbreitete und anfing zu lesen. Wir glaubten er suche nur eine Stelle, in der er verunglimpfende Bemerkungen über Ulbricht oder über die DDR finden würde, um dann den Wagen zu beschlagnahmen. Wir hatten ja DDR-kritische Schriften befördert. Nach einigen bangen Minuten ging aus seiner Haltung hervor, daß er nur einmal eine Westzeitung lesen wollte, denn er blickte gelegentlich auf seine Kollegen, ob er auch nicht erwischt wurde. Dann packte er das Blatt zusammen, gab uns unsere Papiere und wir haben uns mit einem sehr freundlichen Händedruck verabschiedet.

Die weitere Fahrt durch den Kontrollpunkt verlief glatt. Wir wiesen unsere Papiere vor, passierten die Grenze und waren auf einmal von Berlinern zu Westdeutschen geworden. Die Spannung fiel allmählich von uns ab und wir haben bei Frankfurt Pause gemacht und sind auch gleich über Nacht geblieben. Am nächsten Morgen die Weiterfahrt bis Scheidt und am Mittag stand unser Möbelwagen vor der Tür, am Abend war die Wohnung leidlich eingerichtet. Die polizeiliche Anmeldung ist vom 21. Juni 1965 datiert. Erinnerungen an Berlin haben wir verdrängt und uns in der kommenden Zeit im Saarland umgesehen. Unser Auto bekam eine Zulassungsnummer mit SB.

Trotzdem habe ich mich immer als Berliner gefühlt und bin das auch bis heute - wie ich glaube - geblieben. Was nun nicht heißen soll, daß wir das Saarland nicht als unsere jetzige Heimat empfinden und daß wir uns hier nicht wohlfühlen. Aber Kindheit, Jugend, Schulzeit,

Militärzeit und schließlich das Studium und die Beschäftigung an der Universität waren von Berlin geprägt. 'Meine 'Karriere' schien auch vorgegeben. Doch änderte sich das bald. Dabei spielte auch ein Berliner eine Rolle. Mein weiterer Lebensweg unterscheidet sich sehr deutlich vom vorhergegangenen. Meine Frau hatte sich leider auf Wohnung und Haushalt zurückziehen müssen. Wir haben gemeinsam versucht ihr dieses Schicksal zu erleichtern und sie fand zum Glück auch ein eigenes Interessengebiet.

Nachwort

Die Arbeit an diesen „Erinnerungen“ begann zu Ostern 1997, als ich nach längerer Erkrankung eine sehr depressive Stimmung hatte. Diese zu überwinden schlug mir eine frühere Kollegin aus der Universität (Dr. E. Becker) vor, doch an meine Memoiren zu gehen; dies sei ein Mittel, das anderen auch geholfen habe. Ich ging unbefangen an die Arbeit und nicht wissend, wieviel Arbeit nun auf mich zukam. Aber das Rezept hat geholfen.

Eine sehr große Hilfe war und ist meine Frau, die mir mit ihrer Erinnerung zur Seite stand und steht. Wann das Ende erreicht sein wird, ist mir noch nicht klar; bis zum Jahre 1987 bin schon gekommen.

Für jüngere Leser wird es interessant sein, wie ein bürgerliches Leben in der Zeit vor 1933 in Berlin-Wilmersdorf sich entwickelt hat, wie es in der Schule zuging, wie der Übergang in die Nazizeit erfolgte, was Hitler-Jugend, Arbeitsdienst und Militärzeit bedeutete. Das ist alles aus der Sicht eines Bürgers gesehen, der über keine Großereignisse oder populäre Persönlichkei-

ten berichten kann, sondern nur seinen (für damals nicht ungewöhnlichen) Lebenslauf schildert, und der durch Krieg, Verwundung, Lazarett-Aufenthalt gekennzeichnet ist. Der Einschnitt des Kriegsendes ist heutigen Lesern ebenso fern, wie das Studium in der Nachkriegszeit, die Arbeit in einem VEB (volkseigener Betrieb) und der Wechsel nach dem Examen in ein anderes Bundesland.

Ich habe mich bemüht, alle Daten, Namen und Ereignisse so zu schildern, wie ich sie in Erinnerung habe. Irrtümer halte ich nicht für ausgeschlossen, aber andererseits auch nicht für sehr wahrscheinlich. Dieser erste Teil endet mit unserer Übersiedlung nach dem Saarland.

Der Teil meiner Erinnerungen, der dann bis in das Jahr 2000 reichen kann, soll als zweiter Teil behandelt werden und wird gesondert erscheinen. Er wird sich mit der Universität des Saarlandes beschäftigen und meine Tätigkeit dort darstellen. Diese dauerte bis 1982 und anschließend ist noch über eine Reihe von Reisen zu berichten.

Im Mai 2000

Friedrich Wolf

Anmerkungen

1 Horst Krüger; Das Grunewald-Gymnasium, s. 43 ff.
in: Meine Schulzeit im Dritten Reich;
Verlag Kiepenheuer & Witsch, Neuausgabe 1988

2 Marcel Reich-Ranicki; Geliehene Jahre, S. 54
Auflösung des Werner-Siemens-Gymnasium
in: Meine Schulzeit im Dritten Reich;
Verlag Kiepenheuer & Witsch, Neuausgabe 1988

3 Helmut Schmidt; Politischer Rückblick auf eine unpolitische Jugend, S. 234
freiwillige Meldung zum Militär
in: Kindheit und Jugend unter Hitler
Siedler Verlag, Mai 1998

4 Helmut Schmidt; Politischer Rückblick auf eine unpolitische Jugend, S. 234
Beurlaubung von der HJ.
in: Kindheit und Jugend unter Hitler
Siedler Verlag, Mai 1998

5 Der Film hieß: „Maharadscha wider Willen", Regie: Akos von Ratony, Drehbuch nach einer Idee von Artur Brauner, Mitwirkende: Olga Tschechova, Rudolf Platte, Rudolf Prack, Georg Thomalla, Walter Gross, Bruno Fritz u. a.

6 Das Rasthaus am Chiemsee wird seit dieser Zeit von Amerikanern als rein amerikanische Einrichtung betrieben. Auch im Juli 2000 ist der Zugang für Deutsche nicht möglich.

Inhalt

1918 - 1924 Seite 7
1924 - 1928 Seite 11
1928 - 1937 Seite 13
1937 - 1941 Seite 43
1941 - 1945 Seite 87
1945 - 1949 Seite 225
1949 - 1957 Seite 289
1957 - 1965 Seite 341

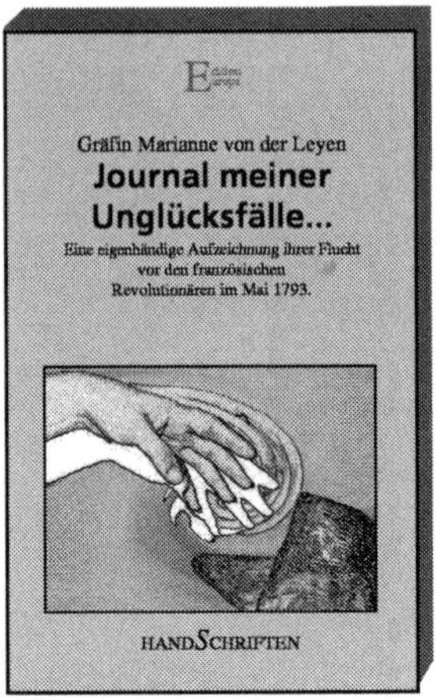

HandSchriften
GRÄFIN MARIANNE VON DER LEYEN
Journal meiner Unglücksfälle...
Eine eigenhändige Aufzeichnung ihrer Flucht vor den französischen Revolutionären im Mai 1793.
Deutsche Übersetzung und französische Originalversion
ca.. 92 Seiten, DM 19,80
ISBN 3-931773-30-2

Die abenteuerliche Flucht der Gräfin Marianne von der Leyen, von eigener Hand aufgezeichnet, beschreibt ihre Geistesgegenwart, als sie vor der Verhaftung steht und sich verkleidet in Bauernkleidern durch eine List in einer zehntägigen Flucht zu Fuß auf Schloß Karlsberg im nahen Homburg retten kann. Wäre ihr dies nicht gelungen, hätte sie mit dem Todesurteil und der Guillotine in Paris rechnen müssen.
Mit einem Vorwort von Kurt Legrum, Stadtarchivar in Blieskastel.

HandSchriften
KATRIN J. C. KUHN
Orchideen im Mitternachtssorbet
Gedichte und Erzählungen
ca. 92 Seiten, DM 19,80
ISBN 3-931773-31-0

Katrin J.C. Kuhn wurde 1982 in Ottweiler geboren. Schreiben, texten und immer wieder dichten - für sich selbst und als Chefredakteurin der Schülerzeitung Wendalismus - ließen sie 1998 noch als Schülerin des Wendalinum Gymnasiums in St. Wendel beim Wettbewerb „Treffen Junger Autoren“ - Deutschland gewinnen.

„Orchideen im Mitternachtssorbet“ ist ihr erstes Buch.